Luigi Vaccari

Faccia a faccia

Rizzoli

ISBN 88-17-12954-2

prima edizione: luglio 2002

A Feliciana

I Faccia a faccia raccolti in questo libro sono nati da un'idea di Pietro Calabrese quando dirigeva «Capital». Mi piace ringraziarlo per l'opportunità che ha voluto offrirmi.

I riferimenti temporali che segnalo in alcuni di essi (in parte ampliati rispetto alla versione uscita sulla rivista) indicano il mese in cui sono avvenuti gli incontri. La data in calce è quella della loro pubblicazione.

L.V.

Andrea Camilleri – Sabrina Ferilli
Com'è allegro il nostro sesso

Andrea Camilleri, siciliano di Porto Empedocle, 75 anni, 30 alla Rai, per lungo tempo regista radiofonico, teatrale e televisivo, professore all'Accademia Nazionale d'Arte Drammatica, narratore. Sabrina Ferilli, romana di Roma, 36 anni, attrice di cinema, di teatro, di televisione. Lo scrittore più letto e l'attrice più amata dagli italiani non si conoscevano. Si sono incontrati il pomeriggio di un sabato, in casa di lei, sulla via Flaminia, e, attorno a un tavolo, sollecitati quel tanto che basta, hanno parlato di amore, di matrimonio, di seduzione, di sesso, di tradimento... Senza falsi pudori. Ma con il garbo che si addice a un anziano signore e a una giovane signora. Si sono trovati in sintonia quasi perfetta su tutto. «Posso invitarti a cena con tua moglie?», ha chiesto alla fine della conversazione Sabrina Ferilli. «Con tanto piacere», ha risposto Andrea Camilleri.

CAMILLERI: Cominciamo da un terreno comune, che è il passato. Sia pure con l'enorme differenza di età tra Sabrina e me, ricordare il primo amore mi sembra la cosa più giusta per avviare questa chiacchierata. Al di fuori della diversità e del tempo, credo che le reazioni siamo sempre le stesse: per Dante Alighieri, per Turgenev, per chiunque.
FERILLI: Come no.
CAMILLERI: Il ricordo del primo amore è la compagna di classe. Era già una conquista frequentare, a scuola, una classe mista. Quando facevo il primo, il secondo ginnasio, le classi in Sicilia erano assolutamente separate. Quindi c'è stata anzitutto 'sta novità inebriante delle compagnucce. Ed è cominciato un gioco di sguardi, di bigliettini. (Ma quella sorta di leggera ebbrezza, che

7

senti quando hai bevuto del buon whisky, e il mondo ha un colore, e stai benissimo, l'ho scoperta più tardi.) Potevo avere 14 anni. Lei si chiamava Egle: si chiama, perché so che è viva e vegeta.

FERILLI: È vero: si ha la curiosità di seguire il primo amore e di non abbandonarlo più. Non credo che il primo bacio sia il più bello; a me piace ricordare il primo bacio di ogni storia. Ma si rimane affezionati a quella persona. Tu sai che quella ragazza oggi è una signora viva e vegeta: quindi chiedi, ti informi. Anch'io so abbastanza del mio primo ragazzo, mentre non m'interessa conoscere che fine abbiano fatto tanti altri coi quali ho vissuto degli amori.

CAMILLERI: È curioso: a quel primo amore, nella memoria, rimani assolutamente fedele e legato. Continui a seguirne la vicenda umana.

FERILLI: Proprio così. Io avevo 15-16 anni e, nonostante ne siano passati altrettanti, continuo a seguire Mauro, che è stato anche il primo amante. Quando ho saputo che ha avuto dei figli un po' di dispiacere l'ho provato... se lo legge la moglie non le farà tanto piacere... Ma è così, perché un pochino rimane tuo.

CAMILLERI: E nel mio caso non si è spinto al di là di un bacio, che è stato il primo per lei e per me. Ebbe anche un divertente corollario. Eravamo in periodo fascista; c'erano le adunate del sabato: lei in divisa, io in divisa; trovammo un momento per poterci dare questo primo bacio, che uno se lo ricorda e se lo scorda, perché è uno dei più insapori, in fondo.

FERILLI: Ti affezioni al ricordo.

CAMILLERI: Quella ragazzina si truccava: mi sporcai un po' di rossetto e col fazzoletto mi pulii. Avveniva ad Agrigento. Mio padre mi venne a prendere per riportarmi al paese e mi vide un po' stravolto. Siccome avevo con lui una confidenza straordinaria, glielo raccontai e, con orgoglio virile, gli dissi, da uomo a uomo: «Guarda il fazzoletto». «Madonna», mi rispose, «se tua madre ti scopre con un fazzoletto sporco di rossetto fa il diavolo a quattro. Dallo a me: a me non dice niente.» E se lo mise in tasca. Essendo figlio unico, aveva ragione: la gelosia materna, scherziamo... Quel gesto, certo, era anche indicativo del costume dell'epoca e di una cultura maschilista terribile.

FERILLI: Io con Mauro feci anche l'amore, per la prima volta. Assolutamente insapore. Non me lo ricordo neanche.

CAMILLERI: A me accadde più tardi. Non c'era questa possibilità di incontri sessuali, nel primo dopoguerra. A Porto Empedocle arrivò una bellissima ragazza triestina, quindi con una mentalità completamente diversa, per lavorare da barista. Il mio amico Ciccio Burgio e io immaginammo, intuimmo, scoprimmo che d'estate sotto il camice bianco indossava soltanto gli indumenti intimi. Già la cosa era sconvolgente. Facendole la posta, ci accorgemmo che, prima di tornarsene a casa, abbassava la saracinesca, andava nel retrobottega, si spogliava, si dava una lavata e si rivestiva. Un sera ci nascondemmo dietro i sacchi del caffè, per vedere questa operazione di Mariuccia.

FERILLI: Di svestizione e rivestizione (sorride).

CAMILLERI: Quando la vidi che si lavava, credo di avere emesso una sorta di gemito, un mugolio, tanto che lei chiese: «Chi c'è lì?». E venne avanti. Uscii, dopo mi raccontò che l'avevo fatta spaventare: «Mi parevi un sonnambulo», e mi abbracciò. Fu mossa a tale pietà che disse: «Domani sera vieni a trovarmi». Aveva 22-23 anni, io ne avevo 16. Ne ho memoria, perché, senza che ci fosse amore, c'è stata una tenerezza sessuale enorme. E molto appagante.

FERILLI: Essendo più grande di te, lei sapeva come fare e voleva darti soddisfazione.

CAMILLERI: Aveva un'esperienza che io non avevo.

FERILLI: Dopo Mauro, ho avuto tanti amori sognati. Molte storie non le ho vissute, perché non ho caratterialmente necessità di cambiare più di tanto: l'intimità è una cosa che sento mia e quando riesco a dividerla totalmente è difficile che voglia cominciare daccapo: mi chiudo. Ma immagino tanti amori.

CAMILLERI: Sogni storie d'amore?

FERILLI: Sì. Ma restano sogni. Se si realizzassero so che mi destabilizzerebbero: comunque non riuscirei a gestirli. Sì: con persone che conosco, con le quali mi sento per telefono; e allora monto delle avventure incredibili, epistolari o telefoniche, che vanno avanti anche per un anno o due, durante le quali nella realtà ci vediamo due o tre volte…

CAMILLERI: È bellissima questa cosa.

FERILLI: Sogni soprattutto erotici (ride).

CAMILLERI: Questo apre un discorso filosofico. Cioè a dire: le rose che non colsi. Sono imperniate su un rapporto idealmente sessuale, ci sarebbero tutte le possibilità di farle diventare reali, invece rimangono virtuali. Qual è la particolarità di quello che stai dicendo? Che le persone esistono e con loro hai contatti telefonici, epistolari; mentre in genere nei sogni d'amore gli altri esistono, ma sono irraggiungibili. Per te sono raggiungibili, ma non vuoi raggiungerli.

FERILLI: Non lo voglio. Perché, avendo una mentalità estremamente pratica, so che, frequentandoli troppo, crollerebbe tutto. Che fai: ogni giorno ti dai a un uomo nuovo? No. Me lo coltivo nel mio orto (sorride) ed è stupendo, perché le storie non finiscono mai. E non hanno risvolti negativi: sono amori bellissimi.

CAMILLERI: Vorrei farti una domanda, Sabrina. Mentre la tua posizione è chiarissima, da parte dell'altro non c'è il tentativo di realizzare la virtualità?

FERILLI: Sì. Ma è anche vero che io li scelgo sapendo...

CAMILLERI: ... Che hanno il senso di questo gioco?...

FERILLI: Sì, sì. E che hanno, anche loro, altri impegni. Mi attrae il discorso del censurato: «Non mi chiamare alle... perché c'è mia moglie...». Immagino dialoghi pertinenti... No, non li racconto al mio compagno: accadevano quando lui non c'era (ride).

CAMILLERI: Queste confidenze che ci stiamo facendo sono accadute prima (serio, ma non troppo).

FERILLI (al cronista): Ha sentito? «Prima». Anche a Camilleri sono accadute prima. Tutto prima, a noi, è accaduto (ride). Che bellezza...

(A Camilleri): Sören Kierkegaard nel libro In vino veritas *afferma: «A ogni donna corrisponde un seduttore. La sua felicità sta nell'incontrarlo». Può valere anche il contrario: A ogni uomo corrisponde una seduttrice?*

CAMILLERI: Sì. Ma lo considero un pensiero estremistico. La parola seduzione, o l'azione della seduzione, ha tantissime sfumature. Un uomo è sedotto da una donna, ma magari non sessualmente: non nella sua completezza. Bisogna intendersi sul termine seduzione.

FERILLI: Certo.

CAMILLERI: In sostanza, quando noi abbiamo levato di mezzo, come posso dire?, le sfumature che esistono attorno a questa parola, è quella che brutalmente la gente normale chiama l'anima gemella. Io dico sempre che siamo (nati) come i colabrodi.

FERILLI: Bucati.

CAMILLERI: I colabrodi hanno 45 buchi, non lo so, e l'anima gemella è colei o colui che riesce a tappare più buchi possibili. Sei d'accordo?

FERILLI: Sì, assolutamente sì. È una necessità, perché è il compagno o la compagna della vita, quello o quella che attappa i buchi: convoglia determinazione, energie, forza, lavori, profitti, salute... Ha un'importanza enorme, e, purtroppo per lui o per lei, poi l'altra o l'altro mettono in piedi tutta una serie di meccanismi: ali, colori, eccetera, che tante volte non ritrova nell'anima gemella.

CAMILLERI: Ma proprio perché non riesce a tappa' tutti i buchi. Ne restano due o tre dai quali...

FERILLI: Che so' sempre quelli che ci fanno più comodo (sorride).

CAMILLERI: Esatto. Esatto.

FERILLI: I pochi buchi che l'anima gemella lascia aperti o scoperti, fatalità, sono quelli delle marachelle...

Che consentono qualche vacanza?

FERILLI: Sì. Qualche boccatella d'ossigeno, qua e là (ride).

Le avete incontrate?

FERILLI: Anime gemelle? Sì, sì sì.

CAMILLERI: Lo dico senza difficoltà: mia moglie. In ambienti come i nostri, tuo e mio, spettacolo, prosa, televisione, le occasioni sono infinite.

FERILLI: Quotidiane.

CAMILLERI: Quotidiane. E quindi il fatto che il mio matrimonio sia durato 44 anni, fino a 'sto momento, qualche cosa deve pur significare. Se devo passarmi una mano sulla coscienza, dura da tanto non per merito mio, ma di una persona che ha saputo comprendere. Ero un uomo di incazzature favolose, da far volare il tavolo. Tornavo a casa, dicevo: «Porca miseria, guarda 'st'imbecille...». Mia moglie mi rispondeva: «Hai ragione, è un imbecille». Nel pomeriggio insinuava: «Sai, in fondo, tanto imbecille non è». Fino a quando mi faceva capire che avevo avuto torto e cambiare idea.

Ma non sul momento?

CAMILLERI: Ma non sul momento, perché avrebbe sbagliato. Ha adoperato sempre questo sistema.

Che cosa pensate del corteggiamento? Vi piace breve o lungo?

FERILLI: A me piace breve.

CAMILLERI: Anche qui: che cosa si intende per corteggiamento? È avere il cavalier servente? Quello è a lunga durata, naturalmente. Perché sai su chi puoi contare. Almeno credo sia così, no?

FERILLI: Ma mica ci interessa, quello. Non ce ne frega niente.

CAMILLERI: Il corteggiamento deve avere una violenza tale...

FERILLI: Eeeh, certo. Deve acchiappa' al volo. È così che colpisci, che seduci. È chiaro che un invito all'opera mi può far piacere, ma non mi conquista, non cado. Mi piacerebbe uno che bussa alla porta e mi dice: «Io so' pazzo di lei. Mi dia una chance». Lo farei entrare e gli chiederei: «Da dove vorresti iniziare?». «Vorrei iniziare...» «Mi sembra un bel piano.»

CAMILLERI: Stai entrando in uno di quei tuoi meravigliosi...

FERILLI: Viaggi... Non accade. Chi è così intelligente? Nessuno. Bisogna essere all'altezza (sorride).

CAMILLERI (al cronista): Noi siamo fuori gioco (rassegnato).

Che cosa seduce di più? La bocca, una carezza, le gambe, la lingerie, il seno, lo sguardo, uno spacco generoso, i tacchi alti?

CAMILLERI: Quello che Sabrina dice mi fa pensare, e mi fa ridere, a quando un uomo afferma: «Ti ho regalato 'sta camicia da notte, sarai più sexy». Una o è sexy o non lo è: la camicia da notte non cambia assolutamente niente. È vero o no? Tutto seduce. E nulla. Per me può essere una frazione di secondo in cui vedo una persona sotto una luce e una prospettiva diverse.

FERILLI: Bravo. Un gesto, una posizione. Li preferisco all'indumento.

CAMILLERI: O l'odore della pelle: quando la pelle è pulita, è il migliore profumo che possa esistere.

FERILLI: Di fresco. E di carne: la carne delle persone ha un profumo eccezionale, quando sei sano, anche di testa, perché se sei disturbato, anche con la testa, l'odore è diverso, penso. Con l'olfatto capisci che animale hai davanti.

Il bacio è già un atto sessuale?

CAMILLERI: È un bellissimo preliminare. Ma per me, in ogni gesto di rapporto amoroso, conta l'intenzione che c'è dietro: la capacità magnetica che abbiamo, attraverso il corpo, di esprimere un sentimento, non solo una sensazione. Per questo il bacio può essere un atto strepitosamente sessuale e, ahimè, non esserlo.

FERILLI: Per me, che idealizzo così tanto i rapporti, il bacio, ma con la lingua, eh?, è il massimo: con un bacio posso stare bene mesi interi, mi procura un appagamento erotico incredibile, mamma mia... I primi baci, nelle storie più importanti che ho avuto, duravano ore.

CAMILLERI: Altro che *Notorius* (ride).

Quanto spazio concedete ai preliminari?

CAMILLERI: I preliminari li ritengo importanti e necessari: fondamentali. Credo che l'atto arrivi quando si sente istintivamente, e reciprocamente, che il loro tempo è finito.

FERILLI: Questo è vero. Anche se sono legati a una ricerca e a una sessualità ancora non consumata più di tanto. Andando avanti in una storia, che magari è sempre la stessa, diventa difficile praticarli ogni volta, no?

CAMILLERI: Sì. Diminuisce la durata e la loro intensità, perché c'è già un dato di conoscenza. Ed è un male.

FERILLI: Purtroppo (sconsolata), perché sono un'altra colonna portante. I preliminari sono stupendi nei primi incontri, quando addirittura possono sostituire il rapporto: tant'è che alcune volte si raggiunge l'orgasmo prima della penetrazione. A mano a mano che ci si conosce diventano sbrigativi. Ecco allora la fantasia, di cui vivo (ride). Puoi abbandonarti anche al gioco erotico e immaginare una terza persona. Ma devi essere con il tuo compagno, con la famosa anima gemella: altrimenti i giochi rischiano di diventare rami di un albero pericoloso. Anche per questo certe esperienze non le ho mai vissute. Ho amiche che hanno fatto l'amore sull'albero di banano, in un taxi, a Cuba: morirei a sapere che sul sedile anteriore c'è qualcuno che guida e sente un mio gemito o intravede dallo specchietto... E quindi, sì: fantasie, con l'anima gemella, puoi averne; ma soltanto fantasie, perché se fai un passo sbagliato la mattina dopo non è che stai tanto bene.

CAMILLERI: Sostanzialmente sono d'accordo. Accade che io abbia una compensazione. Tu hai detto: «Di fantasia ci vivo». Io devo dire: «Ci guadagno più che viverci». Le descrizioni erotiche, sessuali, che si trovano nei miei libri, anche nell'ultimo, sono sempre intrise di ironia e di divertimento. Sono stato molto felicemente libero nei rapporti col sesso. Le storie di fantasia mi hanno colpito poco nel campo strettamente sessuale.

Vi è accaduto di avere amato due persone contemporaneamente?

CAMILLERI: Sì.

FERILLI: Anche a me.

CAMILLERI: Sinceramente sì. Ma usare il verbo amare è assurdo. Perché sta a significare due cose diverse. Se si amano due persone l'intensità dell'amore è medesimo, sono completamente diversi i modi.

FERILLI: Verissimo.

CAMILLERI: Io credo che noi abbiamo una capacità infinita di amore.

FERILLI: Di amare.

CAMILLERI: Le donne potrebbero amare 30 uomini e viceversa. Il problema è che certe volte sono addirittura compensativi questi tipi di rapporti. Siamo un organetto che si può allargare, vero?

FERILLI: Sì, soprattutto a livello di sentimenti. È difficile che una persona soltanto possa appagarti, emozionalmente e sentimentalmente. Quando mi è accaduto di vivere due storie contemporaneamente non le ho vissute con disagio o con sensi di colpa, manco un po'. Anzi.

CAMILLERI: Mai, neanch'io.

Il tradimento è una tentazione sempre in agguato?

CAMILLERI: Il tradimento è indispensabile.

FERILLI: Sempre prima di avere un compagno o di sposarsi (ride, divertita).

CAMILLERI: Sempre prima... Quante pagine sono state scritte sul tradimento che rafforza un rapporto precostituito? Non è solo finzione: è verità. Cioè a dire: il romanzo lo riprende dalla vita. Il che significa che c'era bisogno di una sorta di excursus e di ritorno. E il ritorno è reso più forte dal tradimento: che non è detto che debba consumarsi, e qui mi rifaccio alla fantasia di Sabrina, che debba concretizzarsi. Il tradimento più bello è quello che non si saprà mai perché si è svolto dentro il tuo cervello.

FERILLI: Bravo. E viene a dormire con te la notte. E non lo devi dire a nessuno. Ti metti in quel verso del letto: che bellezza... E sei padrona di qualcosa che nessuno può cogliere. Ti fa prudere la pelle, per come ti eccita. Serve per appagare il sogno, il privato. Non credo che abbia soltanto una cifra erotica.

CAMILLERI: L'unico tradimento che mi dà fastidio è quello consumato per ripicca.

FERILLI: Quelli non so' poeti: so' porci e basta. Fanno soltanto del sesso. L'amore vero deve essere tranquillo, mi deve dare lucidità, stabilità. E sessualmente deve essere consumato a letto. Massimo su un divano.

CAMILLERI: Io sono un comodista. Massimo sul divano.

FERILLI: Ma dopo cinque minuti non sai bene come sistemarti, eh?

CAMILLERI: Hai ragione sulla serenità. Credo che il fatto passionale sia importantissimo, ma in una storia che non è preventivata per una lunghissima distanza. La passione ha anche bisogno di un certo allenamento: intellettuale, mentale, fisico. Nella relazione a cui uno affida almeno la speranza di una lunghissima durata, il rapporto fisico ha importanza, ma non la travolgenza della passione. Perché è una unione che si tramuta in aiuto, appoggio, complicità, comprensione: in tante cose enormi, che non troveresti in una passione, perché non le contempla.

FERILLI: E che per noi sono molto importanti.

Il sesso è allegria?

FERILLI: Ah, sì.

CAMILLERI: Per me pure.

FERILLI: È bisogno, fantasia, orgasmo: vita. È legato a un'esplosione di positività e di preziosità. Mai distruttivo, mai nefasto. Se pensiamo che il progetto è mettere al mondo un figlio: una nascita... È l'atto più vitale che ci possa essere.

CAMILLERI: Mi associo. Ne sono più che convinto. La donna sa quello che fa, durante l'atto sessuale. L'uomo no.

FERILLI: Anch'io credo che la donna sia più padrona; e decida, diriga.

CAMILLERI: Gli uomini non vogliono riconoscerlo.

FERILLI: Anche la resistenza di un uomo la stabilisce la donna. Dipende da me anche la durata. Tant'è che le poche volte che non mi va, si crea un grande problema. So di sapere che non mi va, quella sera. Fatalità, senza neanche dirlo, si crea un grande problema nel mio partner. Che si arrende. Ma so di essere io la causa.

Andrea Camilleri come corteggerebbe e cercherebbe di conquistare l'attrice più amata dagli italiani?

FERILLI: Mo' che rispondi?

CAMILLERI: Anzitutto mi sono precipitato a volerla conoscere. Per due motivi. L'ho sentita intervistata in televisione e ho pensato di avere individuato in lei una forza istintiva corretta da una intelligenza solida. Questa è la cosa che mi ha spinto. E poi il fatto che è una bellissima donna, e quando ci sono donne così belle uno comincia col credere in Dio e lo ringrazia. Non ho da aggiungere altro al fatto di essere qui, in casa sua, e di aver chiacchierato volentieri con lei di argomenti dei quali con altri non avrei parlato.

E Sabrina Ferilli come tenterebbe di sedurre lo scrittore più letto in Italia?

FERILLI: Mah, parlo chiaramente della persona, non dello scrittore e dei suoi meriti. Io Camilleri lo avevo visto. E credo che riassuma un po' i miei ideali di quello che deve essere un uomo e un maschio, che per me si identificano: grande intelligenza, grosso spessore di sentimenti, forte senso di responsabilità. Mi piacciono molto le persone di carattere. Io amo i caratteri. Camilleri è un uomo ideale.

CAMILLERI: Ci sedurremmo come stiamo facendo (sorride).

aprile 2001

Ferruccio de Bortoli – Ezio Mauro
Noi, i giornali, il potere

Che cosa vuol dire dirigere i due quotidiani italiani più diffusi e più letti, in questo particolare momento della vita politica (e non solo politica) del nostro Paese?

Risponde EZIO MAURO: Mi considero iscritto all'Albo dei giornalisti, non dei direttori. Il mestiere mi ha portato a fare anche il direttore, e va bene così. È una responsabilità particolare perché si guidano gruppi di lavoro complessi e si influenza l'opinione pubblica. Un'altra responsabilità è di rimanere fedeli all'anima, al nome, alla tradizione dei nostri giornali, che sono un pezzo importante del giornalismo e della storia del dibattito culturale del Paese. Fortunatamente la professione propone tutti i giorni dei bivi davanti ai quali il direttore deve scegliere: «Prendiamo di qua o prendiamo di là?». E la responsabilità si spezzetta in tante decisioni. Ma uno la sente costantemente. Dal punto di vista politico, devo sottolineare che non ci sono tensioni particolari. In questi anni abbiamo avuto al potere forze e leader molto diversi: nessuno ci ha impedito di fare il nostro mestiere con tranquilla serenità. Gli sbagli che abbiamo eventualmente fatto sono soltanto nostri. Abbiamo lavorato con Silvio Berlusconi presidente del Consiglio, con l'Ulivo, con Romano Prodi, con Massimo D'Alema, con Giuliano Amato. Prima avevamo avuto Bettino Craxi e i democristiani. Credo che in Italia si possa fare il direttore, soprattutto il giornalista, in serena coscienza, rispondendo alle leggi della professione e agli interessi dei lettori.

Risponde FERRUCCIO DE BORTOLI: Io penso che ai giornalisti non si debba chiedere altro che di fare il proprio mestiere, rispettando l'etica professionale. Spesse volte si pretende invece che interpretino ruoli che non sono di loro competenza. I giornalisti si confrontano quotidianamente con i propri lettori e la propria coscienza. Il direttore, da parte sua, discute le scelte con i suoi collaboratori; deve credere alla libertà delle opinioni e avere il coraggio di riconoscere quando sbaglia. I giornali, come diceva Ezio, rappresentano un pezzo della storia italiana, il modo di vedere la realtà e debbono poter suggerire una terapia per i problemi che la realtà propone. Ogni testata è fedele alla propria anima e alla propria tradizione. Le differenze politiche dei nostri giornali sono evidenti, a volte lampanti: comunque tutt'e due rispettano il comune denominatore per il quale un buon giornalismo si interroga ogni giorno sui problemi del Paese. Una notizia è una notizia sia per Ezio sia per me: con le notizie non si polemizza mai.

De Bortoli è nato a Milano, ha 48 anni, si è laureato in giurisprudenza alla Statale, è giornalista professionista dal 1975. Dirige il «Corriere della Sera», il primo giornale italiano, dall'8 maggio 1997. Vi è entrato come cronista a 26 anni, è passato alle pagine economiche. Successivamente è stato caporedattore de «L'Europeo» e «Il Sole 24 Ore». Nel 1987 è tornato al quotidiano di via Solferino come caporedattore dell'Economia e commentatore economico. Quattro anni prima di assumerne la direzione era stato nominato vicedirettore.

Mauro è nato a Dronero, in provincia di Cuneo, ha 51 anni, dal 6 maggio 1996 è direttore del quotidiano «la Repubblica», il giornale fondato e diretto per 20 anni da Eugenio Scalfari. Ha cominciato la professione nel 1972 a «La Gazzetta del Popolo»; è stato a «La Stampa», come inviato; corrispondente dall'Urss per «la Repubblica»; ancora a «La Stampa», prima come condirettore, dopo come direttore.

I rapporti con i poteri forti, potentati economici, Magistratura, eccetera, sono agevoli, difficili, scabrosi o cos'altro?

MAURO: Sia io che Ferruccio non siamo nati direttori; abbiamo fatto gli inviati, lavorato sul campo, conosciuto i nostri interlocutori. Ho sempre pensato che uno dei peccati del giornalismo sia l'intimità col potere: politico, economico, anche culturale, che certe volte seduce di più e apparentemente è più disarmato, ma in realtà ha delle capacità di cattura perfino superiori. Il potere economico e politico, in Italia, è abituato a considerare i giornali come oggetti che non devono prendere posizione e parlare contro. Un direttore, molto semplicemente, deve sapere che fa parte del suo carico di lavoro ricevere una certa dose di lamentele tutti i giorni. Io dico: ascoltare tutti, sapendo che i lamenti, le proteste e le minacce ti entrano da un orecchio e ti escono dall'altro; tranne che ti dimostrino un errore palese. Può capitare: allora devi chiedere scusa. Oppure ti devono provare la malafede. Che non c'è. Molti giornalisti lavorano quotidianamente in una zona di frontiera, il Transatlantico, a ridosso degli uomini politici: è scomodo, perché si tratta di andare oltre le dichiarazioni ufficiali, far dire ai politici ciò che non vogliono dire, esplorare zone del campo che non sono illuminate dai riflettori della tv. Quando l'uomo politico protesta, il direttore deve difendere i propri redattori perché sa che si sono mossi in buona fede professionale per fare l'interesse del lettore. Nella grandissima maggioranza dei casi è così, e credo di non parlare soltanto per il mio giornale. Infine bisogna sapere che le lamentele sono insopprimibili: i politici non sono mai contenti, telefonano, si lamentano anche per le fotografie, pongono addirittura dei veti. Il direttore è il ricettacolo di tutte le lagnanze e le proteste. Ripeto: entrano da un orecchio, escono dall'altro. Forse faremmo bene a dirlo forte, così si disabituerebbero a telefonare.

DE BORTOLI: Le lamentele degli uomini politici sono strutturali al giornale, anzi: il giorno in cui non ci fossero più dovremmo interrogarci se non abbiamo fatto male il nostro lavoro. Io qualche volta mi diverto anche a riceverle, perché sono pittoresche: sarebbero da registrare e da raccontare, se non appartenessero alla riservatezza della conversazione telefonica. Penso che i giornali debbano, per fare il loro mestiere, scontentare un po' sia i politici, sia i potentati economici e finanziari, sia altri poteri. Il direttore è un coordinatore di liberi professionisti e la stragrande maggioranza dei nostri colleghi su alcuni temi ne sa più di noi, che peraltro dobbiamo difenderli sempre e comunque: anche se, come diceva Ezio, sanno difendersi da soli. Il «Corriere della Sera» e «la Repubblica» hanno la fortuna di avere redazioni formate da ottimi elementi, capaci di tenere il confronto coi loro interlocutori. Questo è un dato di fondo: noi possiamo fare bene il nostro mestiere perché abbiamo delle ottime redazioni. Quando la loro qualità aumenta, il compito del direttore si alleggerisce.

Chi sono i più asfissianti, nelle proteste, i più minacciosi, i più petulanti, i più ridicoli?

MAURO: Sono pochissimi quelli che non telefonano. E vengono notati. I presidenti del Consiglio, i leader di partito hanno spesso la tendenza a lagnarsi e, come dice Ferruccio, a non essere mai contenti, anche perché sono abituati a pensare che il giornalismo sia tutt'uno con il loro mestiere. Invece no: bisogna che si mettano nella zucca che noi siamo lì in nome e per conto del lettore, e che il taccuino e la penna segnano la distinzione tra le due razze. Anzi: la nostra razza è lì per prendere qualcosa che loro non vogliono dare. L'ideale degli uomini politici sarebbe di avere un microfono e una telecamera davanti, l'inquadratura a mezzo busto, e magari le domande fatte da un giornalista che loro stessi hanno fatto assumere in televisione, in quota per il loro partito. Invece no: devono rassegnarsi e capire che il giornalista è lì per carpirgli qualcosa che va oltre la verità ufficiale. Telefonano e si lamentano un pochino tutti. E quelli con cui sei più amico, per ragioni generazionali (sorride), si lamentano di più.

DE BORTOLI: Sono quelli che...

MAURO: Mandi anche al diavolo.

DE BORTOLI: Anche più tranquillamente (sorride).

È per questo che i politici hanno scelto Porta a Porta, *il salotto di Bruno Vespa, anche per fare annunci importanti? Non è una sconfitta della carta stampata?*

MAURO: Ma no, grazie a Dio no. Io chiamo un Tribunale popolare a giudicare tra *Porta a Porta* e la carta stampata. No. I politici hanno scelto il salotto di Vespa perché in qualche modo fa loro comodo, è un contesto, tra virgolette...

«Rassicurante»?

MAURO: «Rassicurante». Nello stesso tempo, a loro discolpa, va detto che non hanno molti altri luoghi dove andare a parlare, fuori dei Telegiornali. La cosa semmai stupefacente è che alla Rai l'unico programma nel quale si parla di politica, di temi economici e sociali, sia negli ultimi tempi *Porta a Porta*, che appunto è un salotto, dove si apre la porta ed entra magari un personaggio dello spettacolo. È sbalorditivo che non ci siano altre trasmissioni dove fare un dibattito.

DE BORTOLI: Va detto anche che Vespa, da ottimo professionista qual è, li contrasta e naturalmente ha sempre invitato tutti. Credo che le funzioni siano differenti: la televisione assolve benissimo ad alcune esigenze, che sono di comunicazione politica, e anche di approfondimento in alcuni programmi, che si possono criticare, ma hanno il loro peso. Così come sarà diversa la funzione di internet. Nella moltiplicazione dei media di questi anni è accaduto che, alla fine, si sia illuminata di una luce sempre più intensa una porzione sempre più piccola di realtà: c'è una parte di cronaca, di vita di relazione, che forse i quotidiani possono, più di ogni altro mezzo, coprire con un significativo apporto critico che si spinga in profondità. Molte cose stanno sulla linea della superficie. Se c'è ancora uno strumento valido per andare sotto questa linea, e scoprire i sommovimenti che poi modificano fortemente la società, questo resta il quotidiano.

Mauro: Ferruccio ha affrontato un problema importante: la competizione tra televisione, internet e carta stampata. Sono d'accordo: pur essendoci una sfida con la quale dobbiamo fare i conti, essendo mezzi più moderni, e forse più capaci di parlare alle giovani generazioni, tuttavia lo spazio dei giornali è enorme. Il quotidiano, diceva Ferruccio, ti dà la possibilità anche di comprendere. Aggiungo un altro elemento: noi scartiamo molte notizie e ne tratteniamo delle altre alle quali diamo una gerarchia. Che cosa ci guida? Il tentativo di individuare, catturare e riprodurre il senso della giornata che abbiamo attraversato e vissuto. Non siamo soltanto organizzatori di un flusso indistinto e indiscriminato di notizie. E questa ricerca di significato segna la differenza tra la carta stampata e i mezzi elettronici.

Riesce anche a far riflettere?

Mauro: Il giornale è uno strumento di riflessione. La prima pagina di tutti è una vetrina, quindi un omaggio al tempo della fretta. Ma i maggiori quotidiani hanno degli spazi di bella scrittura e di buona lettura, dove il respiro è più lungo: approfondimenti, inchieste, pezzi più ragionati, pagine molto costruite, dove anche la grafica aiuta la ricerca e la decifrazione del senso della giornata. A tutto questo dobbiamo aggiungere i commenti, che sono un'assunzione di responsabilità: ti ho dato i fatti, ho cercato di darteli al meglio, mi prendo anche la responsabilità di dirti come la penso. Credo che, in questo insieme di costruzione, ci sia la capacità di aiutare il lettore non solo a conoscere, ma anche a riflettere e capire.

Quanto contano le firme? E quanto le storie?

MAURO: Mi inviti a nozze. Io so la data di inizio delle «storie», come genere, nel giornalismo italiano perché le ho sempre volute e le ho introdotte la prima volta quando dirigevo «La Stampa». La prima raccontava Maastricht, che sarebbe diventata il baricentro dell'Europa. Le storie sono un nuovo modo di narrare che il giornalismo americano ha scoperto da tanti anni e che ormai tutti i giornali italiani pubblicano: una maniera di raccontare una vicenda che, parlando soltanto di se stessa, con l'andamento tipico della storia, ha un inizio, un culmine, una fine, un'unità di tempo e di azione, ma è metaforica di un universo più generale a cui allude. Va in prima pagina perché, narrando soltanto se stessa, come accade alle buone fiabe, riesce a rappresentare una situazione più vasta. È un genere di giornalismo dove la buona scrittura è importante, e cominciano a essercene parecchie nei giornali. Tutto può essere raccontato sotto specie di storia. Quando facevo il corrispondente dall'Unione Sovietica, mi sono detto che mi sarebbe piaciuto raccontare tutto quello che accadeva come se fosse una storia. Poi esistono i doveri della cronaca che sono diversi. Infine le firme: sono importantissime, perché creano un legame col lettore e sono anche un certificato di garanzia: di conoscenza, esperienza, scrittura. In un quotidiano a fortissima soggettività come «la Repubblica» molto spesso il rapporto col giornale passa attraverso il rapporto con la firma.

DE BORTOLI: Le firme sono importanti perché sono la griffe del quotidiano e il modo col quale esso dialoga con i propri lettori. Lo sono ancora di più nel momento in cui il giornale ha delle nuove concorrenze. Parlavate dei percorsi di lettura. I quotidiani moderni ne offrono molti, diversamente da quanto accadeva quando il giornale era l'unico grande strumento d'informazione. Anzitutto una fruizione veloce: la possibilità, con i sommari e la titolazione, di avere un quadro sufficientemente approfondito e generale di quello che è avvenuto nella giornata. Fra l'altro abbiamo introdotto, anche attraverso l'infografica, tutta una serie di box e di richiami che rendono comprensibili argomenti e temi che a volte sono, per ragioni ovvie, sbrigativi e non spiegati in modo completo. Il secondo percorso è quello delle storie, delle interviste, delle inchieste, dei commenti che sono il vero valore aggiunto di un quotidiano moderno. Un giornalista è grande e scrive una buona storia quando, per esempio, riesce a prendere un personaggio marginale, o un piccolo episodio, lo introduce nel contesto generale e attraverso i suoi occhi spiega qualcosa di molto più complesso. Spesse volte il lettore comprende meglio i macrofenomeni se gli sono spiegati attraverso una singola microsituazione. L'esempio classico è la guerra del Kosovo, indipendentemente dalla posizione dei nostri quotidiani. Il «Corriere della Sera» e «la Repubblica» hanno appoggiato il Governo. Questo non ha impedito ai nostri giornalisti di indagare, di raccontare storie di violenze perpetrate da coloro che in quel momento l'Italia sosteneva oppure gli errori compiuti dalle stesse forze della Nato: con le inchieste, fatte sul campo, a conferma della validità del giornalista testimone che, come ai tempi di Luigi Barzini senior, o di Egisto Corradi, guarda in faccia la realtà e la descrive ai propri lettori. Non esiste ancora un mezzo, per quanto ci siano telecamere sparse in tutto il mondo e siti internet collegati con tutto il Pianeta, che sostituisca la forza espressiva delle parole di un grande inviato, di uno scrittore, di un ottimo giornalista che guarda la realtà e la descrive ai propri lettori: nella profondità e nella ricchezza della parola scritta, che non ha eguali e comunque non è sostituibile nemmeno dal migliore dei reportage fatto per immagini e nemmeno da una Web cam che per 24 ore è puntata, fissata, amorfa, verso una certa realtà. Questo rappresenta ancora la forza insostituibile di un quotidiano.

MAURO: È verissimo. La guerra del Kosovo è importante perché tutto quanto accadeva scuoteva comunque le coscienze delle democrazie occidentali, dei lettori e le nostre, tanto che, per quanto ci riguarda, abbiamo introdotto un elemento di riflessione in più, intitolato «Le idee», dove intellettuali di tutto il mondo, Premi Nobel, scrittori, si interrogavano su quella guerra che ritenevamo, per usare la formulazione di Norberto Bobbio, giusta; e tuttavia questo non impediva un approccio critico dei nostri cronisti, dei nostri commentatori, e ogni tanto ci interpellava portandoci davanti le contraddizioni. Quindi ecco che il giornalismo, sotto la spinta della necessità e dell'urgenza dei fatti (che poi è il modo migliore di farlo, senza ideologie preesistenti, anche di mestiere), si è inventato questo strumento nuovo, «Le idee», ripeto, che continua a esserci sulle nostre pagine ancora oggi ed è un motivo di confronto e discussione coi lettori.

Le risposte che avete dato fin qui contraddicono quanto sostiene Indro Montanelli: e cioè che i giornali non vengono decisi nelle stanze dei direttori, ma sono confezionati negli uffici marketing. Il grande vecchio del giornalismo esagera?

DE BORTOLI: Quella di Indro è una battuta. Lui non chiama il quotidiano un prodotto; ma il quotidiano è anche un prodotto. Come prodotto deve essere fatto in un certo modo, e sostenuto dal marketing. Montanelli fa semplicemente una provocazione. Io credo che, a 92 anni, con la sua grandissima freschezza e la capacità di essere straordinariamente moderno, se dovesse dirigere ancora un giornale, accetterebbe di avere anche il supporto del marketing. Anche. Perché il direttore rimane, nella sua interezza, il responsabile del «prodotto» che manda in edicola ogni giorno.

E anche del rapporto testo-pubblicità?

DE BORTOLI: E anche del rapporto testo-pubblicità. La fortuna di Ezio e mia è che dirigiamo due quotidiani che sono in largo attivo, quindi non hanno alcun bisogno di strizzare un occhio compiaciuto alla pubblicità. Una pubblicità moderna e avanzata sa anche che il contatto con il pubblico ha valore se avviene attraverso un giornale attendibile, credibile, serio, in grado di incidere sulla realtà socio-politica che descrive. Diversamente i giornali sarebbero forse meno appetibili, al di là delle tariffe.

MAURO: Io direi, se dovessi rispondere a battuta con battuta: «C'è troppo poco marketing nella nostra vita» (sorride). In altri Paesi, quando si fa la riunione del mattino, le notizie che vengono scrutinate e passate al vaglio della redazione hanno accanto delle notazioni: «Questa parla al cuore», «Questa parla al cervello», ritenendo che il giornale debba avere un giusto mix tra una sua parte morbida e una sua parte alta. E non c'è nulla di male, in questo tipo di scelta. Noi, credo tutti in Italia, usiamo dei criteri molto poco scientifici: tutti i giorni e per tutta la giornata ci domandiamo, ogni volta che dobbiamo scegliere il peso da dare a una notizia rispetto a un'altra, che cosa interessa di più il lettore. I quotidiani sono ancora uno strumento molto artigianale e molto dettato dalle pulsioni del mestiere. Tuttavia ci deve essere una rispondenza col sentimento profondo del lettore: in una stagione in cui esiste in Italia un effettivo pluralismo della stampa, perché finalmente è nato un giornalismo anche di Destra, beh, ci deve essere un filo forte, fra noi e i lettori, se ogni giorno 600, 650, 700 mila persone vanno in edicola e nel mare grande dell'offerta scelgono quel giornale. Qual è il contratto che si stabilisce, ogni tanto ci rifletto, fra il giornale e i lettori? È culturale più che politico. Soltanto in Italia chiediamo ancora al giornale, in modo primitivo: «Con chi stai?». Mentre la vera domanda che una società liberale dovrebbe rivolgere al giornale è: «Chi sei?», «Qual è la tua natura, il tuo carattere, la tua anima? Soltanto sapendo chi sei posso capire la ragione per cui certe volte stai con questo, contro quello, attacchi quell'altro: perché a queste prese di posizioni ti obbliga la tua natura, il tuo modo di essere». Quando sento parlare di linea politica, dico: «Spero che sia caduta col muro di Berlino». Un quotidiano è una grande agenzia culturale. È questo che il lettore compra in edicola: un'appartenenza culturale a un mondo, un modo di essere, oltre all'offerta informativa.

DE BORTOLI: È giusto quello che dice Ezio. Dovrebbero chiederci: «Chi siete? Che tipo di lavoro svolgete?». Io penso che sia importante il giornale come tavolo delle idee, confronto civile e rispettoso anche tra persone che la pensano in maniera diversa, in modo da dare ai lettori, distinguendo fra cronaca, commento e opinioni, una tavolozza, la più esauriente possibile, che possa aiutarli a conoscere, come scriveva Luigi Einaudi; per deliberare, per scegliere: informati nella libertà. Se ci sono degli strumenti, oggi, che possono migliorare la qualità democratica del confronto politico, il tasso di concretezza della politica stessa, ma anche di onestà e di rispetto delle regole, credo che questi siano i giornali, con tutti i loro difetti. L'offerta è ampia e variegata, come ricordava Ezio. Il nostro ruolo non è quello di aiutare la politica, nascondendo i fatti: non ci appartiene. Certe volte ci rimproverano: «Avete raccontato questo fatto che non fa bene alla politica e al Paese». A parte la considerazione che la verità può fare male in un primo momento, ma dopo fa sempre bene, noi non possiamo essere gli strumenti di alcun disegno: dobbiamo semplicemente rispettare ogni giorno il rapporto di lealtà coi lettori. La nostra sfida è questa. I giornali fanno parte di quella ideale «cassetta degli attrezzi», come la chiamava John Maynard Keynes. La cassetta di un buon economista e di un buon cittadino, con dentro un manuale e il «Times». Di allora. Il quotidiano del mattino è uno strumento di comprensione della realtà, ma anche un modo di riconoscersi come appartenente a una società.

MAURO: Nei commenti dichiariamo che cosa pensiamo di un singolo fatto. Sulle notizie non ci dobbiamo chiedere a chi giova o a chi non giova. Allo stesso modo, e va riaffermato, io dico che in democrazia e nel giornalismo non esistono domande che non possono essere fatte. Esistono risposte che qualcuno non vuol dare. Ma le domande sono tutte legittime.

Come si concilia l'interesse del lettore, che guida le vostre scelte, con lo spazio che date alla politica, dalla quale il lettore, ripetete quotidianamente, è distaccato o della quale è disgustato? Non è una contraddizione?

MAURO: Intanto noi abbiamo ridotto l'informazione politica del 30-35 per cento. Naturalmente il periodo elettorale è particolare, come lo sarà quello che seguirà le elezioni, quando ci sarà la formazione di un nuovo Governo, e la riconferma o l'insediamento di una classe dirigente. Questi sono momenti speciali, la temperatura del Paese sale (oggi fin troppo), cresce anche la soglia di attenzione. Ma stiamo attenti: il problema non è di centimetri quadrati. Comunque: per decenni la società civile si è specchiata nei giornali per decifrare il senso che la politica dava alla giornata. Ora il significato va cercato anche altrove: nella vita normale della gente, nell'economia… Pensiamo al dibattito che è nato dopo una vicenda come quella di Novi Ligure: ci si è interrogati, ci si interroga, non soltanto sul caso specifico e i risvolti giudiziari, ma sull'Italia in cui viviamo, sui rapporti fra genitori e figli… Temi ricorrenti, in qualche modo eterni.

DE BORTOLI: Su Novi Ligure ci è stata rivolta la stessa critica: «Perché avete pubblicato tante pagine?». Ma nelle famiglie non si è discusso d'altro… Purtroppo. Se i giornali avessero dato meno spazio e fatto meno riflessioni, avrebbero fatto male il loro mestiere: sarebbero stati un pessimo specchio della società. Dopo la tragedia di Novi Ligure, forse anche per gli eccessi descrittivi della cronaca, nelle famiglie ci si è posta questa domanda: «Qual è la qualità del dialogo fra genitori e figli?». E allora credo che la stampa abbia svolto un buon ruolo.

Mauro: Vorrei riassumere in questo senso: ridurre lo spazio alla politica non è un problema di centimetri quadrati. La questione è più complessa. Fino a qualche anno fa, la politica era l'architrave del giornale, lo reggeva e reggeva la giornata, le dava il senso. Oggi, basta. La politica è l'architrave solo quando se lo merita. Altre volte, quando ci sono notizie più importanti, devono essere altri i muri maestri della giornata. E questo lo stiamo facendo. Aggiungo un ultimo punto. Come accade nella stampa di tutte le grandi democrazie occidentali, il compito di un giornale responsabile, che si rivolge al Paese e vuol far crescere una coscienza civile, al di là delle opinioni politiche, non è di accentuare il sentimento di distacco, ma di raccontare la politica in tutte le sue deformazioni, incalzandola: tenendo sempre presente che in sé non è una «cosa sporca», come dice il qualunquismo, e in una società democratica siede a capotavola, tocca a lei avere il mazzo, distribuire le carte, fare il gioco, perché è il potere al quale gli altri poteri si devono in qualche modo disciplinare. Questa è la regola di una democrazia. Sarebbe facile, per inseguire qualche effimero vantaggio di copie, giocare allo sfascio e mettere la politica alla berlina.

Come gestite la «guerra» fra i vostri due giornali, da una parte per conservare la leadership, dall'altra per conquistarla, e quanto ne è influenzata la confezione?

Mauro: La rivalità è molta, e per fortuna. Su ogni notizia, grande o piccola, c'è qualcosa che, se si lavora bene, si può avere in più rispetto ai concorrenti. E il tuo concorrente principale, il tuo punto di riferimento, è l'altro grande giornale. Immagino che la stessa cosa valga per loro. Detto questo, credo che in questi anni, in cui siamo sul mercato in concorrenza con Ferruccio, la competizione sia stata sempre corretta. C'è un forte spirito di squadra nelle due redazioni: si lavora per non prendere buchi e possibilmente per darli, come impone la leggenda migliore del mestiere. Ma, tutto questo, senza colpi bassi e senza operazioni scorrette.

DE BORTOLI: Abbiamo il coltello fra i denti, ma non lo usiamo mai l'uno contro l'altro. Un confronto quotidiano, perché è ovvio che il giornale di riferimento è il nostro principale concorrente: nella diversità di fare il giornalismo, delle opinioni politiche, degli interessi culturali, delle attenzioni ad alcune parti della società: il «Corriere» è stampato a Milano, la nostra anima è più radicata nel Nord; «la Repubblica» è stampata a Roma, la loro anima è più nel centro del Paese. Ma siamo entrambi giornali nazionali e, cosa abbastanza rara, ci rivolgiamo a tutte le comunità italiane all'estero. La concorrenza e il confronto, anche acceso, tra opinioni differenti, sono salutari per tutt'e due. Alcune giornate vanno bene, altre meno. Ma non ci sono colpi bassi, come sottolinea Ezio, né polemiche sterili.

MAURO: Il confronto, ed è l'aspetto importante, avviene ad esempio in un articolo di fondo: firmato col nome e cognome e con un'opinione espressa alla luce del sole, a testa alta. Questo ha delle conseguenze nella vita pratica. Io e Ferruccio non ci frequentiamo nella vita privata (ride).

DE BORTOLI: Non ci sentiamo mai.

MAURO: Né ci sentiamo mai. I due giornali non si sentono. Ma io credo che sia sano e giusto così. C'è un rispetto reciproco del lavoro. Penso che il direttore del «Corriere» sia una persona a cui va portato un grande rispetto come uomo e come giornalista. Detto questo, ognuno va per la sua strada.

(Semplificando): Quale idea ha Ferruccio de Bortoli di Carlo De Benedetti editore di «la Repubblica» e quale idea ha Ezio Mauro di Cesare Romiti editore del «Corriere della Sera»?

MAURO: Ho conosciuto Romiti quando ho diretto «La Stampa», e lui era amministratore delegato della Fiat. Un ottimo rapporto, sempre molto corretto da parte sua nei confronti del giornale. Per mia comodità ho sempre ritenuto che, in una situazione articolata come era quella della Fiat, l'editore del giornale fosse uno solo, e cioè il presidente della Società editrice, l'avvocato Gianni Agnelli. Anche perché è complicato avere tre o quattro punti di riferimento (sorride). Ho preferito averne uno.

DE BORTOLI: L'ingegner De Benedetti lo conosco da tantissimo tempo, avendo io fatto per tanti anni il giornalista economico. Ne ho seguito le gesta e avemmo anche una lunga contrapposizione all'epoca della Societé Generale de Belgique. Penso che sia un buon imprenditore e anche un buon editore. Lo leggo quando scrive su «la Repubblica».

MAURO: Un direttore e una redazione oggi, in Italia, non hanno l'alibi dell'editore.

DE BORTOLI: No.

MAURO: Se fanno un cattivo giornale è colpa loro, non dell'editore.

Vi accade, per concludere, di pensare al dopo?

MAURO: E come no.

Che cosa può fare un giornalista che ha diretto il «Corriere» e «la Repubblica»?

MAURO: Scrivere. E comunque rimanere un appassionato di questo mestiere, che problema c'è? Io ho fatto il giornalista per scrivere, come credo tutti. Facendo il direttore scrivi molto meno. Il vero scrivere non è fare gli articoli di fondo. Scrive chi sta nella triade: andare, guardare, raccontare. Mi è piaciuto moltissimo fare il mestiere quando scrivevo e ho avuto grandi soddisfazioni. Spero di poterlo fare dopo.

DE BORTOLI: I ricordi più belli della mia vita professionale sono legati agli anni vissuti in prima linea, da testimone e interprete. Questo è un mestiere straordinario che dà la possibilità di guardare da un punto di vista privilegiato la realtà, che poi diventa anche storia. Io mi sento, anche da direttore, fortunatamente, un cronista. Vorrei conservare questo stato d'animo, e cioè continuare a osservare attentamente le cose e a raccontarle, mantenendo la capacità di meravigliarmi e senza mai anteporre le mie opinioni ai fatti. Il giorno in cui cominciassi, come tanti, a dire: «Ah, beh, questo forse già l'ho visto» oppure: «So già come va a finire», quel giorno sanzionerà che il declino è cominciato (sorride).

maggio 2001

Renzo Arbore – Franco Tatò
Orecchiette, amore e nostalgia…

Un pugliese doc. E un pugliese per metà. Il pugliese per metà è Franco Tatò, lodigiano di padre pugliese e madre lombarda, 69 anni, laureato in filosofia, amministratore delegato dell'Enel dal 1996, un passato alla Olivetti Italia, alla Olivetti Germania, alla Mennesmann-Kienzle (presidente), alla Mondadori (amministratore delegato dal 1984 al 1986 e dal 1991 al 1996), alla Triumph Adler (presidente), alla Fininvest (amministratore delegato nel 1994). È soprannominato «Kaiser Franz» per la sua cultura (non solo manageriale) e la fermezza con cui ha guidato le aziende di cui ha fatto parte, tagliando molte teste. Il pugliese doc è Renzo Arbore, foggiano, 64 anni il 24 di questo mese, laureato in giurisprudenza, critico musicale, disc jockey, autore e conduttore radiofonico e televisivo (fra i tanti programmi che ha realizzato con successo: Per voi giovani; Alto gradimento; Speciale per voi; L'altra domenica; Tagli, ritagli, frattaglie; Telepatria International; Cari amici vicini e lontani; Quelli della notte; Indietro tutta; *con i quali ha rinnovato lo spettacolo d'intrattenimento), cantante-clarinettista, compositore di canzoni anche umoristiche (*Il clarinetto, *seconda classificata al Festival di Sanremo del 1986), regista cinematografico. Nel 1991 ha fondato l'Orchestra Italiana, con la quale ha rilanciato nel mondo la canzone napoletana e pubblicato cinque album; dal 1996 al 1998 è stato direttore artistico e testimonial di Rai International.*

La Puglia, il suo cielo, i suoi colori, la sua cucina, le sue donne, il suo mare, gli odori, i profumi, i sapori, e le memorie dell'infanzia, le nostalgie, sono l'occasione di questo Faccia a faccia, in una soleggiata mattina di fine aprile, nell'attico e superattico romano di Tatò, sulla Salita Sant'Onofrio, fra il Lungotevere e il Gianicolo.

Quale sapore pugliese fa lievitare la memoria? E che cosa richiama?
TATÒ: Il sapore che mi richiama la Puglia, dove da bambino e da ragazzo trascorrevo le vacanze, è la salsa di pomodoro.

ARBORE: La conserva.

TATÒ: La conserva. Quella seccata al sole, che si faceva sulle terrazze delle nostre case. Con la salsa di pomodoro, mia nonna o mia zia preparavano il timballo di maccheroni. Il profumo del pane grattugiato con l'olio, che diventa croccante nel forno, mi ricorda la famiglia, il mare, la spensieratezza dell'infanzia a Barletta.

ARBORE: Tatò mi ha fregato un ricordo bellissimo (ride, e ride anche Tatò) perché fare la conserva era un rito. Le tavole con le quali si allungava il tavolo a Natale e a Pasqua erano adibite a letto per la conserva da asciugare sulla terrazza. Il suo odore era molto forte. Noi bambini la assaggiavamo cruda, prendendola con un dito. A me non piaceva tanto. Era utilizzata, ed è utilizzata ancora oggi, per migliorare il gusto del pomodoro. Il sapore che ricordo, insieme alla conserva, è quello dell'olio, che era pesante, saporito, e confortava tutti i piatti della mia infanzia. Credo di essere stato uno dei primi a riscoprirlo, quando in Italia andava moltissimo l'olio di semi, per colpa di Franco Tatò, che lo pubblicizzava, e anche quell'olio strano, che non si può nominare, quello di «... e la pancia non c'è più...», ti ricordi? (ridono, e ride anche Sonia Raule, la compagna di Tatò, che assiste alla chiacchierata). L'olio extravergine d'oliva era considerato roba per cafoni, sembrava veleno, e non si consumava più. Negli anni Settanta ritrovai quel sapore e cominciai a procurarmi delle bottiglie. Comprai anche un libro sull'olio da tavola. Adesso sono un grande esperto. E identifico nell'olio e nell'ulivo l'immagine e il sapore della Puglia.

L'odore, invece? Che odore vi torna in mente?
TATÒ: Tanti. Se penso all'infanzia, gli odori che c'erano nei vicoli: vicoli che sembravano, e lo sono ancora nei paesi dove saggiamente sono stati conservati, delle estensioni dell'abitazione. La strada non era qualcosa di esterno alla casa, dove la gente passava, ma un luogo dove la gente si ritrovava.

ARBORE: Tanto è vero che il vicolo è pulito dai suoi «inquilini»: escono fuori e puliscono lo spazio che hanno davanti.

TATÒ: Tuttora.

ARBORE: La Puglia è pulita, rispetto a tutto il resto del meridione (sorride). È pulitissima, perché ognuno cura lo spazio davanti alla sua casa.

Nonostante la storica scarsezza d'acqua?

TATÒ: È relativa.

ARBORE: L'Acquedotto pugliese, in ogni caso, ci ha garantito… Della pulizia della Puglia bisognerebbe parlare. La Puglia è linda: c'è una consuetudine alla pulizia, che forse è un po' trascurata in altre regioni meridionali. Noi abbiamo l'abitudine di ramazzare davanti alla casa, che teniamo lucente. Chissà da che cosa nasce. Chissà perché.

TATÒ: Nei vicoli, con le chianche lisce, come i pavimenti di casa, la gente si riuniva, mangiava, parlava. E l'odore che si sentiva era soprattutto l'odore del pane e della pizza, molto lievitata, con le patate, che ha un profumo particolare: indimenticabile.

ARBORE: Io porto con me l'odore molto forte dei lampacioni, un frutto che soltanto noi pugliesi amiamo. È, come dire?, una «cipollacea», amarostica, che, anche quando è lasciata in acqua fredda, mantiene un sapore ostico per altri palati. Ne sono golosissimo. Ma l'odore della Puglia, bellissimo, di cui mi sono accorto un giorno, è quello del pino mediterraneo e del mare del Gargano. L'odore del pino, sposato all'odore del mare, che è anche molto salato da quelle parti, non l'ho dimenticato.

TATÒ: Infatti. Se non vogliamo ricordare soltanto odori gastronomici, prodotti dall'uomo, il profumo pugliese è l'odore del mare, quando vengono le alghe… L'Adriatico, salatissimo, della Puglia ha un odore molto penetrante, inconfondibile: lo riconosco a occhi chiusi.

ARBORE: È proprio la terra degli odori. Franco ha parlato del mare. Io sono nato in pieno Tavoliere e uno degli odori che mi accompagnano è quello del grano, che non dovrebbe odorare, e invece odora moltissimo. Un'altra caratteristica affascinante è la bruciatura del grano, delle ristoppie. Una volta andavano le spigolatrici che raccattavano i chicchi bruciacchiati. Con il grano arso, che adesso è in pratica introvabile perché richiede la fatica fisica di raccoglierlo, si facevano delle indimenticabili orecchiette. A Foggia sono le più preziose. Le orecchiette di grano arso: il massimo della raffinatezza gastronomica (sorride).

TATÒ: Dopo la bruciatura, si girava la terra e si piantavano i ceci. Nelle nostre campagne, un anno si coltivava il grano, un anno si coltivavano i legumi, soprattutto ceci, per arricchire di nitrati la terra per l'anno successivo. Un altro degli odori indimenticabili della Puglia è la pasta e ceci: come si cucina da noi è un piatto degli dèi, inarrivabile.

ARBORE: Sono stato rimproverato moltissimo da una grandissima azienda pugliese di pasta.

TATÒ: La conosciamo tutti (ride).

ARBORE: No, no: non è quella lì. È una piccola azienda che fa una pasta pugliese molto raffinata. Quando ho chiesto al titolare: «Lei comprerà il grano nel mio Tavoliere?», siccome ho un piccolissimo appezzamento coltivato a grano, che ho ereditato, mi ha aggredito: «Per carità. Non fate riposare il terreno. Il terreno deve riposare tre, quattro anni; invece voi, per avidità…». E quindi, ahimè, il grano per fare una delle più buone paste italiane questo signore lo prende in Australia. È stato un gran dolore.

TATÒ: La pasta che acquisto io spero sia fatta col grano del Salento, altrimenti… Per completare il giro delle memorie gastronomiche, la mia grande scoperta, una volta ritornato in Puglia con Sonia, dopo un'assenza di 40 anni, e aver comprato la masseria, sono stati gli ulivi che, in quella zona, sono millenari e danno un olio che ha un sapore veramente diverso.

Ricordate un colore?

TATÒ: Il colore del cielo, in contrasto col bianco delle case, dei comignoli molto particolari. Il verde degli ulivi… I colori della Puglia sono stupendi: il rosso della terra, il verde dell'ulivo, l'azzurro-verde del mare, l'azzurro incredibile del cielo.

ARBORE: Io devo tirare sempre l'acqua al mio mulino, che poi è la «mia» Puglia. Essendo figlio del Tavoliere, il colore che un giorno mi è piaciuto di più, tornandoci, perché queste cose si apprezzano quando si torna, dopo aver girato il mondo, non quando ci si vive, un giorno sono rimasto impressionatissimo dal grano giallo con papaveri rossi: quando il grano, a giugno, è maturo per il raccolto ha dentro i papaveri rossi. Poi c'è il colore delle barche: celeste, il colore dell'Adriatico, allegrissimo.

Il primo amore è nato in Puglia?

TATÒ: No (sorride). No. No.

ARBORE: Sì, sì. Il primo amore è stato pugliese. Ed è legato alla terra: ci s'incontrava nella mia campagna, dove c'erano i covoni di grano che si usavano come spalliera e punzecchiavano qua e là. Una volta, sui 15 anni, mi capitò di usare come giaciglio un mucchio di bucce di fave secche: non c'è niente di peggio, perché sono come piccolissimi spilli. Rimasi irritato per... (ride).

Anche la prima esperienza sessuale è stata pugliese?

ARBORE: Adesso andiamo sul... (sorride). Pugliese, pugliese. La prima esperienza «completa», come si dice: quella tipica dei ragazzi di quell'epoca, quando le fidanzate erano restíe...

TATÒ: Erano molto restíe.

ARBORE: Dovevi fidanzarti in casa, ma non si arrivava mai alla completezza (ride).

TATÒ: Non si arrivava mai alla consumazione. Si consumava in maniera... Erano tempi... (ride).

ARBORE: C'erano i surrogati dell'amore, e tutti erano possibili. Mio padre, pur essendo la famiglia abbastanza benestante, non mi dava la macchina, e quindi si andava sotto la neve, in piedi, in zone poco illuminate per non essere visti: ci conoscevamo tutti noi fidanzati, a Foggia; ognuno aveva scelto il suo posto, vicino al deposito cavalli stalloni, all'Ippodromo. Adesso non c'è più. Con alcuni amici intimi ancora ricordiamo quei tempi. Eh, sì.

TATÒ: Nei viaggi che facevo in Puglia, da ragazzo, gli amici mi raccontavano le loro avventure amorose, che a me erano precluse, perché ero un forestiero che arrivava con la famiglia e non avevo tutti questi rapporti; quindi ero anche un po' stupito. Al Nord vivevamo sempre tempi duri, ma la situazione, senza esagerare, era un po' più aperta.

Vi divideva un cibo, un piatto, dalle ragazze?

ARBORE: Forse le donne non mangiano i turcinielli, gli gnummarieddi: involtini di budella di agnello giovane, che avvolgono un'animella, un po' di aglio e del prezzemolo. È il mio cibo preferito. Ho dei «pushers» (ride, e ride Tatò) che dalla Puglia me li portano. Devono essere pulitissimi, perché è una zona molto delicata dell'agnello da latte. Me li congelo e con alcuni complici qualche sera ce li cuciniamo. Hanno un odore molto, molto forte, ma sono di una bontà straordinaria.

TATÒ: Questo piatto particolare, che non conosco, nella mia famiglia incontrava un ostracismo perché nessuno mangiava aglio. E neanch'io ne mangio.

Per questo, quando era in Mondadori, fece una scenata terribile alla direttrice di «Cucina Moderna»?

TATÒ: Non ho fatto una scenata terribile. La Mondadori è un'azienda commerciale, riceve visitatori coi quali si parla: che i dipendenti abbiano l'alito pesante di aglio non è la cosa più gradevole. La cucina della mensa aveva l'abitudine di fare spaghetti, aglio, olio e peperoncino; l'odore andava nel sistema di condizionamento e alle 11 della mattina si spargeva per tutto il palazzo di Segrate. Chiesi per favore di evitare. Quando si lanciò «Cucina Moderna» ebbi una discussione con la direttrice e la vicedirettrice alle quali dissi che in alcune ricette l'aglio è obbligatorio, e va bene, non avrebbe senso fare i turcinielli senza aglio, ma la tendenza era di metterlo anche nel caffè, e questo non andava bene. Siccome non seguivano la mia indicazione, con le scuse più stravaganti, alcune vergognose, diedi un preciso indirizzo editoriale: «Scusate, fra di noi chi è l'editore? Allora mettete l'aglio solo dove è necessario».

ARBORE (al cronista): Ha scelto due persone forse sbagliate per parlare della Puglia. L'abbiamo buttata subito sul cibo, perché Franco Tatò cucina ed è un ottimo anfitrione: l'ho visto ripetutamente con la parannanza preparare dei piatti pugliesi degni di encomio. Ma così sembra che la Puglia...

TATÒ: Sia solo cibo.

ARBORE: È vero che è importante: noi pugliesi ci riconosciamo dal fatto che parliamo molto spesso di cibo e ci piace proprio il mangiare, abbiamo questo rito del forno...

TATÒ: È una forma di socializzazione, di solidarietà che si stabilisce: uno scambio di impressioni, di sapori. Mangiare, per noi, è una tradizione. Intanto la nostra cucina è di una semplicità incredibile, e come tutte le cucine semplici è fatta di scelte qualitative e di sfumature, no? Non sono manicaretti.

Che cosa cucina con più entusiasmo?

(Sonia Raule: La pasta al forno.)

TATÒ: Soprattutto i legumi: ceci; cime di rape; fave. Ma anche riso, patate e cozze.

Riso, patate e cozze?

ARBORE: Si chiama la tiella: in altre parole riso, patate e cozziche. È un piatto molto semplice, da forno. Questi tre sapori possono essere completati con un po' di cipolla e di pomodoro. La Puglia è stata la prima regione d'Italia a scoprire la cucina regionale. Negli anni Sessanta c'era un'ampia scelta di vivande che erano sempre cotolette alla milanese, saltimbocca alla romana, spaghetti al pomodoro o all'amatriciana, tagliatelle alla bolognese... Mi ricordo che a Bari c'erano due o tre ristoranti che avevano recuperato la cucina pugliese, e dove si mangiava come nelle famiglie. Di solito ci si vergognava di mangiare quello che si mangia nelle famiglie: il ristorante aveva una cucina «pulita». Altamura e Bari sono state le prime città ad avere dei ristoranti di cucina regionale.

TATÒ: Il piatto che preferisco è purea di fave e cicoria: fave secche e cicorie bollite condite con olio crudo, senza un pizzico di sale. Gli ingredienti devono essere di una qualità straordinaria e cucinati con cura. Le orecchiette si fanno con le cime di rape. In queste cucine così semplici si sente l'affetto. La differenza la fa la passione con cui i cibi sono preparati e cotti.

ARBORE: I piatti della cucina pugliese sono infiniti. Il turista ne conosce 10. Ogni giorno ne scopro di nuovi che o avevo dimenticato o non avevo mai assaggiato. La Puglia è molto varia, tanto è vero che si diceva le Puglie. Testimonia una cultura vastissima e molto diversa, che cambia ogni 30 chilometri. Ma siamo unificati dalle orecchiette con le cime di rape: l'idolatria per le orecchiette fatte a mano con le cime di rape ci accomuna tutti.

Avete fatto ricorso all'arma della cucina per «colpire»...?

ARBORE: Le fanciulle? Beh, quella è una delle armi sopravvissute che utilizzo ancora (ride)... Sto scherzando...

TATÒ: L'ultima arma (ride) che c'è rimasta.

ARBORE: Prendere per la gola è ancora un sistema... Si comincia dall'alto, e poi, piano piano, si scende...

(A Tatò, divagando): Ha frequentato Arcore? Come si mangia in casa di Silvio Berlusconi?

TATÒ: Benissimo. Semplicemente. E serenamente, perché so che non si usa aglio. Non è una cucina del Sud, ma è una buona cucina, molto casalinga.

ARBORE: Io sono stato ad Arcore tanti anni fa. Ma non ci ho mangiato.

E in casa di Gianni Agnelli?

TATÒ: Non ci ho mai mangiato.

(Sonia Raule: Si mangia pochissimo.)

ARBORE: Ci ho mangiato io, in compenso. Sono stato graziosamente invitato subito dopo la fine di *Quelli della notte*, perché facemmo una serata a Stupinigi. Ospitalità squisita: cibo leggero, ma molto buono, raffinato. Frugale, certo. Non sono quei piattoni di troccoli (ride) che noi facciamo la domenica a Foggia.

Chi sono gli anfitrioni più generosi e golosi che soddisfano meglio il palato dei loro ospiti?

ARBORE: Per me Franco Tatò, perché cucina di persona e spende del suo.

TATÒ: Io non posso dire Renzo Arbore, perché non ho fatto quest'esperienza e dovrei inventarla. Ma sono sicuro che sarebbe un anfitrione eccellente.

ARBORE: Forse anche Giovanni Valentini. Non sei mai andato da Giovanni Valentini? Si mangia molto bene.

TATÒ: Giovanni Valentini, perché è pugliese, l'ex direttore del settimanale «L'Espresso», adesso editorialista del quotidiano «la Repubblica», figlio del mitico direttore del quotidiano «La Gazzetta del Mezzogiorno». Prepara una cucina pugliese straordinaria.

ARBORE: Si fa venire gli ingredienti da lì: le burrate, i carboncelli...

Un pugliese e un mezzo pugliese che altro si portano appresso di quella regione?

ARBORE: Un modo di parlare che vorremmo sconfessare, non si sa perché. Abbiamo la *o* chiusa che ci affligge, soprattutto se vogliamo fare i cantanti, e una *e* aperta. Il contrario di quello che esige il buon italiano. Ci portiamo dietro questa croce. E ci complimentiamo quando parliamo con un pugliese e dall'accento non ce n'accorgiamo. Ma abbiamo molte altre qualità, a cominciare dall'ospitalità. Un altro pregio un po' nascosto è una forma di provincialismo che ci tormenta, ma ci è utile. Io sono stato torturato dai miei amici. Foggia era una città agricola e gli amici erano scoraggianti. Quando ti davi da fare ti dicevano: «Ando' vuie fuie,...», «Dove vuoi fuggire, tanto qua dobbiamo stare». Oggi sono fuggiti anche loro. Questo ci porta poi a studiare, a perfezionarci, perché riteniamo che i cittadini, i forestieri, siano migliori di noi. E quando vediamo delle cose che funzionano siamo presi dallo spirito di emulazione. L'emulazione è un po' legata al provincialismo. È una qualità positiva, perché non ci crogioliamo nella realtà.

TATÒ: Io non sono pugliese al cento per cento. Per me la Puglia è più che altro mio padre, la famiglia di mio padre, gli zii, i cugini. Queste grandi famiglie sono coinvolgenti: uno se le porta dietro tutta la vita. Ha ragione Renzo quando parla dell'accento. Io ricordo mio padre, che era di Barletta, col quale si parlava in italiano in casa, perché mia madre era lombarda. Mi accorsi che era pugliese quando mettemmo il telefono. Sentii la sua voce al telefono, che è un grande amplificatore dell'accento, e mi accorsi che parlava un terribile (ride) italiano-pugliese. Lo dico con simpatia, perché non ho mai apprezzato l'idea di lavare le proprie origini nell'Arno: ognuno di noi deve essere quello che è, avere l'accento delle sue radici. È anche bello. La Puglia la ritrovo, più che portarmela dietro. La mia educazione è fatta molto di Germania e di America. La gente pugliese mi fa sentire uno del posto, mi dà la sensazione di essere in un luogo dove c'è una forma di solidarietà che non ha niente di ideologico: siamo dello stesso paese, e ci si dà una mano, si fanno delle cortesie, si porta la mozzarella... In Puglia c'è una ospitalità incredibile, che è qualche cosa di più della gentilezza: l'abbiamo vista con gli immigrati.

ARBORE: È una prova incontrovertibile. Bisognerebbe indagare sul perché siamo così ospitali con gli immigrati, che dovrebbero portarci dei problemi. Soprattutto la gente del Salento li accoglie con grande generosità. Sono rimasto colpitissimo dalla frase, che ho sentito in un Telegiornale, di una signora che testimoniava di avere raccolto sulla spiaggia alcuni bambini, e diceva, di cuore: «Abbiamo passato una notte magnifica», ad accudirli. Forse non dimentichiamo che siamo stati poverissimi, emigranti, e abbiamo tutti, nelle nostre famiglie, un emigrante che ci ha lasciato. Ricordo i miei compagni di scuola che partivano con i genitori. A Foggia siamo addirittura troppo ospitali: i forestieri sono migliori di noi; le fortune le fanno le aziende che vengono da fuori.

TATÒ: Da un lato, è un po' la caratteristica del meridione d'Italia questa umanità che rende i rapporti straordinari. E, dall'altro, ci sono le istituzioni che non funzionano: che sembrano fatte apposta per impedirti di fare le cose, quando ne avresti voglia. Con altre situazioni che permangono e che uno spera sempre che cambino. Per esempio c'è una inclinazione politica, abbastanza intollerabile, a strumentalizzare tutto a fini di interessi particolari.

Non è un male nazionale?

TATÒ: In Puglia forse è un po' più accentuato e fastidioso, anche per la malafede. Non è così tutta la regione. In certe zone c'è una pronunciata tendenza a considerare i cittadini delle persone da «far su», come si dice a Milano. La sensazione è di avere a che fare con gente piena di buon senso, di qualità, che spesso è mal rappresentata, fatica quando deve gestire razionalmente i problemi della collettività e si perde in polemiche, non aiutata da una burocrazia estremamente lenta e inerme.

Il progresso ha cancellato qualcuno dei colori, degli odori, dei profumi, dei sapori che avete ricordato?

ARBORE: Andando all'estero, da Acapulco alle Canarie, a Rio, ti accorgi che il mondo bello è stato devastato, negli anni Sessanta-Settanta, dai costruttori, dai grattacieli, dalle mafie, dai quattrini... Noi, non avendo molti soldi, non abbiamo rovinato irrimediabilmente le nostre città.

TATÒ: Le periferie sono terribili.

ARBORE: Le periferie sono terribili. Ma non si può dire che il Gargano sia rovinato.

TATÒ: In quegli anni, abbiamo fatto il possibile.

ARBORE: A Rio de Janeiro hanno costruito i grattacieli. In via Caracciolo, a Napoli, so' rimasti i palazzi che c'erano, tranne qualche albergo nuovo. Non siamo devastati.

TATÒ: Abbiamo conservato i centri storici. Ma abbiamo costruito delle periferie... Si tirano su abitazioni con un impianto architettonico che ha totalmente dimenticato il nostro passato e la nostra tradizione. Si va in centro per ricaricarsi di emozioni e di valori, perché questi quartieri della periferia sono tristi. In Puglia lo soffro particolarmente, perché lo iato è forse più forte: la regione ha un'architettura di case fatte a cubo, bianche, ed entrare in un quartiere di abitazioni con le finestre di alluminio e le tapparelle è una rivoluzione che non riesco a digerire. Un'altra cosa negativa è l'abusivismo: si trovano fabbriche in posti stranissimi, sul mare, e la passione per l'industrializzazione ha prodotto impianti costosissimi che non hanno portato nulla in termini di occupazione. Se Dio vuole sembra che il fenomeno stia acquietandosi e si comincia a riscoprire la vocazione agricola, ospitale, turistica. E tecnologica: perché molta gente intelligente si dedica al mondo della multimedialità e delle nuove tecnologie. Tutto il meridione d'Italia è predestinato in questa direzione. Si può fare l'industria manifatturiera, perché c'è una tradizione di artigianato e di abilità quasi inarrivabile. Noi siamo rimasti incantati nel vedere come un imbianchino pugliese ci ha restaurato la facciata di casa. C'è questa intelligenza delle mani, che è la grande vocazione e lascia molte speranze.

ARBORE: Siamo operai, sappiamo fare le cose. In questo periodo sto bazzicando una realtà straordinaria, perché mi occupo di una linea di mobili di un'azienda pugliese. Per emulazione, tutta la zona di Altamura è piena di aziende che fabbricano benissimo divani di grande qualità, di grande solidità. C'è una forte operosità, mi sembra. Non è la California (sorride), ma … A Foggia, la riscoperta dei centri storici ha offerto il pretesto per recuperare la passeggiata, il gelato, il ristorante con i prodotti tipici, i pub, il piano bar. C'è una vita notturna. Oltre al fatto che le ragazze sono diventate molto belle. Le avevo sempre un po' ripudiate, adesso ne trovo di bellissime.

Bellissime come?

ARBORE: L'anno scorso per «La Gazzetta del Mezzogiorno» ho scritto un articolo dove facevo la distinzione tra barese, brindisina, foggiana, leccese, tarantina: un po' arrampicandomi sugli specchi, ma dicendo anche delle verità. La barese è abbondante, estroversa, esuberante, prosperosa, molto sensuale. La brindisina ha qualità legate al corpo, al personale, all'umanità. La leccese è un po' aristocratica, ha dei lineamenti tradizionali, così come la città ha una tradizione barocca, elegante. La tarantina ha una faccia bizantina meravigliosa, gli occhi scuri, pensiamo a Mietta, la cantante. La foggiana, me lo aveva fatto scoprire un giornalista, un intellettuale, e un amico, che viveva a Parigi, ha un posteriore (ride) foggiano. E mi sono lasciato andare sul culo foggiano, diciamo la verità. Mi sono arrivate centinaia di lettere di foggiane che dicevano: «Ma io ho una bella faccia»… Comunque le donne di Puglia sono una scoperta: ce n'è per tutti i gusti.

Tatò: Non credo che si possa aggiungere molto alle parole di Renzo.

Volete dire qualcosa, prima che vi faccia una domanda conclusiva?

Arbore: Quello che non abbiamo detto. La Puglia è alla ribalta, adesso, perché si è scoperto che è Africa: sei mesi fa il «Corriere della Sera» ha scritto che erano stati trovati residui di animali africani. Sono stati scoperti gli ipogei a Santa Margherita di Savoia, i dinosauri ad Altamura… Le origini della Puglia sono antichissime e, fortunatamente, sopravvissute. È una regione tutta da scoprire: il sottosuolo lo stanno scoprendo in questi anni.

Tatò: Intorno a Fasano ci sono delle grotte con dipinti di epoca rupestre straordinari.

Arbore: E poi ci sono tutte le vestigia federiciane. Perché Federico II aveva scelto la Puglia? Vorrei chiedere a Franco Tatò: perché la Puglia è di moda?

Tatò: Noi l'abbiamo scelta per un innamoramento. Improvvisamente ritornano tutti i ricordi, gli umori dell'infanzia, della giovinezza, della famiglia: si rivede questa regione e ci si innamora.

Arbore: Ma la scelgono i non pugliesi: per esempio Leonardo Mondadori, per esempio Gianni Morandi, per esempio Romano Prodi. Tanti. Che hanno scoperto la Puglia e ci vanno a villeggiare.

Tatò: Per i non pugliesi diventa di moda perché è completamente diversa rispetto ai soliti posti, dove si incontrano le solite persone: è una civiltà diversa, un contesto sociale diverso, uno stacco completo.

Arbore: Anche un panorama diverso. Romano Prodi disse che la Puglia poteva diventare la Florida d'Italia. Io non avevo mai visto i fenicotteri rosa: pur essendo a 30 chilometri dai fenicotteri rosa, a Foggia, non li avevo mai visti volare sulle saline di Santa Margherita di Savoia. Sono il simbolo della Florida, i flamengos. Potrebbe darsi che questa regione in un futuro, Oddio non proprio prossimo, possa diventare la Florida d'Italia, dove si va o per il buen retiro…

Tatò: Io scappo (ride).

ARBORE: No, non per il buen retiro... Per godersi la vita come fanno gli americani quando vanno in Florida.

Pensate, quando sarà, di vivere lì la vostra vecchiaia?

ARBORE: Temo di no, perché ormai mi sono abituato a Roma, dove vivo dal 1964. Perfino gli amici pugliesi si sono trasferiti qui. Ma i legami sono molto forti, ho ancora una casa a piazza Umberto Giordano, nel centro di Foggia, e una piccolissima proprietà. I legami durano: ho gli affetti antichi, i parenti ai quali sono legato. Non ci torno tanto di frequente, ma mi piacerebbe farlo. Da qualche anno ho scoperto il piacere di andarci in vacanza: non proprio a Foggia, in altre zone della provincia, da Martina Franca a Barletta, a Trani. È una regione che è tutta una scoperta.

TATÒ: Io ci vado spesso. Penso di tornarci molte volte e allungare i periodi di permanenza, costruire qualche cosa e, quando avrò la possibilità di scrivere, di farlo lì. Non credo che mi ritirerò in Puglia, anche perché non ho alcuna intenzione di ritirarmi. Ma la mia casa di Torre Spaccata, vicino a Fasano, è una specie di rifugio dove ci si ricarica, ci si rigenera, si respira l'aria degli ulivi, si ritrovano le forze.

giugno 2001

Fedele Confalonieri – Mogol
Le canzoni con Silvio, le emozioni con Lucio

Tema: la musica. Lo svolgimento, negli uffici Mediaset di Milano, in via Paleocapa, è di Fedele Confalonieri e Mogol.

Confalonieri, milanese (è nato all'Isola, un quartiere di case di ringhiera a Porta Garibaldi), 64 anni, amico di Silvio Berlusconi da quando frequentavano insieme le medie dai salesiani, laurea in giurisprudenza con una tesi sul «Concetto di intesa nelle norme istitutive della Cee, articoli 85 e 86», lettore ingordo e onnivoro, milanista di ferro, è il presidente di Mediaset e, carica a cui tiene moltissimo, dell'Orchestra Filarmonica della Scala.

Mogol, anche lui milanese, 65 anni il mese prossimo, ha scritto i testi di 1500-2000 canzoni di grande successo, l'incontro con Lucio Battisti è stato uno dei più formidabili sodalizi della storia della canzone italiana, ed è il fondatore e presidente dal 1992 del Cet (Centro Europeo di Toscolano). Una struttura di oltre 5000 metri quadrati coperti, in provincia di Terni, nel cuore dell'Umbria, che ha tre obiettivi: medicina (valutazione e integrazione delle difese globali naturali), cultura popolare con sette corsi ad alta professionalità e difesa ambientale. Nel periodo estivo il Centro viene aperto al turismo culturale e salutistico.

Qual è la prima canzone, il ritornello dell'infanzia che vi viene in mente?

MOGOL: Mio papà era un pianista che integrava il suo stipendio andando a suonare con un'orchestrina, la sera, dopo cena, nei bar. E quando ero bambino mi suonava *I tre porcellini*. Poi mi faceva ascoltare *La primavera* di Grieg, bellissima, e io tutte le volte lo guardavo come fosse un genio, perché la suonava benissimo.

CONFALONIERI: *I tre porcellini* non era un motivo di un film di Walt Disney?

MOGOL: Forse sì. Mi ricordo che era una musica legata al divertimento, al piacere di ascoltarla. Un gioco.

CONFALONIERI: Io, invece, ne ho due, eseguite da me. Ho cominciato a suonare il pianoforte verso i cinque anni: erano *La voix du coeur* e *Il piccolo montanaro*, di cui ricordo anche un arrangiamento di Carosone pieno di ironia. Ho anche la visione di mia mamma che suona alla fisarmonica, regalo del mio papà, una fisarmonica rossa, *Vienna Vienna*.

E dopo, nella giovinezza?

CONFALONIERI: Eh beh, dopo c'è il diluvio. Ho studiato musica classica; ho fatto anche l'esame di ottavo anno di Conservatorio per il pianoforte, mentre frequentavo il liceo. Beethoven, Mozart, Chopin, Bach hanno accompagnato la mia giovinezza.

Avete memoria di un brano che ha scandito la nascita di un'amicizia, di un amore, di un sentimento forte?

CONFALONIERI: Se la buttiamo su questo campo… Non so come è messo lui. Io sono sposato da 41 anni (sorride).

Non potrebbe essere legato all'inizio di questa storia?

CONFALONIERI: Certo. Mia moglie, Annick, è francese. *Hymne à l'amour* cantato da Edith Piaf era una delle nostre canzoni, insieme a quelle di Juliette Greco, Mouloudji, Brassens, Yves Montand, Charles Trenet. (Rivolto a Mogol): Prego maestro.

MOGOL: Io molto spesso sono autobiografico e quindi brani della mia vita sono uniti alle canzoni. Forse quella che mi ha colpito di più, che riesco a ricordare, perché non ricordo niente di quel periodo, è *Il terzo uomo*. L'hai presente?

CONFALONIERI: Come no (e la accenna).

MOGOL: Quella. Sì. C'era un film…

CONFALONIERI: *The Third Man* di Carol Reed, con Joseph Cotten, Orson Welles, AlidaValli, Trevor Howard.

MOGOL: Quel motivo aveva un fascino tale…

CONFALONIERI: È, mi pare, di Anton Karas. La Vienna del dopoguerra, occupata dalle quattro potenze. Bella canzone. Con la chitarra… La differenza è tra quelli che scrivono i romanzi e quelli che li leggono. In quanti li abbiamo letti? Tu li hai scritti. Quanti ne hai scritti?

MOGOL: Ma, non so: 1500-2000... Il mio legame con la musica è molto particolare. Non sono un grande amante della musica: in realtà, non ho mai avuto questa passione, anche se ci sono delle melodie che mi prendono. Non ho mai comprato dischi. La passione divampante si scatena nel momento in cui scrivo e devo vivere il senso della musica.

CONFALONIERI: L'ispirazione.

MOGOL: Un periodo che si apre quasi come un fatto erotico. Rimane chiuso fino a che non si accende col momento creativo.

Ha avuto coiti interrotti?

MOGOL: Pochi. Pochi, interrotti. Sono addirittura convinto che la creatività è di tutti. Ma pochi conoscono il proprio straordinario potenziale creativo: c'è gente che nasce, vive tutta una vita e muore senza aver capito che poteva essere un artista, in quanto il potenziale cresce con lo studio. E poi c'è da considerare un «bonus» che ti arriva dopo che hai lavorato tanto e con grande impegno. Quasi come noi fossimo più ricettivi che creativi. Questo concetto è importante perché ridimensiona un po' il genio.

CONFALONIERI: L'ispirazione è il Padre Eterno che te la manda.

MOGOL: Ma te la devi conquistare. E dopo può anche capitare che le idee arrivino per fax.

Tuttavia ci tiene a essere definito autore, cioè creatore. O no?

MOGOL: Sì. Ma, un momento: il discorso della difesa di una categoria non è un fatto personale. Un avvocato non puoi chiamarlo azzeccagarbugli. Io sono un autore e spesso per noi autori usano termini dequalificanti.

Il termine poeta non è dequalificante, eppure lo rifiuta: «Se ne riparlerà fra 100 anni», risponde. Perché?

Mogol: Questo vale per tutti. Quando qualcuno si presenta e dice: «Sono poeta», mi fa sorridere. La scelta delle opere è sempre stata fatta dalla gente negli anni. La cultura di qualità è stata, quasi sempre, prima cultura popolare. La vera selezione nell'arte la fa il pubblico nei secoli e non i critici.

CONFALONIERI: Se non c'è il contatto con il pubblico... I grandi lo hanno avuto: piacevano al pubblico. Nei drammi storici di Shakespeare come *Enrico IV*, *Enrico V*, *Enrico VI* gli inglesi si sono sempre immedesimati. E quanto Shakespeare c'è nei discorsi di Churchill durante la guerra?

MOGOL: Anche Mozart è nato nelle Corti, ma l'ultima parte della sua vita è stato il teatro popolare.

CONFALONIERI: Il *Flauto Magico* è un teatro proprio popolare: è un *singspiel*, parole e musica. Nel Novecento è passata una teoria malsana. Un mese fa, alla Scala, hanno eseguito un pezzo di Sollina: è piaciuto. I critici ne hanno parlato poco perché nel secolo scorso, a partire dalla dodecafonia, spesso si doveva non capire: doveva essere tutto cerebrale; quasi ci si vergognava di commuoversi per quanto si era ascoltato.

MOGOL: Quello che dici è sacrosanto. Stai parlando del re nudo. Il discorso creativo lo allargherei al discorso della cultura libera, popolare del secolo scorso. Il Novecento è stato tutto accademico. Negli altri Paesi la cultura popolare ha avuto la consacrazione ufficiale, in Inghilterra alcuni dei suoi rappresentanti son diventati baronetti. Qui sono morti Modugno, Battisti, Carosone e non mi pare si sia mosso nessuno. Da noi siamo convinti che cultura popolare sia roba per le masse e non si riconosce alla gente capacità critica. Eppure la cultura popolare è molto importante perché è quella che la gente assorbe. Dalla cultura popolare arrivano i valori. Spegnerla e lasciare che diventi cultura di marketing, visto che tutto nel mondo sta andando verso il profitto, vuol dire stimolare gli artisti a diventare assemblatori: la creatività va al servizio della vendita. La stessa legge dell'audience televisivo è la fine della libertà creativa. Si spegne la luce.

CONFALONIERI: Le canzoni sono sempre un po' funzionali alla nostra esistenza, ai primi amori, alle gioie e ai dispiaceri della vita: e amiamo di più quelle della nostra giovinezza. Tu hai cominciato a scriverne a 20 anni, anche prima, e sei sempre stato giovane, il poeta è naturalmente giovane. Hai fatto il paraninfo a quattro, cinque generazioni.

MOGOL: Meno male che hai detto solo paraninfo...

CONFALONIERI: Paraninfo è bello.

MOGOL: Sto scherzando.

CONFALONIERI: Hai fatto il Cupido: è molto bello. Che tu abbia scritto *Una lacrima sul viso* e poi le canzoni per Battisti e poi queste ultime per Celentano, vuol dire che hai sempre 20 anni.

MOGOL: Siamo tutti giovani, basta volerlo essere. L'età è un dettaglio. Tu stai dicendo che la ricezione cambia di intensità, e le canzoni non vanno più a cementarsi con la storia del tuo vissuto...

CONFALONIERI: Il mese scorso è morto Perry Como. Perry Como è dentro la nostra storia: *Catch the falling star*, *Magic moments*, e una voce di una bellezza straordinaria. E ognuno di noi rivive i momenti scanditi da queste belle canzoni, cancellando tutto quello che di sgradevole si è dovuto vivere in quell'epoca.

MOGOL: Memorizza i ricordi.

CONFALONIERI: La canzone è il piacere di alzarsi una mattina con un refrain in testa, vedere il sole e sentirsi vivi. Studiare musica, che è una materia interdisciplinare, fare un esame al Conservatorio, vuol dire teatro, letteratura, storia, musica sacra e anche canzoni... I Lieder di Schubert o Schumann su testi di Goethe o Heine sono canzoni, canzoni come quelle di Battisti e Mogol. La canzone è un elemento primario come l'acqua, l'ossigeno...

MOGOL: Come i profumi naturali delle piante.

CONFALONIERI: E poi non c'è nulla di più evocativo delle canzoni. La musica classica, sì, è pure evocativa, ma richiede anche uno sforzo intellettuale, una mediazione culturale; invece la bella canzone ti dice subito quello che deve dire e ti riporta indietro nel tempo.

MOGOL: Tu sei un uomo colto a 360 gradi. Non sei un accademico. La mia era una critica a un mondo serioso. La cultura accademica ha paralizzato il Novecento. È stata in molti casi un peso.

CONFALONIERI: La cultura non è mai un peso: è un piacere, dài. Quando è barbogia e te la inculcano a forza, certo... Ma è comunque sempre il piacere della scoperta.

MOGOL: Io sto dicendo come te la propinano a scuola. Tu hai detto praticamente che dai Conservatori escono degli strumentisti ed è difficile trovare dei musicisti, dei creativi. E giustamente hai messo il dito sulla piaga: li hanno costretti su dei binari che escludono la libertà creativa; non gli hanno permesso di suonare il bello dove lo trovavano, la melodia che gli poteva uscire, ma li hanno messi su delle rotaie dove una cosa è *in*, una cosa è *out*. È stata una cultura costrittiva, distorcente. Il fatto creativo ha come presupposto la libertà, la leggerezza. Nel momento che diventa un quesito con dei binari non respiri più il vento felice.

Si è mai reso conto di quanta gente ha fatto felice, compreso lo scemo del villaggio, attraverso il dono che ha ricevuto?

MOGOL: Mi rendo conto della mia fortuna, al punto che non vorrei avere nulla di più di quello che ho ricevuto: l'affetto della gente. È una cosa che non ha prezzo: è il bacio della vita. È un dono che ho ricevuto: che non è il dono della creatività. Finirò i miei giorni dicendo che questo è un altro regalo. Non ti viene neanche dalla nascita, ma dal lavoro, dalla passione, da come vivi, dai valori che trasmetti. Certo devi lavorare, lavorare, lavorare... La pianta che nasce dalla tua creatività nessuno la può prevedere, neanche tu. Io ero assolutamente convinto di essere un mediocre. E neanche adesso son convinto di essere qualcosa di diverso. Ho avuto la possibilità di vedere che accadono cose imprevedibili. Mi son trovato sull'onda del mare, come un guscio di noce, portato dagli eventi. L'unica cosa che sicuramente mi ha aiutato è aver mantenuto e radicato una fede, una grande dignità intima e una sincerità totale. Devi salvare l'integrità morale e i valori. Ho avuto uno specchio: la gente. Mi sconcerto ancora adesso: vado al bar, prendo un caffè, non me lo fanno pagare, e la commozione mi chiude la gola. Non riesco più a parlare. Perché ho fatto il Cet? Perché dovevo tanto. Mi sembrava di tradire qualcosa e qualcuno se non lo avessi messo su. I traguardi alla fine sono la cosa meno importante: importanti sono le intenzioni e le determinazioni. Poi: se ce la fai, evviva; se non ce la fai... amen. Penso che la serenità non sia legata ai traguardi.

(A Confalonieri): Questo discorso può funzionare anche per il manager?

CONFALONIERI: No. Quelli come Mogol hanno l'ispirazione, il talento, qualcosa di magico. Quelli che nelle tribù erano gli sciamani, che profetavano, cantavano, guarivano attorno al fuoco. Lui dice due cose che sembrano contraddittorie, ma non lo sono: che c'è l'ispirazione che ti «detta dentro», e qualche cosa che ti arriva dall'esterno, che ti arriva dalla fatica.

MOGOL: Dopo aver studiato tanto.

CONFALONIERI: Avendo affinato una tecnica: il famoso 10 per cento di ispirazione e 90 per cento di traspirazione. Comunque, indispensabile è il talento. Non è di tutti. Ci sono quelli che ascoltano le note, ma non le sentono; altri le ascoltano e le armonizzano.

Vorrebbe essere Mogol?

CONFALONIERI: Arrivato a 64 anni ci stai bene nella tua pelle, tutto sommato. E ti piace anche avere dei sogni nel cassetto che non hai realizzato. Per esempio di fare il solo esame che mi manca al Conservatorio. Che poi è una mezza coglionata (sorride): pensare di mettersi lì a studiare otto ore al giorno, per un paio di mesi almeno,… quando mai ce l'avrei il tempo? Tutti abbiamo un sogno nel cassetto. La vera differenza è, come sempre: dilettanti o professionisti. Lui è un professionista. Qui abbiamo di fronte un signore che è unico.

MOGOL: Mi è venuta in mente un'immagine che mi piace. La sostanziale differenza tra i manager e un creativo è che io sono come una nave che ha mollato l'àncora, e segue il mare, e loro hanno sempre l'àncora tesa.

CONFALONIERI: Se no andiamo contro gli scogli (sorride).

MOGOL: Non è così. No. Mentre il creativo deve avere la libertà come presupposto, il manager ha un obiettivo al quale non si può sottrarre. È questa la differenza. Ma la creatività fa parte dell'uomo. Spiegami perché all'asilo tutti i bambini sono creativi e fanno dei disegni colorati stupendi. Il genio non è particolare: la genialità è inserita nell'uomo. La mia non è una critica a Confalonieri.

CONFALONIERI: Io su questo argomento ho una concezione aristocratica. Il talento non è una cosa democratica: siete in pochi ad averlo. Mi piacerebbe dirti, come dice un personaggio di Sordi: «A me m'ha rovinato la guera». Non ci ha rovinato niente, il sogno rimane nel cassetto. Io suono abbastanza bene il pianoforte, ma sono anche convinto che non sarei diventato un grande pianista. Oggi di grandi pianisti quanti ce ne sono nel mondo: 50? E di Mogol? Forse ci sei solo tu. Ci sono stati i Cole Porter, gli Henry Salvador, i Trenet, quelli che hanno scritto le musiche e hanno accompagnato per 60-70 anni le vite dei loro concittadini, rendendoli felici, o tristi. Questo è il talento.

Suona ancora il piano?

CONFALONIERI: Qualche sabato e domenica, una mezz'oretta: musica classica. L'ho già detto in un'altra occasione: quando stai mezz'ora con Bach e con Beethoven è come farsi permeare dai più alti valori umani: la bellezza, l'intelligenza, la purezza. E allora ti senti libero dall'angoscia e dalla paura.

Rammenta il primo disco che ha acquistato?

CONFALONIERI: La *Quinta* e la *Sesta* di Beethoven dirette da Karajan e da Bruno Walter. Poi *Prelude à l'apres-midi d'un faune* di Debussy e le *Quattro ballate* di Chopin. Sono i primi quattro dischi che ho comprato e costavano una barca di soldi: 5000 lire l'uno, nel '52-'53. Per fortuna ero il nipote del Borghi della Ignis e avevo delle belle mance.

Quando, negli anni Cinquanta, suonava il pianoforte nei dancing e nei night, quali erano i suoi pezzi forti?

CONFALONIERI: Eh, tutta la musica di allora.

MOGOL: Suonavi anche sulle navi?

CONFALONIERI: No, sulle navi è andato Silvio. Io e Silvio abbiamo suonato insieme nelle sale da ballo, qui a Milano. Eravamo ragazzini. Si andava a prender le musiche da Ricordi, dove c'era anche tuo papà, Mariano Rapetti. Te le davano gratis, perché si presumeva che tu suonassi in un'orchestrina e le Case recuperavano attraverso i borderò della Siae. Le edizioni Ariston, Curci e Southern stavano in Galleria, e c'era la partitura per tutta l'orchestra. Ma quando arrivava uno di 15-16 anni, ti guardavano in faccia, ti dicevano: «Ohe, sbarbato, ma è vero che avete l'orchestra?» (sorride).

Guadagnava molto o poco?

CONFALONIERI: Il massimo l'ho preso, nel 1959, in Libano, avevo 21 anni: 9000 lire, che eran bei soldi, per due mesi e mezzo, a Bamdum, fra Beirut e Damasco. Berlusconi non è venuto.

In precedenza l'aveva assunto come cantante e contrabbassista: sbaglio?

CONFALONIERI: La leggenda dice che l'ho pure licenziato. È vero (ride). Una volta l'ho raccontato a uno del gruppo che non mi considerava più di tanto. Quello mi ha guardato: «Ha licenziato Berlusconi?», e ha fatto un salto così.

MOGOL: L'uomo che ha licenziato Berlusconi (ride).

Quanto lo pagava?

CONFALONIERI: Non lo pagavo io, pagavano gli impresari o i proprietari dei locali. Con lui abbiamo suonato quando eravamo proprio ragazzini: a 18-19 anni.

(A Mogol): Qual è la canzone con cui ha guadagnato di più?

MOGOL: Ho fatto un controllo 10 anni fa (non l'avevo mai fatto prima), perché mi è arrivato un estratto della Siae con la classifica degli incassi, e con mia grande sorpresa, perché mi sembrava una canzone intimista e non me lo aspettavo, era *Emozioni*. Sì, mi ricordo tutto di come è nata: metà l'ho composta al Dosso, in Brianza; poi ho messo tutta la famiglia su una Giardinetta 500 di legno, sono andato in Val d'Orma, vicino Ovada, e la seconda parte me la son cantata mentre guidavo, senza scriverla, perché avevo i bambini. Quando sono arrivato nella casa di campagna sono andato nella loro cameretta, mi son buttato sul letto e l'ho scritta. No, l'emozione non si spezza: ritorni dentro la capanna e la rivivi, rientri nell'emozione. Le emozioni, le commozioni, aumentano con gli anni.

CONFALONIERI: E anche un po' il rincoglionimento (ride).

MOGOL: No, no, no. Come sei fuori (grida). No, no, no.

CONFALONIERI: Io credo che la parte più bella della vita sia quando tu sei così rincoglionito che credi di avere vinto ad Austerlitz, di essere stato Coppi sul Pordoi e di avere scritto *Emozioni*. Probabilmente il Paradiso è quello.

MOGOL: Prima del rincoglionimento c'è il momento di grandissima lucidità: si arriva a un punto della vita e veramente cadono molti veli, vedi le cose nella loro dimensione, cominci a capire.

(Voce fuori campo): Suonando, si cuccava?

CONFALONIERI: Bisogna esser belli. Per noi brutti è sempre stata dura. Berlusconi era un bel ragazzo, piaceva, ed era bravo a cantare. Ha una bellissima voce ancora adesso.

È vero che una volta, al pianoforte, lei ha fatto ingelosire Eugenio Scalfari?

CONFALONIERI: È vero che quando con Caracciolo erano proprietari della maggioranza del gruppo «L'Espresso» e non avevano ancora venduto a De Benedetti, un giorno sono venuti ad Arcore a trovare Silvio per fare una chiacchierata. Dopo ci siam messi a suonare. Io ho suonato la *Rapsodia in blu*. Scalfari mi ha apprezzato. È un pianista anche lui. Allora avevo quella tecnica di cui parla Mogol perché mi allenavo di più.

MOGOL: Senza tecnica non c'è arte.

Anche per essere poeta è indispensabile la tecnica?

MOGOL: Assolutamente. Anche se io sono solo un autore. La valutazione, quando non ci sarò più, la daranno gli altri. Scrivo sempre dopo aver ascoltato la musica, nella quale cerco il senso e lo abbino alla mia esistenza: cosa dice questa musica? E rifletto sulla mia vita, su cosa ho pensato, sul momento che sto vivendo dentro. Se scavi, senza pudore, tiri fuori dall'animo quello che hai di più segreto, perché la musica è stimolante, ricrea un'atmosfera. Quando in un film entra la musica gli stessi sentimenti vengono moltiplicati per tre. So quando emozionerò le persone, perché prima mi sono commosso io. E sicuramente capisco il valore di una canzone nel momento in cui la scrivo. L'ultima, per Celentano, *Quello che non ti ho detto mai*, l'ho scritta guidando, per quello che riuscivo, su un volante. Stavo andando a Cesena, mi sono fermato, mi sono messo a piangere. E non sono uno che piange facilmente. Ho pianto cinque-sei volte in tutto: per mia madre, per una zia... Noi siamo dentro il mistero della vita che non ci dà alcuna garanzia, anche all'interno della coppia. Questo tema l'ho trattato in una canzone bellissima: il mistero che viviamo anche con le persone più care, quindi col nucleo più stretto, più sotterraneo, più radicato, e non abbiamo alcuna certezza, al di là di quello che speriamo di ritrovare. Questo pathos ha una capacità emotiva straordinaria. La verità emoziona tutti.

(A Confalonieri): Ha mai pianto per una canzone, come Mogol?

CONFALONIERI: Io sono uno che si commuove. Per esempio ci sono cose che ti rigano la schiena. «Amami Alfredo» ti riga la schiena. Se uno non si commuove ascoltandolo è di sasso.

(A Mogol): Il suo autore magico, ha raccontato, è Piero Chiara, che «ha studiato e proposto un micromondo, ma l'ha fatto con amore». La letteratura è stata un nutrimento?

MOGOL: Non tanto. Ho la massima considerazione per i poeti, per carità. Ma mi ritengo abbastanza naïf. Tutto sommato non ho messo a frutto le letture. Il mio rapporto non è tanto con la cultura filtrata: è vita diretta. E non ho mai scritto per fare i miliardi. Chi mi guarda pensa che scriva soltanto le canzoni. Io dedico alle canzoni due ore per due settimane in un anno. La mia giornata, dalle sette di mattina alle 10 di sera, è sempre stata di lavoro tremendo e riguarda il Cet. Vorrei mollare a lui la palletta del Cet. Mi direbbe: «Oh, fammi ritornare in Mediaset».

Soffre di non essere anche una voce?

MOGOL: No, non me ne frega niente. Qualcuno voleva che cantassi. Una volta ho fatto uno scherzo a Battisti. Lucio era un grandissimo musicista, ma in verità era modesto nei confronti di se stesso, al di là delle parole che pronunciava. Eravamo a casa mia, al Dosso, gli dissi: «Mi è venuta un'idea: vorrei cantare lo stesso album che fai tu». Rimase di sasso e rispose: «Dopo sei mesi», serio. La cosa mi fa ridere ancora adesso. Aveva una considerazione straordinaria per me che sicuramente come cantante non valevo niente. La sensibilità che Battisti ha dimostrato in quell'episodio ha accresciuto la considerazione umana che avevo per lui. Io non canto anche per rispetto degli altri.

(A Confalonieri): È stato geloso della voce di Berlusconi?

CONFALONIERI: No. No. Io suonavo e lo accompagnavo. E mi bastava.

I figli hanno preso qualcosa del suo amore per la musica?

CONFALONIERI: Mia figlia Aline suona il pianoforte. A mio figlio Yves piace la musica, ma non la suona.

Due anni fa l'Accademia di Santa Cecilia ha dedicato una serata indimenticabile a Ennio Morricone e alle sue musiche. Alla fine, ovazioni interminabili. È immaginabile una serata alla Scala dedicata a Mogol?

CONFALONIERI: Perché no?

MOGOL: A Mogol, no; ma Battisti la meriterebbe. Non dedicare una serata a un compositore come Lucio è un punto in meno. Vuol dire che non ci adeguiamo ai tempi che cambiano: restiamo nelle bare, nelle costrizioni, in quel mondo accademico che non è serio ma serioso, e privo di creatività, di gusto della vita, di libertà. Siamo ancora qui con l'abito blu e la cravatta. Non se ne esce. È il mondo dei timbri, che è il mondo dell'insicurezza.

CONFALONIERI: Perché dobbiamo metterci tutti la tuta per fare una certa cosa? La mia tuta è giacca e cravatta, la tua è camicia senza cravatta.

MOGOL: Io sto facendo un altro discorso. Quando vado da un funzionario mi metto la giacca e la cravatta per rispetto. Non è questo. Dico che i valori veri, sacri, possono esistere anche al di fuori del seminato delle Accademie.

Qualcuno lo mette in discussione?

MOGOL: Qui non è ancora così. Negli ultimi tre anni del Novecento c'è stata una rincorsa per cercare di recuperare un minimo di critica obiettiva. Prima la cultura popolare era considerata un calzino sporco.

CONFALONIERI: Per certi avvenimenti ci sono dei luoghi deputati. La discoteca è per ballare; in chiesa si va per pregare. La Scala è nata per l'opera. Dare la sinfonica è già un altro discorso, perché la sua acustica non è quella di un Auditorium. Se ascolti alla Scala l'orchestra che suona l'opera, va bene: è stata creata per questo. Se fa un concerto sinfonico la resa è meno buona che in un Auditorium, dove c'è una migliore acustica. A New York, alla Carnegie Hall, hanno suonato Benny Goodman, Horovitz, quelli del film *Buena vista social club*. Dovrebbe esserci un Auditorium aperto a tutte queste espressioni musicali. C'è della musica cosiddetta classica che è noiosa e vale poco. C'è della musica cosiddetta leggera che propone dei capolavori d'arte. Battisti può stare bene da qualsiasi parte.

MOGOL: Quando parlo di Battisti non è il difensore di Battisti che parla. Parlo di lui come parlerei di un altro grande artista. Penso alle differenze, al classismo che ancora esiste. Il tuo discorso, che la Scala potrebbe essere particolarmente adatta a certe sonorità piuttosto che ad altre, anche se mi è difficile, lo posso accettare.

CONFALONIERI: È nata per l'opera lirica.

MOGOL: Quando tutti si sono scandalizzati perché qualcuno aveva proposto di dare il nome di Lucio a un Auditorium, lì non c'entrava niente la sonorità: testimoniava un solo modo di ragionare.

CONFALONIERI: Sarebbe stato un riconoscimento del suo valore. Alla Scala 200 anni fa facevano anche i balli, nel foyer si giocava. Di quanti amori è stata galeotta la Scala, dalla *Chartreuse de Parme* all'*Anonimo Lombardo*? Mogol ha ragione quando ricorda che il melodramma, forse una delle manifestazioni più alte dell'Italia musicale, era fatto da artisti che magari in tre giorni scrivevano un'opera e la rappresentavano, senza metterla giù dura. E poi magari passavano alla Storia. Rossini era uno così.

MOGOL: Eppure erano opere immortali.

CONFALONIERI: Si doveva divertire il pubblico, commuoverlo. Quando tu accusi l'Accademia dei parrucconi hai ragione. Oggi tante cose se piacciono alla gente sono sospette. Un romanzo che ha successo deve essere per forza brutto.

MOGOL: È un principio che questo Paese ha ereditato nel Medioevo: la cultura non è per tutti. Tombale. In tutto. L'Italia deve ancora aprire le porte.

Baglioni indica Se telefonando. *Gaber sceglie* Vedrai vedrai. *Ma è possibile dire qual è la canzone migliore in assoluto?*

CONFALONIERI: Quando si fanno delle serate fra amici, cominci a suonare le canzoni americane, quelle napoletane, suoni le canzoni di Mogol, suoni le francesi, le sudamericane, si fanno le tre del mattino e ognuno vorrebbe chiudere la serata con la canzone più bella del mondo. Non si può, non c'è: è quella di quel momento lì. Se ci mettiamo qui, adesso, riempiamo il tavolo di almeno 50 canzoni e ognuna è la più bella del mondo.

MOGOL: Diciamo così: ci sono valori soggettivi e valori oggettivi. Nell'arte il valore vero è quello oggettivo. Ma il valore soggettivo ti esplode dentro: ognuno ha una sua capacità critica, un suo momento particolare, perché la storia che vivi ti cambia un po' i valori. È solo il tempo che li rende oggettivi. Io quei giudizi che lei ha citato non li darei mai.

CONFALONIERI: Nemmeno io.

luglio 2001

Enrico Lucherini – Lele Mora
Spettegolate spettegolate, qualcosa resterà

L'approccio è scherzosamente provocatorio.

ENRICO LUCHERINI: Sento parlare di Lele Mora da 15 anni, 20 forse. È un mito. Tutte le attrici che conosco, tranne le più giovani, per lanciare le quali mi devo fare un culo così, le più importanti, già famose, da Martina Colombari a Valeria Marini, mi parlano sempre di lui. Io le ho prese da zero, le ho portate a un buon livello, adesso sono con Lele che le lancia in televisione. Non ti viene mai in mente di dire: «Enrico, grazie»?

LELE MORA: È vero, è vero. Non te l'ho mai detto. Non c'è stata l'opportunità di incontrarti direttamente per ringraziarti di averle tirate su così bene. Le ho prese già affermate, ho cominciato a guadagnare e a far guadagnare loro. Tu fai tanta fatica, io prendo i profitti (sorride).

LUCHERINI: Tante hanno cominciato con me. Io, insieme con Gianluca Pignatelli, non faccio l'agente, non rappresento le attrici: noi prendiamo un film o uno spettacolo teatrale, restiamo dietro le quinte a curiosare, ci occupiamo del suo lancio creando delle situazioni curiose, divertenti, spiritose. Se nel film debutta per esempio Claudia Pandolfi, dalla nostra promozione trae beneficio anche Claudia Pandolfi. E oggi lui la può «girare» come vuole. Se Claudia Pandolfi accetta. Abbiamo conosciuto anche attrici difficili, odiose: «Questo sì»... «Quello no»... I miei problemi certamente li ha avuti anche Lele. Quando invece sono delle professioniste e hanno lavorato bene con me, anche con lui...

MORA: Rispettano il lavoro che faccio per loro. Altre invece sono artiste «inventate» e si sgonfiano subito. Nomi non ne faccio. Ma sono tante. C'è una trasmissione televisiva che si chiama *Meteore*. Basta guardare lì.

Lucherini, romano, 68 anni, medico mancato, dopo due anni di Università (il padre era un bravo clinico), attore mancato, dopo aver frequentato l'Accademia d'Arte Drammatica e due anni nella Compagnia dei Giovani, press agent *(su suggerimento di Rossella Falk) subito grande per la commedia* D'amore si muore *di Giuseppe Patroni Griffi, per i film* La notte brava *di Mauro Bolognini,* La dolce vita *di Federico Fellini. E i film di cui s'è occupato, inventando trovate d'ogni genere, anche geniali, sono oltre un migliaio. Cominciare bene è decisivo: «Ho avuto fortuna», minimizza. Aggiunge: «Mi sono dato anche da fare».*

Mora, veneto di Verona, 46 anni, diploma con ottimi voti della Scuola alberghiera, dove poi ha insegnato, agente e manager inizialmente sportivo, «ho una passione per lo sport, il calcio in particolare», si è in seguito allargato al mondo dello spettacolo e della musica, fino a formare una «scuderia» di altissimo livello, nella quale spiccano i nomi di Alberto Castagna, Simona Ventura, Sabrina Ferilli, Marco Liorni, Antonella Clerici, Nancy Brilli. Ama fare scouting, *«per individuare personaggi da far emergere», e con lui, sottolinea, sono nate e cresciute Anna Falchi, Natalia Estrada, Luisa Corna. Agente, ma anche organizzatore di eventi per grosse aziende e consigliere di imprenditori e stilisti «per l'individuazione di testimonial adatti alle loro esigenze». Ha creato e continua a creare sinergie con l'Editoria, «organizzando e programmando esclusive, scoop, servizi mirati». I suoi interlocutori sono prevalentemente Mediaset, Rai, Mondadori, Rizzoli, Rusconi, Omnitel, Wind, Giochi Preziosi, ai quali si è aggiunta, recentissima, LaSette.*

Parliamo a Roma, nella casa di Lucherini, ai Parioli.

Un appunto trovato fra le carte di Giuseppe Gioacchino Belli dice: «A ppapa Grigorio io jje volevo bbene, perché mme dava er gusto de potenne dí mmale». Voi a chi volete più bene?

MORA: Io voglio più bene a chi mi vuole male, perché se mi vuole male c'è un motivo. È meglio far del bene e dimenticarlo, e quando ricevi del male perdonare. Se perdoni, ne hai un ritorno. Il mondo in cui vivo da 20 anni è pieno di lustrini, e mi ha fatto tante cattiverie. Ho ricevuto anche tante cose molto belle: le ho messe in un cassetto e le ho scordate. Le cose brutte le ricordo, ma senza covare astio o rancore o risentimento.

LUCHERINI: Io sono il contrario. Voglio bene a chi mi vuole bene. Lavoro sempre con molto divertimento, perché altrimenti dopo 42 anni sarebbe una noia mortale. Quando un regista, un'attrice, un attore non capiscono il mio spirito, e non accettano l'idea che ho scelto per la conferenza stampa di presentazione del loro lavoro, beh, lì m'incazzo. C'è sempre un po' di gossip nella storia di un film e mi piace farlo uscire.

Per esempio?

LUCHERINI: La lite tra Gina Lollobrigida e Francesca Dellera, che era vera, ma non esagerata come l'ho fatta diventare, durante le riprese di *La romana*, regia di Patroni Griffi. Ne ho fatto un caso (sorride). Gina mi ha sempre visto come un nemico: fin dal 1960, quando preparavo la nuova immagine di Sophia Loren, protagonista del film *La ciociara* di Vittorio De Sica. Ma io l'adoravo: l'adoro ancora. Per me, era un mito anche lei. Mi trova sul set del film nel quale 30 anni prima aveva interpretato la parte della figlia e 30 anni dopo interpreta la parte della madre. Sono stato attore e capisco il suo fastidio. Peppino non mi aveva avvisato che tra lei e Francesca serpeggiava una certa tensione. In una scena, a cui assisto, la Lollobrigida deve pronunciare la battuta: «Vieni vicino a me, Adriana, figlia mia bella». Invece, dice: «Vieni vicino a me, Adriana, figlia mia». La Dellera non si muove. Patroni Griffi le chiede: «Perché non ti muovi?». «Non ha finito la battuta», gli risponde, gelida, Francesca. «Ah… Gina, per favore…» Nuovo ciak. «Vieni vicino a me, Adriana, figlia mia», ripete la Lollobrigida. E Peppino: «Scusa, Gina, perché non dici "figlia mia bella?"». «Lo dico con gli occhi.» Ho afferrato che, lì, si poteva lavorare… Alla conferenza stampa, la Lollobrigida, che non avevo invitato, si presenta ugualmente accompagnata da Alberto Moravia. Le prime parole che pronuncia sono: «Per colpa di quella, mi sono dovuta ridoppiare in studio». La Dellera, una iena, replica: «Sì, ci siamo dovute ridoppiare perché sotto la sua voce si sentiva il suggeritore». Mi ero anche messo d'accordo con un giornalista perché chiedesse a Francesca chi avrebbe voluto come madre e lei avrebbe risposto la Loren. Quando il nome di Sophia è risuonato nella sala, Gina è sbiancata (sorride). Lele credo che poi abbia conosciuto la Dellera.

MORA: Sì, ho lavorato con Francesca: una donna affascinante; molto difficile, ma eterea, stupenda. Non ho continuato perché non è adatta alla televisione. Ci siamo annusati, sfiorati. La stimo e la amo molto: è un genere di attrice che dura negli anni e lascia un segno. (Riflette) Il mio modo di lavorare è diverso: non lavoro per il cinema, lavoro per la televisione.

Qual è l'aspetto più ignobile del pettegolezzo?

LUCHERINI: La cattiveria e la calunnia. Io mi diverto a leggere il gossip nei vari giornali e su internet. Quando il pettegolezzo è gratuito, e non ha niente di vero, diventa calunnia. A me non piace fare del male. Ricorro al pettegolezzo soprattutto se devo far parlare di un film difficile. Con Pier Paolo Pasolini non ne avevo bisogno. Ma con Luchino Visconti eravamo d'accordo. E inventavo mille cose: per il film *Il Gattopardo* ho fatto credere che i fiori arrivavano da San Remo ogni giorno, invece venivano acquistati da un fioraio palermitano; per *Il giardino dei ciliegi* di Čechov ho raccontato che i ciliegi, sempre fioriti nei due mesi di repliche, arrivavano dal Giappone, invece erano di carta... Lele in televisione si affiderà di meno a questo genere di gossip, perché deve trattare con Pippo Baudo, Bonolis, Raffaella Carrà, Fazio...

MORA: Ogni tanto anch'io invento qualcosa, perché mi serve per avere le copertine dei magazine, andare sui giornali e far parlare dell'attrice o del programma che devo lanciare. Allora fingo una storia d'amore, utilizzando una cena ripresa col teleobiettivo. Anna Falchi, quando è venuta a lavorare con me, era ancora agli inizii, e ho «creato» il suo fidanzamento con Fiorello.

LUCHERINI: Poi è diventato vero.

MORA: Poi è diventato vero. Anna stava facendo una serata nel milanese. Mi chiama Fiorello, che in quel momento era al top del successo col karaoke, mi chiede: «Dove sei?». «Sono con una donna bellissima che si chiama Anna Falchi.» «Vengo.» Si sono conosciuti. C'è stato uno scatto di un fotografo nel locale dove eravamo, e io, quando me l'hanno chiesto, ho risposto: «Sì, sono fidanzati». Non era vero. L'amore è nato dopo. Lei, grazie a questa trovata, è andata a presentare il Festival di San Remo e c'è stato il suo salto di qualità.

Il pettegolezzo può avere anche un risvolto generoso, nobile?

LUCHERINI: Generoso, certo. Io lo faccio sempre per aiutare il film che devo lanciare, dopo aver letto bene la sceneggiatura e scegliendo una scena che è fondamentale nella storia. Nel film *Le dolci signore* di Luigi Zampa recitavano Virna Lisi, appena tornata dall'America (era una nuova Marilyn Monroe), Marisa Mel, Claudine Auger e Ursula Andress. Un giorno abbiamo scattato una foto con tutte e quattro: è stato un inferno metterle insieme. Non bastasse, quando davo il ciak, Virna, che era l'ultima a destra, si spostava in modo da essere la prima a sinistra. Io, che lavoravo nel cinema da 10 anni ed ero abbastanza attento e smaliziato, non capivo: «Virna, ma perché ti sposti?». «Comunque sono la prima a essere citata nella locandina e nelle didascalie», mi ha sussurrato. Ho imparato da lei. Quando ho cominciato, questo lavoro non esisteva: è nato sui tavoli di via Veneto, dove ci vedevamo con Sandro De Feo, Ennio Flaiano, Vittorio Gassman, Raffaele La Capria, Patroni Griffi, Francesco Rosi, Visconti… Litigavamo su qualunque cosa: una rissa continua, con battute feroci. Il primo ufficio, dopo anni sulla strada, l'ho avuto da Carlo Ponti per *La ciociara*. Non conoscevo la Loren. Quando l'ho incontrata, balbettavo terrorizzato. Ero solito dare a «Grand Hotel», che all'epoca rappresentava il massimo, le prime foto. Sophia, che era abituata ai press agent americani, mi ha detto: «No. Anche se è un settimanale popolare, tu devi cominciare da "L'Espresso", da "L'Europeo"». Mi ha insegnato come si deve fare la professione (sorride).

Ha ragione Mario Soldati quando in America primo amore *scrive: «Il pettegolezzo (...) in fondo è la base della carità»?*

LUCHERINI: Un po' eccessivo.

MORA: Il pettegolezzo se è fatto bene fa bene. Ci sono dei giornalisti, ma io non li reputo tali, che scrivono oscenità. Li evito accuratamente: sono cattivi, dentro, e non possono fare questo lavoro perché scrivono falsità che fanno male e basta. Grazie al successo, oggi tratto direttamente coi direttori dei giornali e riesco a far uscire delle cose selezionate: belle, carine, pulite.

Chi sono i più antipatici, odiosi, spiacevoli?

MORA: No, i nomi non li dico.

Neppure dei più divertenti, gradevoli, simpatici?

MORA: Roberto D'Agostino. Sa sempre tutto, prima di tutti. E scrive la verità.

Sempre?

LUCHERINI: È assolutamente il numero uno. È anche cattivo, ma quello che dice è vero. Fa quel lavoro lì.

MORA: Prima di tanti altri arriva anche Silvana Giacobini, perché è una donna disponibile, educata, gentile, graziosa. Se qualcosa non ti piace, ti viene incontro: lascia la parte piccante, altrimenti l'esclusiva perderebbe il suo fascino, ma non affonda. Sono i due più «autorevoli» raccontatori di gossip. Ce n'era un altro, che viene sempre da «Chi»: Alfonso Signorini. Scrive molto bene, ma ha perso di smalto.

Quale qualità deve avere un grande pettegolo?

LUCHERINI: Essere fondamentalmente buono, dentro. E molto attento a cogliere un attimo, un gesto, uno sguardo. Il grande amore esploso fra Monica Guerritore e Gabriele Lavia l'ho intuito durante le prove de *I masnadieri* di Schiller. Quando capisco un fatto così straordinario, che si verifica in coincidenza con uno spettacolo difficile di cui mi sto occupando, beh, mi ci butto... perché promuovere il teatro in Italia ormai è diventato, come per i libri,...

Un'impresa?

LUCHERINI: Un'impresa. Non gliene frega più niente a nessuno. Io invece adoro il teatro: è meglio vedere un grande spettacolo teatrale che un bel film. Ho afferrato uno sguardo di Gabriele, durante le prove a Spoleto. Qualche giorno dopo l'ho detto a Monica, mentre l'accompagnavo a Roma. Lei è rimasta di sasso: «Ma come hai fatto?». Non era complicato da cogliere. E l'ho utilizzato.

MORA: Io coi miei vivo come in simbiosi. Tutte le sere ne ho 10-12-15-20 a cena, in casa. È il mio modo di lavorare. Sono un agente, un manager: è quello che amo fare, che so fare, che devo fare. Non lavoro col cinema, perché non ho gli agganci, le conoscenze. Lavoro con la televisione. Oggi è diventato un impegno faticoso, perché cambiano i direttori di Rete, ogni stagione, cambiano i dirigenti, ogni mese (sorride), e mantenere i rapporti è veramente, veramente difficile.

*Alfredo Panzini (*Le fiabe della virtù*) scrive che «non si può dir male di una persona se non quando si è sicuri di far piacere ad un'altra persona»...*

61

MORA: No, non bisogna mai parlare male. Anche se una persona ti sta antipatica devi parlarne bene.

LUCHERINI: Oppure ignorarla.

MORA: Oppure ignorarla. E poi non serve a niente parlarne male.

Nella costruzione e nel lancio di un'attrice o di un film qual è la trovata che vi ha dato più soddisfazione?

LUCHERINI: Premetto che amo tutte le attrici, perché sono tutte mie figlie. Non invito 10 persone ogni sera, perché la sera non ne posso più. I miei amici sono gente dello spettacolo: non vado in giro con un ingegnere o con Norberto Bobbio o un critico d'arte. Mi piacerebbe parlare con Vittorio Sgarbi, ma... Lele credo che faccia le cene anche per...

MORA: Per tenerle «legate», perché, avendone tante, ci sono le invidie, i malumori... Magari dico a una: «Ti faccio fare il sabato sera su Raiuno». Poi non riesci a chiudere il contratto e, fatalità, lo fa un'altra sempre della tua Agenzia. Scoppia un casino. Allora devi moderare, smussare... Ne accadono tutti i giorni: ti chiedono la Ventura per un programma, lei ne sta facendo un altro, ne hai una che vuoi tirar su e la spingi. Non tolgo nulla a Simona, ne suggerisco un'altra. Eppure...

LUCHERINI: Una grande soddisfazione l'ho avuta dal lancio di una ragazza brasiliana arrivata in Italia nel 1967 per girare con Patroni Griffi *Metti una sera a cena* in un cast di attori famosi: Lino Capolicchio, Annie Girardot, Tony Musante, Jean-Louis Trintignant. Benché sconosciuta, era la protagonista del film: Florinda Bolkan. Sei mesi prima a un ballo dai conti Cicogna, a Venezia, dove c'erano veramenti tutti: Richard Burton, Catherine Deneuve, Elisabeth Taylor, Roger Vadim, e Pasolini, e Visconti, Burton aveva chiesto alla contessa Cicogna, indicando Florinda: «Chi è quella? Posso ballare con lei?». La Bolkan e Richard avevano ballato e io avevo scattato una foto, che ho conservato in un cassetto. Quando sono cominciate le riprese, tutti mi chiedevano di intervistare Trintignant o Musante o Girardot o Capolicchio. In quel periodo, Liz entrava in clinica anche per aver mangiato un fagiolo. Un giorno l'Ansa dà la notizia di un suo nuovo ricovero. Diffondo quella foto vecchia di sei mesi: «Per questo ballo la Taylor ha tentato il suicidio». È stata pubblicata in tutto il mondo. Da quel momento il set si è riempito di giornalisti che volevano intervistare soltanto Florinda.

MORA: Io vado dai direttori di Rete e propongo un'attrice per questo o quel programma: perché è divertente, è malinconica, ha verve...

LUCHERINI: Dici anche: «Può ballare», «Può...»?

MORA: Naturalmente. Parlo con gli autori e decidiamo che cosa deve fare.

LUCHERINI: Sai le sue preferenze.

MORA: Esatto. So che cosa predilige e racconto proprio tutto. Ma non è facile.

LUCHERINI: Non è facile perché gli autori e i conduttori possono cambiare la scaletta mentre la trasmissione è in onda. Ti sarà capitato.

MORA: Tante volte.

LUCHERINI: Cambiano perché colgono al volo che qualcosa non funziona come dovrebbe.

MORA: Oppure stravolgono il copione perché fa più gioco a loro.

LUCHERINI (al cronista): Pensa a Lele, che sta dietro la macchina da presa e non può fare niente. Gli prende un colpo. E prende un colpo anche all'attrice che si trova a dover fronteggiare un imprevisto in diretta.

MORA: Un mio grande successo è di aver convinto Castagna a fare *Stranamore*. Il direttore di Canale 5 e il capostruttura mi dicono: «Vorremmo fare... Chi ci vedresti?». Ho pensato immediatamente ad Alberto, uno dei primi artisti a entrare nella mia «scuderia». Ne abbiamo parlato. Il programma si sarebbe fatto a Milano: lui faceva il giornalista a Roma, s'era sposato da poco, aveva una bambina piccola, non ne voleva sapere di spostarsi. Insieme con la moglie abbiamo tramato un po'. Poi con Fatma Ruffini, il capostruttura e produttore, l'abbiamo convinto. Il titolo *Stranamore* è di Castagna. E da lì è partita la sua affermazione. Un trasmissione dalla quale tutti han pescato. Durerà ancora a lungo. Ne ho creati tanti di artisti televisivi. Alcuni sono già famosi: la Ferilli è un'attrice di grande intelligenza e di grande equilibrio; è divertente, ironica, spiritosa; sa quello che vuole. Ma in televisione ci va soltanto con me, perché si sente comunque consigliata bene e protetta. Accade anche che qualcuna ti abbandoni. La prima che mi ha lasciato è stata la Falchi. L'ho conosciuta che aveva 19 anni: una ragazza meravigliosa, stupenda, che mi piaceva per la faccia e tutto il resto. Abbiamo fatto un bel percorso insieme. Un giorno c'è stato uno screzio: il nostro rapporto è finito e ne ho sofferto molto. Le coccolo tutte, mi affeziono, le vizio. Una che se ne va mi dà un forte dolore.

C'è un pettegolezzo di cui vi siete vergognati?

LUCHERINI: Non mi viene in mente. Li penso tutti al positivo.

MORA: Lui ha molto di più da raccontare di me.

LUCHERINI (divagando): Bella la copertina di «Capital» con Carla Bruni. È una grande attrice che non ha mai amato fare cinema. Avrebbe interpretato bene tante parti. La vorrebbero in molti, lei non ne vuole sapere. Non ho capito perché. Forse perché lo fa già la sorella. Mi piace da mori'. Non la conosco. Tu neanche?

MORA: La conosco, ma non ci ho mai lavorato. Mi impressiona la sua bellezza.

LUCHERINI: È la più bella.

MORA: Sembra finta.

Siete stati spettatori di una storia che ha fatto rumore e avreste voluto inventare voi?

LUCHERINI: Beh, quella esplosa a *I telegatti*. Anche tu, Lele, non ti sei divertito quando Alessandro Cecchi Paone si è scagliato contro gli organizzatori che avevano premiato, come miglior programma culturale, *Il grande fratello*, anziché il suo?

MORA: Io ho creduto che fosse tutto preparato. Ma quando ho visto Cecchi Paone paonazzo, che non riusciva più a parlare dal nervosismo, mi sono reso conto che era una reazione assolutamente spontanea e ho detto: «Madonna, questa è proprio vera».

LUCHERINI: Alcuni ragazzi del *Grande fratello* sono della tua Agenzia...

MORA: Sergio e Rocco.

LUCHERINI: Quando accadono fatti clamorosi durante un programma di cui sono ospite e capisco che non c'è dietro un ufficio stampa, beh, mi piacerebbe che avessero la mia firma. Mi ricordo Valentina Cortese, alla prima della *Maria Stuarda* di Schiller, regia di Franco Zeffirelli, all'Eliseo di Roma, con la Falk. Ero in platea. Nel primo atto le due attrici non sono mai insieme sulla scena. Nel secondo c'è il famoso incontro di Elisabetta e della Stuarda. Perché Valentina sviene quando deve recitare con Rossella? Sipario chiuso. Dopo spiega: «Per il profumo delle tuberose che aveva in camerino». Fantastica. La Cortese la conosco poco: ci ho lavorato, ma vive molto a Milano. Quella sera non era voluta andare avanti. Forse aveva colto che la voce della Falk era più aggressiva, non lo so… Avrei voluto averla io, quella trovata. A una prima.

Vi viene in mente qualche delusione?

LUCHERINI: Film molto importanti che non hanno avuto quello che meritavano, nonostante il mio impegno. Ma lasciamo stare questo discorso. Ti dico le risate che mi sono fatto con l'autore, vedi Visconti: stava a Murano per scegliere dei bicchieri di vetro, gli telefonai per annunciargli che aveva vinto il Leone d'Oro a Venezia con *Vaghe stelle dell'Orsa* e lui mi disse: «Porca miseria, l'ho preso col mio film più brutto». Cavolo: aveva fatto *Senso*; *La terra trema* era stato fischiato; lo premiano, come accade, con un film… Ti dispiace. Ecco: il Leone d'Oro mi mette sempre angoscia: quell'attesa… Anche il David di Donatello mi dà una forte ansia… Tutti coloro che vi sono coinvolti vivono giorni di tensione.

MORA: È vero, è vero.

LUCHERINI: Mi piace ricordare i successi di *Metti una sera a cena*, *Il Gattopardo*. Le grandi serate di gala. I miei grandi maestri di vita sono stati Visconti e Patroni Griffi. Prima ero uno stronzo dei Parioli. Al debutto di *In memoria di una signora amica* in prima fila ho sistemato Vittorio Gassman e Giorgia Moll, che stavano insieme, e dietro, loro non lo sapevano, Jean Sorel e Anna Maria Ferrero, che aveva appena lasciato Vittorio. I fotografi sono impazziti. Facevo il quadretto della platea che il giorno dopo sarebbe uscito con grande clamore sui giornali. Ero il regista della serata. Volevo fare una prima pazzesca per *Dopo la caduta* di Artur Miller, regia di Zeffirelli, dove Monica Vitti interpretava la parte che aveva sostenuto la Monroe e Albertazzi interpretava Miller. Da un'Agenzia, Celebrity Service, avevo saputo che Ava Gardner sarebbe venuta a Roma. L'ho invitata. Si è presentata in teatro con un bicchiere in mano, mezza ubriaca. A metà del primo atto s'è alzata, ha fatto alzare metà della fila ed è uscita. L'ho seguita: «Signora...». «Non capisco una parola», mi ha detto. Sono stato circondato dai giornalisti: «Che è successo?». «Monica le ha ricordato Marilyn e le è venuto un groppo in gola: non ha retto alla commozione ed è scoppiata a piangere», ho risposto. Il giorno dopo tutti i giornali...

Quali sono gli ingredienti che funzionano meglio?

MORA: Prima di tutto, ci vuole la sostanza: cultura, intelligenza. Poi la disponibilità. E non si deve essere arroganti. Molti lo sono, perché il successo è una brutta malattia. Arrivi all'apice, il tuo equilibrio ne è sconvolto e ti ammali: tutto ti è dovuto, tutto ti spetta di diritto. Al successo puoi arrivare in un attimo, ma restare in vetta è faticoso. Se l'artista è intelligente, e si sa dosare, e si sa amare, e si lascia costruire, tutto va avanti bene. La Loren, grande classe, grande qualità, grande prestigio, la Brilli, la Ferilli, la Ventura ne sono la dimostrazione. Simona è dotata di una grande ironia e in televisione è una iena: sa fare di tutto e di più; tuttavia studia, prende lezioni di dizione, di canto, di ballo, si prepara. Finisce di lavorare, torna a casa ed è mamma, moglie, amica. Questo ti consente di durare negli anni. Nancy, che adoro, è bellissima, intelligente, stupenda, anche troppo buona; è un Ariete, e cioè disponibile, gentile, generosa. Anche lei lascia fuori della porta di casa l'attrice. E crescono nel lavoro e nella vita. Altre, ossessionate dalla voglia devastante di arrampicarsi, distruggono tutto. C'è gente che per avere una copertina farebbe carte false. E non capisce che non è questo che paga. Quest'anno ho eliminato dalla mia Agenzia cinque-sei personaggi che non mi seguivano e mi davano ansia, tensione. Preferisco una «scuderia» meno folta, ma di qualità.

LUCHERINI: Ieri lavoravo sul personaggio, attori, registi, per promuoverlo sulla carta stampata e su quella pochissima televisione che si faceva. Oggi internet e le varie emittenti tv bruciano subito tutto. Se dài ai Tg il primo ciak di un film, i giornali non hanno più tanta voglia di darti retta, perché la notizia ha già avuto otto milioni e mezzo di telespettatori. Per me, d'altra parte, è più importante far passare qualcosa in televisione, perché il prodotto arriva immediatamente al pubblico. Non posso essere più tanto creativo e mi diverto meno: basta saper montare alcune scene. Se penso a quello che combinavo...

E cioè?

LUCHERINI: Nel film *La giornata balorda* di Mauro Bolognini, Lea Massari e Jean Sorel dovevano buttarsi in una scarpata con un camion al quale era stato tolto il motore perché costava moltissimo. Quando hanno finito di girare la scena, ho chiesto a Mauro: «Posso incendiare il camion?». Ha commentato: «Questo è matto». Ma non si è opposto. Ho versato della benzina e ho acceso un fiammifero. A Lea e Jean avevo raccomandato di saltare fuori nel momento in cui il camion prendeva fuoco. Poi ho dato la notizia all'Ansa. Il giorno dopo i giornali hanno titolato: «Lea Massari e Jean Sorel salvi per miracolo. Stavano morendo bruciati sul set». E «L'Europeo» ha pubblicato le fotografie.

Lavoravi giocando?

LUCHERINI: Lavoravo giocando, capisci?

Sono più disponibili le donne o gli uomini?

MORA: Io sono più bravo con le donne, perché le amo. Uomini ne ho pochi, nel mio cast.

LUCHERINI: Le donne fanno più notizia. Ho lavorato con Mastroianni, ma con Marcello che cosa inventavi: la pasta e fagioli? Non s'inventava nulla. Mi sono molto divertito con Gassman. Al Teatro Circo per la serata di gala avevo preso, come mascherine, Anna Moffo, Sylva Koscina... Ha fatto un tale effetto. Un macello. Uno sballo. Ma le donne... Ho fatto quasi affogare Agostina Belli, protagonista del film *La sepolta viva* di Aldo Lado, come ho raccontato, te lo ricordi?, due anni fa alla (Fondazione) Scuola Nazionale di Cinema. Lei non sapeva nuotare: l'avrebbe soccorsa un tecnico. «Dobbiamo mandarla all'ospedale, perché la notizia deve arrivare da lì.» Agostina, quando ha visto gli infermieri con una siringa, ha protestato: «No, la siringa no». «Sì, la siringa sì: perché è l'ospedale che deva dare la notizia all'Ansa.» Le immagini erano straordinarie. Ma già cominciavano a circolare i primi sospetti: «Questa è una lucherinata». Tuttavia ci hanno creduto. Le trovate si possono ancora avere, ma sono cose da poco. Dopo aver scelto Monica Bellucci per un suo film, Dino Risi mi ha detto: «Assomiglia molto a Silvana Mangano». «Dillo ai giornalisti», gli ho suggerito. E ho fatto in modo che il suo giudizio venisse divulgato. Con mia nipote Benedetta e Pignatelli abbiamo fatto un grande lavoro per lanciare *Malena* di Giuseppe Tornatore, dove recita Monica. Ma non mi sono inventato niente: non ce n'era bisogno. Adesso la promozione si fa tutta in un giorno: visione del film per i critici, conferenza stampa, telegiornali, contenitori, serata di gala. Hai poco da sbizzarrirti.

agosto 2001

Roberto Gervaso – Carlo Verdone
Noi due, sanissimi malati immaginari

*Ipocondrìa: «Nel linguaggio medico, preoccupazione ansiosa, organicamente infondata, relativa alla propria salute o alla condizione di particolari organi interni. Per estensione, nel linguaggio letterario, forma acuta e grave di melanconia». (La definizione è del Vo-*cabolario Treccani della Lingua Italiana.)
Roberto Gervaso, 64 anni, giornalista e scrittore di successo, e Carlo Verdone, 50 anni, attore, autore e regista di successo, sono due grandi ipocondrìaci romani. E cioè due malati (spesso) immaginari. Si sono incontrati nella nuova abitazione del primo, nella vecchia Roma, dove si sono confrontati e raccontati, ignorando (falsi) pudori e (false) rèmore. Addirittura ipotizzando, prima di lasciarsi, una futura collaborazione diagnostica. A beneficio degli amici. Ma soprattutto di se stessi.

GERVASO: Un aneddoto? Io prima di andare a letto mi guardo sempre la lingua, perché è la spia di tante patologie. Una ventina d'anni fa, era l'una di notte, me la guardo e me la passo fra le labbra per sentire se c'è un rilievo sospetto. Mi accorgo che c'è un nodulo. Vado a letto, continuo a passare 'sta lingua fra le labbra e il nodulo s'ingrossa sempre di più. Tu immagina... Prendo la Treccani..., non ho solo la Treccani: ho una biblioteca sterminata; adesso anche il Merck, certo, la Bibbia della salute: me l'ha regalato un informatore, perché io frequentavo molte farmacie, e, commosso, un farmacista me l'ha fatto avere... Ogni momento mi alzavo, mi guardavo la lingua, anche con la torcetta elettrica, e il nodulo s'ingrossava. Consulto la Treccani, allora non avevo ancora il Merck, consulto quell'ottima Enciclopedia medica di

Selezione: leggo che le cause possono essere tante; è rara la neoplasia alla lingua, che è brutta, tuttavia esiste una percentuale di possibilità. Ingoio 30 gocce di Lexotan per placarmi. Penso: domattina vado immediatamente dall'otorino. Alle due e mezza non resisto. Chiamo un taxi, afferro lo specchietto con la torcetta, dico al tassista di andare al Policlinico, all'Istituto di Otorinolaringoiatria. In taxi continuo a guardarmi con lo specchietto e il nodulo continua a ingrossarsi. Arrivo finalmente al Policlinico. La porta del reparto è chiusa. Suono. Mi apre uno, tutto assonnato. Chiedo, agitato: «C'è il medico di guardia?». «È fuori.» «Dove?» «In macchina: sta pomiciando... È parcheggiata là.» L'infermiere mi aveva riconosciuto e mi voleva fare un favore. Io, co' 'sta torcetta elettrica, vado a cercarlo come un guardone. Finalmente lo trovo: «Mi scusi tanto, sono desolato...». Lui lascia lì 'sta donna e mi dà un'occhiata: «Secondo me, nel sonno, inavvertitamente, s'è morsicato la lingua. Non c'è una lesione. Comunque, in mattinata si faccia vedere dal titolare di cattedra».

VERDONE: Magari c'avevi un condiloma.

GERVASO: No, no.

VERDONE: Guarda, vengono pure in bocca. Eccome se vengono. Io non ce li ho mai avuti. Ma so che si curano con l'azoto liquido.

GERVASO: All'alba, semiaddormentato da altre 20 gocce di Lexotan, vado direttamente dal direttore di cattedra, che conoscevo. Mi guarda, mi tocca la lingua: «No, rientra. È un traumatismo di cui lei non s'è accorto». È rientrato. Ma è stato uno dei grandi spaventi della mia vita.

VERDONE: Roberto, tu in bocca non devi aver paura di niente, tranne che di una piccola spia: la candida, sotto la lingua, il cosiddetto mughetto. Quindi, presterei una certa attenzione: è una cosa apparentemente stupida, ma testimonia, la candida in bocca, una caduta...

GERVASO: Delle difese immunitarie.

VERDONE: Bravo, delle difese immunitarie. Fino a quando ce l'hai su un organo genitale, ed è possibilissimo, nel 90 per cento dei casi non c'è da preoccuparsi. In bocca, invece, è una spia.

GERVASO: A me viene due-tre volte l'anno: con un'applicazione di Cortifluoral mi passa. È abbastanza frequente e non così allarmante.

VERDONE: Il mio aneddoto risale alla cosa più grave che m'è accaduta. Beh, ce n'avrei uno tragico: il morso di una vipera.

GERVASO: Sei stato morso da una vipera?

VERDONE: So' uno dei pochi italiani morso da una vipera... Ma te ne racconto uno divertente di una diecina d'anni fa. Ho sempre avuto un grande terrore delle labirintiti, di cui soffro molto. La labirintite è una perdita di equilibrio, che può essere anche sindrome di Menière, se persiste nel tempo. Tutto ti gira intorno, ed è veramente invalidante: devi stare a letto e fissare un punto perché come muovi gli occhi ti gira tutto, hai vomito... Quando, da piccolo, uscii fuori da una labirintite provocata da una forte otite, il medico mi disse: «Stai sempre attento a non prendere colpi in testa. Massima attenzione». Una diecina d'anni fa esco dalla casa di Piero De Bernardi, il mio sceneggiatore. Avevo messo la motocicletta nel suo garage, che aveva una serranda di ghisa, quelle di una volta, che pesano 600 chili. Non so per quale motivo, mi metto il casco integrale prima di entrare nel garage. Mentre sto passandoci sotto, la serranda crolla: mi precipitano in testa 600 chili che mi spaccano il casco in due. Sbarello per un minuto. Piero mi dà degli schiaffi in faccia per non farmi addormentare. Mi ritorna di colpo la labirintite. Sento un grande bozzo, ma anche una specie di fossato. Penso: la serranda mi avrà ammaccato la calotta cranica. Corro al Fatebenefratelli, accompagnato da un amico. Il medico di guardia mi vede, me fa: «Ma io c'ho Verdone, il massimo». Dico: «Senta, me faccia subito una lastra alla testa perché m'è cascata addosso una serranda che ha diviso in due il casco». «Eh, la Madonna.» Me fa la lastra, la stampa e dal laboratorio me arriva un: «Aaah aaah aaah. Uuuh uuuh uuuh. Aaah aaah aaah...». Chiedo: «Ma che c'è, dottore?». Risposta: «A me, me fai ride pure così! È terribile...». In pratica, rideva sul mio cranio. Aveva notato una microfrattura: infatti m'è rimasto un fossato. Non prendere botte in testa, si raccomandava... Altro che botta, m'è arrivata una serranda di 600 chili.

GERVASO: Non puoi neanche fare colpi di testa, eh?

VERDONE: Non posso nemmeno fare colpi di testa, bravo.

GERVASO: E neanche perdere la testa?

VERDONE: E neppure perdere la testa.

Quando si è manifestata l'ipocondrìa, per la prima volta?

GERVASO: Avrò avuto 10-12 anni. Ero in vacanza in montagna, vicino a Bardonecchia. A un certo punto mi fissai di avere il tetano. Qualunque cosa toccavo, certo non un bicchiere: un fiore, una pianta, oppure un fil di ferro, senza ferirmi, eh?, aspettavo come in un incubo il trisma: l'irrigidimento mandibolare, che è uno dei sintomi del tetano. Non sentivo la febbre, ma i sintomi li avvertivo, perché il patòfobo... Io credo che il malato immaginario teme di avere quello che, prima o poi, avrà.

VERDONE: Certo. Bravo. Bravo.

GERVASO: Non c'è dubbio. Io sono stato il primo in Italia a fare il Psa. Sai cos'è il Psa?

VERDONE: No.

GERVASO: E beh, ma allora... allora...

VERDONE: Dimmi, dimmi...

È un'analisi ematica importantissima. Dopo i 50, una volta l'anno, è opportuno farla.

GERVASO: È il marker prostatico, sia dell'ipertrofia che della neoplasia. Eh, no, Carlo, eh no...

VERDONE: Non ho avuto mai problemi, là.

GERVASO: Sull'urologia so tutto. Sono il massimo esperto vivente. Siamo in tre al mondo: Io; Patrizio Rigatti, che ha operato di tumore alla prostata Silvio Berlusconi e me; Walsh, che sta a Baltimora o a Richmond. Siamo le tre massime autorità. Sono stato il primo in Italia a fare questo test di laboratorio.

Il primo?

GERVASO: Il primo. Nel 1990, appena è uscito. Come con tutte le novità. Dicevo agli amici: «Fate il Psa». «Ma cos'è il Psa? Perché devo fare il Psa? Basta la visita.» «No, non basta la visita.» L'esplorazione rettale è importante, l'ecografia sovrapubica e transrettale è importante, ma bisogna associarci il Psa, che non è un marker tumorale: è un marker della prostata. Quando sale in modo sospetto od oscilla allora dobbiamo fare la biopsia. Io, marzo 1999, faccio il Psa ed è 1 e 6: assolutamente nella norma, che è compresa fra 1 e 4. Un anno dopo, marzo 2000, ripeto l'esame: 3,04, valore normalissimo. Un grande urologo romano, di cui non dico il nome, mi ha fatto ecografie, ingrandimenti, e non ha capito niente: «È un po' di ipertrofia». «Non è vero, fluttua.»

In tre mesi ho fatto sette Psa. I valori continuavano a variare: 3,04, 3,75, riscendevano, risalivano, fino a 4,08. Al che ho detto all'urologo, uno dei massimi italiani: «Voglio fare la biopsia». «Ma che biopsia, vai in vacanza.» Erano i primi di luglio, un caldo fottuto, ed ero esaurito. Dopo otto giorni lo richiamo: «Voglio fare la biopsia». Sapeva tutto di me. «Ma che biopsia.» Quasi si era offeso. Faccio la biopsia: positiva. Ho chiamato un amico, a Milano, che fa fare i check up ai dirigenti della Fininvest al San Raffaele, il più bell'ospedale del mondo. In quattro e quattr'otto Rigatti mi ha operato. Avevo un tumore alla prostata. Mi ero fatto io la diagnosi, grazie alla mia patofobìa. Non c'era una sintomatologia. Intendiamoci: un bravo urologo con 2,5 di Psa ti fa fare la biopsia, che nel 19 per cento dei casi è positiva. Se non avessi insistito tanto… E mi ero rivolto a un grande urologo, che m'aveva risposto: «Stai tranquillo. Sei una bomba». Infatti…

(A Verdone): Tu hai mai violentato il parere di un medico?

VERDONE: Sì. Nel 1996, stanco di quattro anni di dolori atroci alla gambe e alla schiena, ho deciso di fare la sesta risonanza magnetica alla colonna vertebrale, perché chi mi diceva: «Sì, c'è una punta d'ernia su S1-L5», chi: «Sì, ce n'hai una su L2», chi: «Sono piccole cose che non giustificano questi dolori. Devi andare da un bravo fisioterapista e farti scrocchiare». Invece ho fatto la sesta risonanza dal migliore che c'è in Italia ed è uscita fuori un'ernia completamente espulsa. Possono sbagliare anche le risonanze magnetiche. Incredibile, ma vero.

GERVASO: Ah, certo.

VERDONE: Si possono sbagliare alla grande. Basta. Mi opero, perché non ne posso più dal dolore e anche perché ero completamente intossicato da Toradol, Voltaren e compagnia.

GERVASO: Fanno malissimo.

VERDONE: Io poi soffro di colite, ti puoi immaginare il Voltaren che cosa m'ha combinato. Un disastro. Vado da un grande neurochirurgo che non opera le colonne, ma ha la mano più ferma del mondo: è il presidente dell'Istituto di Neurochirurgia infantile, ed è mondiale. Gli dico: «So che ha operato casi estremi con grande successo. Gradirei che mi aprisse la schiena. Scelga lei chi deve togliermi l'ernia». Mi ha risposto: «Sappia che gli interventi sulle colonne al 50 per cento vanno bene, al 50 per cento non si sa. Poi, lei fa l'attore…». Alla fine acconsente. Chiama un ortopedico polacco molto bravo, Thomas, come secondo chirurgo, e mi apre con grande perizia; bisogna stare attenti a non toccare nulla: ho alcuni amici che sono stati operati e hanno perso una gamba, hanno perso… Gli avevo anche detto: «Professore, mi faccia una cortesia: quando lei apre, visto che c'è, dia una controllata sopra e sotto». «Perché?» «Dia una controllata sopra e sotto.» L'ernia mia era su L3: troppo alta rispetto a quella normale, che in genere viene sempre su S1-L5. Lui dà la controllata e trova una frattura su L5, oltra l'ernia espulsa su L3. La frattura era un pezzo di colonna di vertebra semovente: mezza attaccata e mezza no, pungolava sul canale del midollo e mi avrebbe potuto provocare una perforazione; infatti aveva già creato una specie di solco. Dopo 48 ore ero in piedi. L'ho abbracciato. Ho camminato. Gioco a pallone. Vado in motocicletta: lui non vuole, ma ci vado ugualmente. Dopo l'operazione mi ha detto: «Bravo. L'avrei forse fatto. Ma chiedermi di ispezionare sopra e sotto è stata una grande intuizione».

Come hai scoperto di essere un ipocondrìaco?

VERDONE: Devo ringraziare mia madre. A forza di sentirla, la mattina, mentre ero ancora a letto, parlare con una sua grandissima amica, Maria Pia Borromeo, soltanto di: «Hai saputo della povera Ninetta? L'hanno aperta e l'hanno richiusa». «Er poro Alfredo ha la pressione alta: non è tanto la massima quanto la minima.» «Sai chi m'hanno detto che sta tanto male? La cognata de Liliana»; «Che c'ha?»; «Dei valori ematici…»; «Credeva d'ave' 'na cisti: era un tumore»… Alla fine, a forza de senti' parla' de malattie, ho assorbito tutta l'ipocondrìa possibile, che mi ha accompagnato per buona parte della vita. Il primo segnale devastante l'ho avuto nell'imminenza dell'uscita del programma tv *Non stop*, dove apparivo come un cabarettista. Nel '78. I dirigenti televisivi, i compagni di lavoro erano sicuri del mio successo e mi dicevano: «La tua vita cambierà. Avrai offerte di lavoro: cinema, teatro. Svolterai». L'attesa della prima puntata e il patema d'animo per l'evento mi hanno provocato delle crisi di panico che non conoscevo e per fortuna oggi sono scomparse. A un tratto ho capito che ero ostaggio del pubblico, non sapevo più di chi ero, e ho somatizzato la sensazione di soffocamento determinata dai fans. Sono esplose queste pericolosissime crisi che mi hanno invalidato per 10 mesi. Ho cominciato ad avere giramenti di testa, le mani intorpidite, iperventilazione; non dormivo più; non potevo stare in mezzo alla folla; cercavo punti di appoggio, che non trovavo; spesso vedevo gli oggetti capovolti; non sopportavo i grandi spazi aperti...

GERVASO: Solo agorafobìa o anche claustrofobìa?

VERDONE: Solo agorafobìa... La superai, perché all'epoca ero fidanzato con quella che sarebbe diventata mia moglie. Abitava verso Ostia. Era un problema prendere la macchina e andare a trovarla. Avevo paura di morire sulla Cristoforo Colombo: svengo al volante, vado a sbattere e muoio. Un giorno lo psicologo mi convinse ad andare e a ritornare da solo. Le prime due volte è stata una traversata disastrosa, terribile; credevo che il cielo mi cadesse addosso; ho chiamato la mia ragazza da una cabina telefonica: «Vienimi a prendere, perché non sono in grado di proseguire». La terza volta mi sono detto: «Sono stato male, ma non sono morto». Quando è sparito il panico? Quando mi sono immesso nella nuova vita artistica e ho realizzato che dovevo condividere la mia esistenza con il pubblico: la mia vita privata non esisteva più, bisognava reimpostare tutto. C'è voluto del tempo.

GERVASO: Quando precipiti nel panico sei assolutamente indifeso. Ci sono dei farmaci, ma sintomatici. L'insorgenza del panico, come anche di un'ossessione, non dipende da te. Stai benissimo, esci per strada e cadi in malinconia.

Da quali malattie immaginarie siete stati afflitti?

GERVASO: Certamente il timore maggiore è quello delle due patologie che sono causa di morte: le malattie cardiovascolari, che sono al primo posto, e le neoplasie, che sono al secondo posto. Quindi le paure principali sono l'infarto e il cancro. Vedi un neo sospetto e pensi al melanoma, vedi il bozzo sulla lingua e immagini una neoplasia. Alterni episodi di stitichezza a una frequenza abnorme di evacuazione e credi di avere qualcosa al colon. Non digerisci per tre giorni di seguito, senti un bruciore, una pirosi allo stomaco, e ipotizzi un tumore. Hai mal di testa, io sono un cefalagico essenziale, ne soffro da 30 anni (da quando ho conosciuto mia moglie, ma non è colpa sua), pensi che la cefalea, l'emicrania, ne ho avute anche di così spaventose da dover andare all'ospedale, sia un fatto cancerogeno. Ho anche un ginocchio malconcio: prima di fare una risonanza magnetica, a New York, due anni fa, ero convinto di avere un tumore osseo. Hai una colica, ho avuto anche le coliche, dovute a una stenosi dell'uretere, immagini un cancro. Il patòfobo può sentire anche la gravidanza isterica. Hai mai avuto gravidanze isteriche?

VERDONE: No. Non ne ho quasi più di malattie immaginarie. Ne ho avute. Ho alcuni lipomi e, chiaramente, ogni bozzetto era una tragedia. Mia madre mi diceva: «Toccati, guarda un po' se è un bozzetto». Alla fine m'ha fatto venire i bozzetti.

GERVASO: Mio padre e mia madre non hanno mai visto un medico, se non in età avanzata. Ma a 23 anni ho conosciuto Indro Montanelli, che era un grande patòfobo: temeva di avere il mal bronzino, che è il morbo di Addison, grave insufficienza surrenale: la pelle ti si scurisce per un'alterazione metabolica. Quando tornava a Roma da Cortina, dove prendeva il sole quattro ore al giorno, o da Castiglioncello, dove lo prendeva otto ore, era abbronzato. Si guardava allo specchio e non pensava al sole preso in montagna o al mare: pensava al mal bronzino. Dopo due settimane l'abbronzatura scemava. Ma nei giorni in cui era convinto di avere il morbo di Addison scriveva, ricordo, un pomeriggio entrai nel suo studio, allora facevamo la *Storia d'Italia* quindi ci vedevamo spesso, scriveva a velocità astrale con un termometro in bocca e due sotto le ascelle. La febbre, per esempio...

Hai paura della febbre?

GERVASO: Ho il terrore della febbre. Ho affrontato terapie pesantissime. Ma le ho fatte come un legionario romano. Due linee di febbre mi prostrano, chissà perché.

VERDONE: Mi associo. La febbre è la cosa che mi dà più fastidio. Io sono un bradicardico; d'estate, nel pomeriggio, il cuore scende sotto le 50 pulsazioni, che è un valore molto basso; quando lo diventa troppo ho i giramenti di testa. Allora, avendo un cuore che quando è normale sta fra le 58 e le 60 pulsazioni, con la febbre le pulsazioni aumentano, e averne 80 è una forma di tachicardia insopportabile. Un problema fastidioso.

GERVASO: La febbre è un'autodifesa dell'organismo, ma anche la spia di infinite patologie: malattie epatiche, polmonari, renali, un'infezione, un virus...

Vi è accaduto di simulare dei malanni?

GERVASO: L'idea di prendere l'aereo ti mette in uno stato tale... A me non accade. Accade con la macchina. L'aereo può perdere l'ala, la fusoliera, il motore, il pilota: non mi fa alcun effetto. Mentre della macchina ho terrore. Quando vado per esempio a Spoleto, con mia moglie, per portare i cani, mi viene mal di testa. Una volta un'amica, molto carina, molto sexy, che stava a Trieste, arriva a Roma per passare quattro-cinque giorni con me. Avrò avuto una trentina d'anni, ed ero al meglio. Lei ne avrà avuti 22-23, ed era al meglio. Vivevo in una mansarda in via dell'Anima, questa triestina scendeva in un albergo vicino, ma passava le giornate, soprattutto le nottate, con me, ed era incontentabile. Io avevo la vitalità che può avere un uomo a 30 anni, ma lei era talmente insaziabile che una notte, alle due, ho simulato una colica e, temendo che non ci credesse, ho chiamato un medico di guardia. Non ne potevo più di questi bis che erano diventati parossistici. Di fronte al medico non ha più insistito e non ha più preteso. Lui mi ha fatto un'iniezione di Buscopan, di cui non avevo bisogno. Ma non avevo scelta.

VERDONE: Le malattie che mi sono inventato mi sono arrivate. A forza di evocare fantasmi, li fai apparire veramente.

GERVASO: È vero.

VERDONE: Dobbiamo stare molto attenti, quando procediamo in maniera contorta con la nostra mente. Accadono più le cose che noi temiamo di quelle che desideriamo. A forza di evocare una malattia, un sintomo, andrai incontro a quella malattia, a quel sintomo. Nessuno mi toglie dalla testa che la formazione di semplici lipomi potrebbe essere di origine psicosomatica. Come certe emicranie.

GERVASO: Le emicranie, non ne parliamo... Ma la prostata, scusa... Io, quando ero ragazzo, 23-24 anni, ho cominciato a fare le visite urologiche che si fanno dopo i 50. Ho passato metà della mia vita a leggere e scrivere; e metà in mezzo agli urologi. Alla fine mi sono trovato un tumore alla prostata.

VERDONE: Un'emozione molto forte, Tangentopoli insegna, libera tutto quello che c'è di peggio, scatena qualcosa che ti fa andare incontro a quello che temi. Io ho 11 diverticoli: non sono tanti. Ne puoi avere 40 e non accorgertene per tutta la vita perché non hai alcun disturbo. Ne hai 11 o tre: se c'è quello semichiuso e ci va un seme di pomodoro, che rimane incastrato dentro, ti fa subito infezione e sei fregato. Quando sono molto nervoso, e non riesco a esternare il mio nervosismo, autoinfiammo il colon: automaticamente la colite attacca i diverticoli. La diverticolite credo che sia un fatto genetico, non a caso mio padre ne ha 50: sembra un quadro di Picasso. Ma non ha mai avuto fastidi, perché sono tutti aperti. Io ne ho uno semichiuso e quando ci va un pezzo di arachide, un filo della verdura, un seme... Lo spasmo dell'intestino, per chi è predisposto, può dare il via alla diverticolosi. Il motivo per il quale mi veniva sempre l'emicrania della domenica, il mal di testa della domenica...

GERVASO: È tipico.

Tipico? Di che?

VERDONE: Sì, sì. È tipico.

GERVASO: L'emicrania della domenica è dovuta a una caduta di tensione.

VERDONE: Bravo. Io ne avevo sempre di più violente. Ma, stranamente, ero contento. Mi sono sempre domandato: perché sono contento di avere l'emicrania della domenica? La risposta me la sono data, da solo, dopo un bel po' di tempo. Avevo capito che mi piaceva enormemente mettere una supposta di Optalidon, che è un barbiturico...

GERVASO: Ti dà uno stato di euforia.

VERDONE: Più che di euforia... sei come ovattato...

GERVASO: È vero, è verissimo.

VERDONE: Ed è meraviglioso sentire il dolore che se ne va e ti resta dentro un senso di benessere. Ero arrivato anche a provocarmela, e aumentarla, per poter mettere la supposta di Optalidon. Come c'è gente che si fa venire l'attacco d'ansia, perché il piacere del Serpax, che secondo me è il più grande ansiolitico del mondo...

GERVASO: Più del Lexotan?

VERDONE: Eeeh, il Lexotan non dà piacere.

GERVASO: Non dà piacere, ma placa l'ansia.

VERDONE: Mah... Se tu provi il Serpax...

GERVASO: Lo Xanax?

VERDONE: Lo Xanax non è molto indicato: dura troppo poco.

Quando si prende un ansiolitico, attenzione a quello che dico, va saputo accogliere: tu lo devi saper accogliere.

GERVASO: È vero, è vero.

VERDONE: Ti devi predisporre come in preghiera.

GERVASO: O come con una coppa di Don Perignon, di Cristal…

VERDONE: Devi metterti nello stato d'animo di accogliere qualcosa che lavorerà per te nel migliore dei modi e devi averne rispetto, fra poco farà sentire i suoi effetti. Come con l'ostia.

Un atteggiamento mistico?

GERVASO: Un atteggiamento mistico. Sì, sì.

L'ipocondrìa si fa sentire nel lavoro? Lo condiziona?

VERDONE: Quando sto lavorando con concentrazione e impegno non ho alcun tipo di malattia. Non mi viene in testa di pensare a quello che ho, che avrò, che potrei avere. La mente non riesce a stare su due binari.

GERVASO: Nessun timore di una malattia, immaginaria o reale, mi ha mai impedito di lavorare. Tre giorni dopo essere stato operato di tumore alla prostata, non di tonsille, mi sono alzato con un catetere, due flebo, due drenaggi e ho corretto le bozze del mio ultimo libro. È venuto a trovarmi Berlusconi, al San Raffaele, ed è rimasto sbalordito: «Dopo tre giorni correggi le bozze…». «È un libro Mondadori», gli ho risposto. Sono stato tre mesi a Milano a fare radioterapia, mia moglie non poteva assistermi perché s'era fratturata il femore, e ho sempre lavorato otto ore al giorno. È una terapia formidabile. Lo stato d'ansia lo supero con la tensione del lavoro. Certo, quando ho un mal di testa invalidante… Non mi succede più perché sento quando mi sta per venire e intervengo con una supposta di Fismetré, che va bene per la mia cefalea tensivo-muscolare; quando invece ho l'emicrania ci vuole l'Optalidon.

VERDONE: In supposte.

GERVASO: Sì, anche in supposte. Se ho il mal di testa invalidante, ho nausea, vomito; allora no, non riesco a lavorare.

Quando andate in viaggio mettete in valigia dei farmaci?

GERVASO: Anche la peretta. Adesso non ne parliamo: ho anche il catetere. Porto con me sempre i medicinali contro il mal di testa. Un antiemetico, contro il vomito: il Dissenten, utilissimo, anche se è un sintomatico. Il Mictasol blu, disinfettante urinario. Il Chimono, un antibatterico formidabile: una pillola ogni 24 ore. Il Buscopan. Due termometri: quello da un minuto, quello da 10. Lo Iodosan, perché soffro di mal di gola e basta un filo d'aria condizionata, un po' di umidità: allora mi faccio un gargarismo oppure mi succhio una pasticca senza zucchero.

VERDONE: L'Inderal lo porterai? Un betabloccante, contro l'infarto.

GERVASO: Sì.

VERDONE: Ho una borsa a parte per le medicine. Una cosa tremenda. Mi vergogno molto. All'aeroporto di Heathrow, a Londra, mi hanno fatto aprire la sacca a mano: è uscito fuori di tutto. Purtroppo s'era bucato il contenitore della Magnesia San Pellegrino, che è un noto lassativo: una polvere bianca. Avevo in questa borsa di plastica, oltre il bronco dilatatore, gli ansiolitici, il Betacarotene per la fotodermatite, gli antidolorifici, questa polvere lassativa, che poteva far pensare che fosse... Ero costernato. Alla fine hanno creduto alla mia parola: hanno visto la vaschetta sfondata, ho messa in bocca la Magnesia, hanno notato l'effervescenza... Questa storia, io mi prendo anche molto in giro, l'ho infilata in *Maledetto il giorno che ti ho incontrato*, con Margherita Buy. Il film è un'operazione di grande autoanalisi e mi è servito come poche cose al mondo: ho raccontato alla gente quello che in realtà sono. Carlo Verdone è il personaggio di *Maledetto il giorno che ti ho incontrato*. Oggi sto molto meglio: i figli crescono, ne hai passate di cotte e di crude, si matura anche.

Leggete i bugiardini, che indicano la composizione dei farmaci, i dosaggi consigliati, i possibili effetti indesiderati, le precauzioni d'impiego?

GERVASO: Sempre. Sono terrorizzanti. L'Industria farmaceutica deve informare i pazienti, anche se c'è stato soltanto un caso su un milione di choc anafilattico.

VERDONE: Per non avere cause.

GERVASO: Li leggo con voluttà, perché non soffro di allergie. Una volta chiesi a un industriale farmaceutico se me ne faceva compilare alcuni. Tu capisci: è il massimo poter scrivere un bugiardino.

VERDONE: Gli effetti collaterali si devono leggere. Sempre. Mi spaventano.

Vince la paura della malattia o la preoccupazione degli effetti inde-siderati?

VERDONE: Assumo metà dosaggio. Una volta accertato che il far-maco non mi procura conseguenze dannose assumo la dose inte-ra, non tralasciando le contromisure. Se devo prendere un corti-sone, so benissimo, senza bisogno di leggere i bugiardini, che devo associargli un ansiolitico, perché il cortisone mi dà grande euforia, insonnia, instabilità. A maggior ragione debbo associar-li se il dosaggio di cortisone è abbastanza forte, e d'estate debbo ricorrervi per la fotodermatite. Comunque non bisogna mai as-sumere una medicina senza leggerli. Ma sappiamo anche che il 60 per cento delle cose che ci sono scritte è abbastanza raro che accada. Si drammatizza per responsabilizzare il paziente.

Vi siete mai stancati di pensare di stare male?

GERVASO: Qualche volta, sì, mi sono stufato. Ma ormai è una convivenza, non è più una compagnia occasionale.

VERDONE: Bravo. Si deve convivere serenamente con le malattie.

GERVASO: Se hai una patologia cronica: un diabete, un'iperten-sione, devi conviverci. Io ho convissuto con tutte le terapie a cui mi sono sottoposto. Dopo l'intervento alla prostata, mi hanno fatto il blocco androgenico, che è una castrazione chimica, per quattro mesi, e successivamente una radioterapia pesante, che potevo rifiutare, ma che ho accettato per maggiore sicurezza. Senza drammi.

VERDONE: L'ipocondrìa si è assopita da sé, non per mia volontà. Non sei abbastanza lucido da dire: «Basta. Non drammatizzo più quello che ha rovinato la mia vita per tanto tempo». Mi rendo an-che conto, arrivo a dire questo paradosso, che l'ansia della malat-tia può essere costruttiva, perché a ogni azione corrisponde una rea-zione uguale e contraria. Improvvisamente l'ansia può produrre, per contraccolpo, uno stato di grande energia che, se indirizzata be-ne nel lavoro, dà ottimi risultati: «Tanto male so' stato, tanto me-glio lavorerò». È come se, depresso, prendessi un antidepressivo.

Curate gli amici? Quali sono le vostre «specializzazioni»?

VERDONE: Sono un ottimo neurologo: ottimo, perché ho provato tutto su di me.

GERVASO: Non hai cattedra?

VERDONE: No. Tre Case farmaceutiche che fabbricano dei potenti ansiolitici mi hanno voluto come ospite d'onore ad alcuni Convegni, perché nell'inserto sulla Salute di un quotidiano ho detto delle cose sensatissime. Mi sento un bravo neurologo e anche gastroenterologo. Ho in cura molti attori, che mi seguono. E abbiamo raggiunto grandi risultati.

GERVASO: Io e Rigatti, che è considerato, ed è, il più grande urologo del mondo, siamo lì. Se fossi un altro e dovessi farmi operare sceglierei fra Gervaso e Rigatti. Sono un grande clinico e credo di essere alla sua altezza. Sono un andrologo, al livello di Francesco Montorsi, che è il massimo andrologo in Italia, del San Raffaele. Quattro milioni di italiani soffrono di impotenza, e l'impotente è un condannato ai riposi forzati. Sono cardiologo, sullo stesso piano di Franco Romeo, il direttore del Dipartimento di Chirurgia a Tor Vergata, che è il maggiore cardiologo italiano. Ho buone nozioni anche di epatologia: a Boario, anni fa, ho partecipato a un congresso mondiale sulle malattie del fegato.

VERDONE: E hai parlato?

GERVASO: Ho parlato, sì.

(A Gervaso): Anche tu hai gente in cura?

GERVASO: Sì, ho gente in cura.

Non è abuso della professione medica?

GERVASO: No, perché non ho uno studio mio e non mi faccio pagare.

VERDONE: Neanch'io. La mia grande soddisfazione è trovare un regalo a casa: ne ho avuti da persone che ho tirato fuori da stati depressivi, da diverticolosi, da coliti, anche ulcerose. E ho diagnosticato cinque helicobacter.

GERVASO: Il 10 per cento dei cefalagici non sa che soffre di mal di testa perché ha l'helicobacter.

Cos'è l'helicobacter?

VERDONE: È un batterio maledetto che sta nello stomaco e provoca bruciori fortissimi. Chi ne è colpito pensa di aver una gastrite e prende le magnesie bisurate, il Maalox, lo Zantac. Ma l'helicobacter continua a lavorare e può portare anche a dei tumori.

GERVASO: All'ulcera peptica.

VERDONE: All'ulcera peptica.

GERVASO: Noi potremmo mettere su, sarebbe anche giusto, un Centro diagnostico.

VERDONE: Facciamolo. Facciamolo.

GERVASO: Facciamolo. E lui (indicando il cronista) ci fa le pubbliche relazioni.

VERDONE: Ma certo.

GERVASO: Ah, io sono anche un ottimo tecnico di laboratorio. Ho letto tanto, ho scritto 40 libri, ma il meglio di me lo do nella lettura, non tanto dell'emocromo (globuli bianchi, globuli rossi, ematocrito, emoglobina...) quanto della formula leucocitaria: il rapporto fra i basofili, i linfociti, i neutrofili, gli eosinofili, i monociti.

VERDONE: È molto importante.

GERVASO: Ci integriamo. Tu hai fatto tanti film stupendi: basta. Io ho scritto 40 libri: chiuso. Adesso mettiamo su un Centro diagnostico.

VERDONE: Al servizio degli amici.

GERVASO: Al servizio degli amici. Soprattutto al servizio nostro. E ogni giorno ci facciamo, tu a me e io a te, tanto si impara facilmente, l'emocromo.

VERDONE: A Robe', domani compro due camici bianchi. Mi sembra di capire che è la nostra divisa.

GERVASO: E le infermiere?

settembre 2001

Tullio Gregory – Bruno Vespa
Dio ci salvi dal vino del contadino

Nel 1999 Luigi Veronelli (milanese, 75 anni), autorevole enòlogo, racconta al cronista questo aneddoto per il «Gr3»: «Avevo nove anni: è il giorno della prima comunione e mio padre, che era un padre-padrone, mi concede due dita della Barbera astigiana che beveva lui. Io porto il bicchiere verso la bocca, ma mio padre mi blocca: "No, fermati!", mi intima. E con fare altrettanto deciso aggiunge: "Prima lo porti verso gli occhi e lo guardi, perché ogni vino ha un colore diverso: non esistono due vini che abbiano lo stesso colore. Dopo lo porti verso il naso, perché ogni vino ha un suo profumo, che è diversissimo da un altro vino. Infine lo porti alle labbra, ma non lo bevi subito: lo tieni in bocca qualche secondo, perché devi sentire il suo racconto; attraverso il suo sapore, che è anch'esso sempre diverso da vino a vino, ogni vino racconta la propria terra. Soprattutto, prima di inghiottirlo, pensaci bene: dentro ogni vino c'è la fatica dei contadini, che merita rispetto"».

L'aneddoto è utile per introdurre il Faccia a faccia di questo mese con Tullio Gregory, romano, 72 anni, storico della filosofia, accademico dei Lincei, direttore dell'Enciclopedia italiana di Scienze, Lettere e Arti della Treccani, fondatore e direttore del Lessico intellettuale europeo, consigliere di amministrazione della Rai dal 1994 al 1995, e Bruno Vespa, aquilano, 57 anni, 39 nell'azienda di viale Mazzini, dove ha diretto dal 1990 al 1993 il «Tg1» e della quale dal mese scorso è collaboratore esterno con un contratto biennale rinnovabile, conduttore dal 1996 su Raiuno di Porta a Porta, che è ripreso il 25 settembre con quattro puntate settimanali, editorialista di alcuni quotidiani, collaboratore del settimanale «Panorama», autore di otto libri di cronaca e retroscena politici. Il filosofo e il giornalista sono anche due appassionati, esperti conoscitori di vino: che è il tema dell'incontro e del confronto, in casa di Gregory, a Roma, in piazza Cavour.

È stato un grande insegnamento quello di Veronelli padre?

GREGORY: Il giovane ha imparato e il vecchio ha insegnato come si deve affrontare il vino, se lo si considera un prodotto di civiltà. Il vino è un prodotto di cultura. Nulla di peggio del vino del contadino: il vino naturale non esiste.

Il vino del contadino neppure eccezionalmente può essere superiore a un cru?

GREGORY: Eccezionalmente può accadere tutto, anche il miracolo. Ma i miracoli li fa il Padre Eterno.

VESPA: Quando qualcuno mi dice che ha il vino suo, cerco di passare per astemio. «Questo l'ho fatto io» oppure «Questo lo fa mio suocero». I suoceri sono una tragedia. Vi sono anche, sempre meno per fortuna, quelli che comprano il vino dal contadino. In questi casi, dico che non sto bene. Ho la grande fortuna di capire immediatamente quando un vino mi fa male. E quindi smetto di berlo.

Quando avete portato alle labbra il primo bicchiere?

GREGORY: Io cresco negli anni della guerra: allora c'erano ancora i carretti con le botti che venivano dalla campagna romana. Il vino in bottiglia era un prodotto di lusso. Ai bambini si dava l'uovo sbattuto col Marsala. Sono i miei primi ricordi. Quando sono diventato grande ho avuto la possibilità di apprezzare il vino. Un assioma a cui teneva mio padre: «Magari un bicchiere di più, ma buono». È molto importante, ti dice: «Puoi non bere vino, ma se lo bevi deve essere buono». Lo dice anche François Rabelais nel *Gargantua e Pantagruel* alla fine del suo viaggio verso l'oracolo della Diva Bottiglia che pronuncia un'unica parola: «Trinch», Bevi. Ma vino buono. Occorre professionalità, come in ogni altra attività. Gli animali non bevono vino.

VESPA: Non avevo mai pensato che una delle disgrazie degli animali è di essere astemi.

GREGORY: Nelle società primitive si comincia immediatamente a cercare l'alcool. E nella profonda Africa esiste questo rito: le vecchie del villaggio masticano a lungo foglie di piante grasse che poi sputano in un grande barile dal quale, dopo alcuni giorni, si estrae un acido che è un alcool.

VESPA: Quando incontro un astemio chiedo sempre che cosa possa fare per lui. Ci sono dei casi recuperabili: in genere, le signore che bevono champagne possono essere recuperate. Ce ne sono altri molto, molto gravi, e oltre il compatimento non si può andare. A me da piccolo fecero assaggiare un dito, due dita, tre... Con i miei figli ho fatto la stessa cosa: pochissimo, ma subito.

GREGORY: Ogni sapere, che per essere serio è scientifico, ha due fonti: l'esperienza e la ragione. Sperimentando e ragionando, cioè assaggiando e studiando: esistono i manuali, i repertori, gli esperimenti, la curiosità, demonica secondo i medievali, di voler conoscere, ci si fa una cultura e si seleziona quello che si beve.

Riconoscete dei maestri?

VESPA: Il vino è un'abitudine. A un certo punto, in genere attraverso confronti, capisci i limiti del vino che bevi normalmente. Allora cerchi di migliorare. Il mio maestro di bottiglia è stato Luigi Veronelli. Quando gli chiesi quale vino potessi bere tutti i giorni, mi indicò, sono passati ormai quasi 20 anni, una bella Barbera: si chiamava la Monella, di Giacomo Bologna. Ho scoperto così il grande vino quotidiano. E ho imparato a selezionare, a scegliere e a non accontentarmi.

GREGORY: La Barbera era il vino dei muratori, si diceva. Oggi si fanno le Barbere barricate. Il mio amico Enrico Scavino fa una grande Barbera che costa quasi quanto un Barolo di annata, ma vale il prezzo. Testimonia il progresso che si è avuto in Italia nel gusto e nella produzione.

Si può datarne l'inizio?

GREGORY: C'è una svolta, a mio avviso, con la Legge del 1963, poi perfezionata nel 1992: le norme hanno stabilito i Doc, i Docg e hanno imposto delle rigorose selezioni in alcune regioni. Ma sulle leggi ci mettono le mani i politici. E abbiamo l'assurdo che per alcuni vini del Nord si indicano confini rigidissimi: chilometro per chilometro, metro per metro. Nelle isole, invece: zona di produzione: l'isola. Detto questo, il salto in avanti l'Italia l'ha fatto dopo gli anni Sessanta, producendo grandi vini. La classifica dei Bordeaux in Francia risale al 1855: questo fa capire lo scarto che c'è fra i due Paesi.

VESPA: Oltre alla Legge del 1963, ci sono state la cultura e l'intelligenza imprenditoriale di quelli che hanno fatto il vino. I toscani con il Sassicaia e il Tiganello hanno prodotto con fantasia e qualità dei grandissimi vini, che sono stati d'esempio per tutte le regioni. A proposito delle isole, vedo che si consente a molti produttori di Passito di Pantelleria di produrre il vino sull'isola e di imbottigliarlo dove gli pare. Mi sembra un'abitudine scostumata.

Saper bere è un'arte?

VESPA: Tutto può essere un'arte. Intanto può essere una buona abitudine.

GREGORY: Come mangiare, nuotare.

C'è gente che, nonostante beva da 50 anni, non impara. Perché?

GREGORY: Sono poveretti... Oltre alle persone che Vespa ha nominato perché gli fanno pena, gli astemi, fanno maggiormente pena quelli che bevono male.

VESPA: Certamente.

GREGORY: Si danneggiano anche lo stomaco.

VESPA: Non si arriva ancora in Italia a stabilire un rapporto coerente tra quello che si spende per la tavola e quello che si spende per la bottiglia. Ci sono persone che stanziano cifre enormi per fare un pranzo a base di pesce e mettono in tavola vini che gridano vendetta.

GREGORY: Quelli che hanno ricevuto a Natale.

VESPA: Diciamo che a Natale non tutti ricevono buoni vini.

GREGORY: Soprattutto certi professionisti.

VESPA: Se il professionista è stato sfortunato, gli ospiti pagano per tutto l'anno.

GREGORY: Non vi è capitato mai di andare a mangiare da famiglie molto bene che, a metà pranzo, finiscono il vino che hanno portato in tavola e non sanno come fare?

VESPA: Sì. Se fra gli invitati non c'è Gesù, il problema è serio.

Come si diventa un bravo enòlogo?

GREGORY: Frequentando la scuola: studiando.

VESPA: Scuole serie.

GREGORY: L'Istituto Agrario di San Michele all'Adige è una delle grandi scuole europee, non solo italiane, e ha fatto i grandi enòlogi italiani.

VESPA: Io ho cominciato un corso da sommelier parecchi anni fa. Era molto più difficile e serio di quanto avessi immaginato. Ho fatto soltanto la prima classe. Le lezioni c'erano in certi giorni a ore fisse e col mestiere che faccio non potevo seguirle. All'inizio della seconda classe ho capito che, se avessi insistito, mi avrebbero promosso con una raccomandazione e ho preferito smettere.

La vostra cantina?

GREGORY: La mia per fortuna è bene isolata, con una temperatura di 12-13 gradi e un'umidità costante. È coibentata, un po' disordinata, ma cerco di tenerla aggiornata, sul fronte italiano e straniero, con un metodo molto semplice che consiglierei: non comprare meno di 12 bottiglie alla volta, dello stesso vino, in modo che si possa fare un cambio, e tenere varie regioni. Ho qualche centinaio di bottiglie: buoni vini, anche francesi.

VESPA: Il vino, per chi ne è capace, non è il mio caso, è una eccellente forma di investimento. Quando vedo alcuni ristoratori, relativamente giovani, con delle cantine fantastiche, chiedo: «Ma...». Loro mi tranquillizzano: «Questa bottiglia vale x milioni. Se ho bisogno di 20-30 milioni, faccio una telefonata e il giorno dopo ce li ho». Sono vini che valgono, anche italiani, e hanno un mercato internazionale. La mia cantina ha diverse centinaia di bottiglie, soltanto italiane.

GREGORY: Se non hai uno spazio-cantina, ti puoi fare la cantina a casa con le cantinole in commercio che hanno la temperatura regolabile e sono formidabili.

Vi fate consigliare, quando la rifornite? O scegliete da soli?

VESPA: Intanto quando vado in giro e assaggio un vino nuovo che mi piace me lo annoto e poi me lo compro. Per fortuna ne ricevo parecchi in regalo.

GREGORY: Buoni?

VESPA: Sì. Ho parecchi produttori amici, che mi mandano le novità. Io poi mi commuovo. È come quando ti nasce un figlio... Quando vedo che una Casa che conosco (ci sono molte donne che producono grandi vini) fa un vino nuovo che esce bene, beh, mi commuovo, perché la trovo un'operazione affettiva, culturale, imprenditoriale, molto piacevole. C'è un produttore abruzzese, che è un caposcuola, Edoardo Valentini, che fa un Trebbiano... nessuno penserebbe a un Trebbiano abruzzese da invecchiamento... Ho aperto recentemente le bottiglie del 1990 e mi sono commosso: sentire il profumo di quel vino, bianco, abruzzese, dopo 10 anni, è stato straordinario.

GREGORY: È un po' un miracolo. Valentini è molto serio.

VESPA: O quando apri un Giulio Ferrari della fine degli anni Ottanta, come mi è accaduto recentemente, e senti un profumo, una tenuta...

GREGORY: I grandi Barbaresco e Barolo del 1982, del 1985...

VESPA: Ho parlato di vini bianchi. Ma, quando mio figlio ha compiuto 22 anni, ho aperto un Rubesco di Lungarotti del 1979, sicuro di non trovarci niente, e invece ho trovato un vino straordinario.

GREGORY: Il Rubesco è uno dei migliori prodotti di Lungarotti. Lungarotti ha un merito: è il primo che ha fatto rinascere l'enologia in Umbria a questo livello. Adesso ci sono dei grandi produttori: Colli Amerini fa il Carbio, un grandissimo rosso, nessuno lo penserebbe. Lungarotti è stato un capofila, oggi è stato forse anche superato da altri produttori. Vent'anni fa il Marzemino era pressoché ignoto; quando l'ho inserito nel *Lessico Universale Italiano* della Treccani: «Ma che è 'sta roba?».

Le accade di commuoversi?

GREGORY: Come davanti a ogni opera d'arte. Nel vino ci sono la fatica e l'intelligenza dell'uomo. Dicevo: è un prodotto di cultura. E quindi mi arrabbio, sono un po' iracondo, quando un grande vino è imbottigliato con un tappo scadente. Mi è accaduto con uno dei grandi produttori di Montalcino di avere dei tappi che si sbriciolavano. Gli ho rispedito le bottiglie con i tappi. E lui gentilmente me ne ha mandate altre. Erano del 1967: una bella annata che non si poteva sciupare. Il grande limite di molti produttori italiani è di non investire in tappi.

VESPA: È imperdonabile: vi sono dei vini che valgono un sacco di soldi e risparmiare sui tappi è un delitto, mi auguro a modesta diffusione. A me è capitato un grande Chardonnay con un tappo sintetico che aveva dato pessimi risultati. Ho scritto a quei signori, che avevano già riscontrato qualche infortunio del genere, e ho ricevuto sei bottiglie di scuse.

GREGORY: Purtroppo questo avvento dei tappi sintetici è molto preoccupante, perché comincia a diffondersi per i bassi costi nonché, dicono i produttori, per la sicurezza. E comincia a esserci anche qualche enòlogo che li difende. Di solito sono gli enòlogi contrari all'invecchiamento. Io sono, tendenzialmente, per i vini invecchiati, e il tappo è la grande mediazione storica, perché lo permette. L'invecchiamento in bottiglia dipende da vino a vino.

Il vino ha avuto cantori eccelsi: da Omero a Orazio, da Baudelaire a Hugo, da Alceo a Lutero, Hemingway, Soldati... Lo celebrano anche i Salmi: «E il vino rallegri il cuore dell'uomo». Brillat-Savarin scrive, nella Fisiologia del gusto, *che «un pasto senza vino è come un giorno senza sole». Siete d'accordo?*

VESPA: Anche peggio: ci sono dei giorni di nebbia perfino piacevoli. Un pasto senza vino è una schifezza. A meno che non si segua una dieta.

GREGORY: Se uno lo fa a fini dietetici, si cura, va dal medico. Ma se si beve, si deve bere bene. Se no bevi acqua.

VESPA: L'acqua è buonissima: un po' triste, ma buonissima.

GREGORY: Lo diceva anche un mistico come San Bernardo: l'acqua è tristizia, il vino è gaudio.

Siete sulla stessa lunghezza d'onda del grande gastronomo francese (che era un magistrato e uno scrittore) anche quando afferma che, durante un pasto, il vino va cambiato, e chi sostiene il contrario commette un'eresia, perché «la lingua si satura, e dopo il terzo bicchiere il vino migliore desta una sensazione ottusa»?

VESPA: Io lo cambio spesso. Dipende da quello che si mangia.

GREGORY: Se mangi un solo piatto non lo cambi.

VESPA: Se mangi quattro piatti di spaghetti con lo stesso condimento bevi soltanto un vino. Se fai quattro piatti diversi è bene che tu metta in tavola tre o quattro vini.

VESPA (al cronista): Tu sei astemio? Ho visto che ci guardavi con un certo sarcasmo. Ho pensato: questo è astemio.

Vi guardavo con ammirazione: guardo con ammirazione tutti coloro che possono bere e bevono. A proposito: con il pesce va sempre servito il bianco o sono consentite, come azzarda qualcuno, trasgressioni?

VESPA: Trasgressioni ne vedo fin troppe. In parte le condivido.

GREGORY: Dipende anche dal pesce. I pesci molto grassi, anguille, carpe, anche salmone, si possono bere col vino rosso.

VESPA: Bisogna anche vedere come si cucinano.

GREGORY: Appunto. Se mangio una spigola al sale è meglio un bianco, profumato. Non ci sono leggi assolute.

VESPA: Con la zuppa di pesce puoi bere un rosso. Col caciucco è chiaro che bevi un rosso.

Con le carni è di rigore il rosso?

GREGORY: Ci sono dei bianchi barricati di tale corposità che puoi abbinarli al roast beef. Io preferisco il rosso.

VESPA: Anch'io preferisco il rosso. Ma adesso dire bianco o rosso ha sempre meno senso. Fanno dei bianchi leggerissimi, altri barricati, strutturati, pieni di corpo, che valgono più di un rosso molto leggero. Quando al ristorante ti chiedono: «Bianco o rosso?», (grazie a Dio adesso non te lo chiede quasi più nessuno), uno si deve alzare e andarsene immediatamente: «Oh, scusi, dimenticavo un appuntamento».

È possibile indicare i vini migliori in assoluto?

GREGORY: Credo che non esistano valori assoluti nemmeno in morale. Immaginarsi se possano esserci in enologìa. Esistono valori relativi in rapporto all'annata, al contesto, alla regione, al prezzo. Chateau di Yquem, certo. La Tache Romanée-Conti, certo. È facile fare un elenco di questo genere, ma non significa assolutamente nulla. Si deve vedere di volta in volta. E poi c'è il problema qualità-prezzo che è molto importante. Oggi ci sono vini sovraprezzati e vini sottoprezzati.

VESPA: Un periodo c'erano gli alfisti e i lancisti. Quale macchina era migliore? Sono due stili totalmente diversi. C'è chi beve solo Krug, c'è chi beve solo Cristal, e guai a dire all'uno che è meglio l'altro.

GREGORY: Con il Krug ho avuto disavventure per i tappi.

VESPA: Io sono un «Krugista» e sono stato fortunato in questo senso. Ricordo che Gregory molti anni fa, non so se lo ricorda lui, mi fece una strigliata mostruosa perché in una cena avevo osservato con il mio vicino di tavola che un abbinamento non mi sembrava adeguato. Il professore fece un'arringa... Mi sarei messo sotto il tavolo. Rivendicavo inutilmente, nella mia infinita modestia, il diritto al dissenso. Capitò a una cena trentina.

GREGORY: Non me la ricordo.

VESPA: Molte signore bevono dei rossi importanti, molto strutturati, per aperitivo.

GREGORY: Se parti con uno strutturato al principio, come vai avanti?

VESPA: Appunto. Che fai?

GREGORY: Il grande problema è se si presentano due carni: una cacciagione e un roast beef. Dove si colloca il roast beef? Prima? Dopo? Perché sul roast beef si deve bere un vino meno strutturato.

VESPA: Non basta questo per servirlo prima?

GREGORY: Io lo servirei prima. Ma è una disputa aperta. Come quella francese: il paté va servito come antipasto o come piatto forte? Comporta una scelta di vini relativi.

I peggiori, lo confermate, sono...?

GREGORY E VESPA (a una voce): I vini del contadino. A colpo sicuro.

GREGORY: Ho scoperto solo di recente la cantina sociale La Vis, del paese Lavìs, trentino, che fa un Traminer aromatico, un Riesling, un Pinot nero eccezionali, a prezzi assolutamente competitivi: 10-12 mila lire a bottiglia. Si possono avere in Italia vini per tutti i giorni di altissimo livello. È un esempio di rigore.

VESPA: Prezzi bassissimi. Non ci si illuda di comprare dei vini decenti che costino 3000 lire. 10-12 mila è il limite basso. Nei ristoranti bisogna stare attenti ai ricarichi. Un produttore abruzzese della nuova generazione, che ha preso tutti i massimi riconoscimenti, Masciarelli, ha fatto un ottimo Trebbiano e un eccellente Montepulciano. Recentemente me li sono trovati in un paio di ristoranti importanti a 130 e 140 mila lire la bottiglia. L'ho chiamato: «Sei uscito pazzo? Vuoi rovinarti?». Mi ha giurato che lo vende a 20 mila lire. E gli credo.

GREGORY: Il ricarico massimo, un tempo, era tre volte. Quando è corretto è due volte.

Vi sono vini sopravalutati?

GREGORY: Sassicaia e Tiganello, secondo me: nel rapporto qualità-prezzo e anche nel rapporto gustativo con altri vini.

VESPA: Cimabue è sopravalutato? È sottovalutato? La National Gallery di Londra ha comperato di recente una sua tavoletta a una cifra astronomica. Qual è il valore del dipinto e quale il valore di un caposcuola come Cimabue, il maestro di Giotto? Tiganello e Sassicaia sono stati dei capiscuola e molta gente ancora li ordina perché sono stati i primi vini di una nuova, grande generazione.

GREGORY: E perché costano cari.

VESPA: Ah, non c'è dubbio.

GREGORY: Al medico mandi il vino caro. Una volta ricevetti un Brunello di uno dei più famosi produttori, che non ho mai apprezzato: l'ho cambiato, uno a due, con un altro che stimo molto. Ho dato 12 bottiglie, ne ho avute 24.

VESPA: Come con le figurine.

Sottovalutati?

GREGORY: Ci sono vini emarginati dalla nostra cultura: Teroldego e Merzemino, o Marzemino, celebrato da Lorenzo Da Ponte nel *Don Giovanni* di Mozart, due grandi rossi italiani, chi li conosce?

VESPA: È una delle ragioni per le quali apprezzo le sorelle Foradori che ne fanno di eccellenti.

GREGORY: Brave. Bravissime.

VESPA: Producono anche importanti rossi di nicchia.

I vini indispensabili per introdurre una signora colazione e un signor pranzo ?

VESPA: Io credo che gli spumanti o gli champagne siano...

GREGORY: Champagne.

VESPA: Ritengo che ci siano alcuni grandi spumanti italiani: la riserva Giulio Ferrari dei Lunelli, Annamaria Clementi di Ca' del Bosco, le riserve Bellavista di Moretti. Queste tre aziende producono anche vini bianchi e rossi straordinari.

GREGORY: Quello su cui spesso non reggono è il perlage: o è eccessivo, a gazzosa, o non tengono quel minimo costante fino alla fine.

VESPA: Quelli di cui parlo mi sembrano bene equilibrati.

GREGORY: C'è una differenza storica con la Francia nelle produzioni dei vini. Ma l'Italia, come ho detto, ha fatto passi da gigante.

VESPA: Adesso siamo veramente competitivi coi francesi.

GREGORY: Rischiamo di sovraprezzare i nostri vini. Quando un produttore piemontese, nella zona del Barbaresco, mette uno Chardonnay a più di 100 mila lire, preferisco, al medesimo prezzo, un Corton-Charlemagne perché mi sento più tranquillo.

VESPA: Ma quel produttore piemontese, che non nominiamo, è l'unico che, come i francesi, riuscirebbe a vendere a 100 mila lire anche l'acqua minerale, perché ha un grandissimo senso commerciale.

GREGORY: Ha avuto il merito, 30 anni fa, di far conoscere il Barbaresco.

VESPA: Non c'è dubbio. Un vino straordinario.

GREGORY: Rispetto al quale io preferisco il Barbaresco Rabajà dei Produttori di Barbaresco.

VESPA: Questo non lo conosco. Ma il Barbaresco è uno dei vini del mio cuore.

Con i formaggi, in particolare col gorgonzola, che cosa consigliate?

GREGORY: Sauternes, Muffato della Sala, Mandolaia.

VESPA: Lo Chateau di Yquem, assai caro al professor Gregory, sarebbe perfetto (ride). Ma anche il Muffato della Sala, il Soave dei Capitelli di Roberto Anselmi, il Torcolato o l'Acininobili di Maculan, il Due Cuori delle Vigne di San Pietro di Carlo Nerozzi.

E per concludere un pasto?

GREGORY: Un grande Porto.

VESPA: E un grande Marsala, che non offre nessuno. Ce l'ho in mezzo al cuore, il Marsala.

GREGORY: Infatti. De Bartoli...

VESPA: Marco De Bartoli.

GREGORY: Fa un ottimo prodotto che si vergogna di chiamare Marsala e lo qualifica col proprio nome, sul mercato Vecchio Samperi Ventennale.

VESPA: I francesi, se avessero il Marsala, lo porterebbero in processione.

GREGORY: L'abbiamo rovinato.

VESPA: A parte un paio di pionieri, come De Bartoli appunto, l'abbiamo rovinato. È un vino grandissimo.

GREGORY: Gli inglesi? Prima di scoprire il Porto, bevevano il Marsala.

VESPA: Non c'è dubbio. Ogni volta che incontro un politico siciliano che conta gli chiedo: «Che cosa sta facendo per il Marsala?». Quello mi guarda strano. «Avete un vino meraviglioso. Tutelatelo. Salvatelo»... Dicevamo, mi pare che col professore siamo d'accordo, che non bisogna mai chiudere un pranzo con lo champagne o con lo spumante. Ma aprirlo.

GREGORY: I Marsala stanno finendo, purtroppo. Per chiudere, allora, un grande vino da dessert: un Porto, un Muffato, un Mandolaia.

È accaduto che vi siate indignati per abbinamenti grossolani o per temperature improprie?

GREGORY: A Roma, in uno dei più importanti ristoranti, due stelle Michelin, mi sono trovato davanti un grande vino rosso servito oltre i 20 gradi. «Ma no: è una temperatura ambiente», mi dice il sommelier. L'ambiente non esiste. Nella mia malignità, tiro fuori il termometro: 23 gradi. «Ma sa, i termometri…» «Ne ho un secondo di alta precisione.» Zacchete: 23 gradi. Il sommelier, invece di abbassarmi in un cestello la temperatura, come gli avevo chiesto, sparisce. Mi ha fatto bere un grande rosso, che entrerà in commercio adesso, a un prezzo molto alto, a una temperatura impropria. A 23 gradi non si beve nessun vino, tranne il vin brulé. In questi locali spocchiosi, mi siedo sempre a tavola con due termometri in tasca.

VESPA: Io al termometro non arrivo. Quando questa minaccia del professore sarà pubblicata, esploderà il panico.

Chi sono gli intenditori più credibili fra gli intellettuali?

GREGORY: Il mio amico Paolo Galluzzi, cattedratico illustre e direttore dell'Istituto e Museo di Storia della Scienza a Firenze: grande cantina personale; grande rigore e serietà. Non a caso è stato alunno del professor Eugenio Garin e mio ricercatore; ma, aggiungo, ha ampiamente superato le mie competenze.

Fra i politici?

VESPA: Massimo D'Alema è un appassionato di vino e si considera un competente. A Gianfranco Fini il vino piace, ma è intenditore di grappe. Credo che Fausto Bertinotti ami il buon vino. Silvio Berlusconi sta migliorando: è passato a un ottimo Cabernet Sauvignon delle Terre Rosse dei Fratelli Vallania, il miglior vino emiliano: di Zola Predosa, in provincia di Bologna.

Il più straordinario bevitore che avete conosciuto?

GREGORY: Nella letteratura, Rabelais. Il grande bevitore non è uno che sa bere. Il problema è la selezione. C'è una filologia del vino, come in ogni metodologia critica, che va rispettata. Il grande bevitore è il poligrafo. Rigore anche nel bere: sempre magari un bicchiere di più, ma buono. Non «abboffarsi» in maniera indiscriminata.

Quest'anno la vendemmia è più scarsa della precedente. Ma di qualità: soprattutto per i grandi rossi a cinque stelle. Quali sono state le annate indimenticabili dell'ultimo mezzo secolo?

GREGORY: Il 1947. Il 1985: pare, la migliore di tutte.

VESPA: Io ricordo il 1961 per il Barolo e il 1990. Sono nato nel 1944: pessima annata per i vini, grandissima per il Porto.

GREGORY: Ho una bottiglia da aprire di Porto Vintage, che è quello di annate eccezionali: invecchia in bottiglia, mentre l'altro invecchia in fusti. Ma, secondo i grandi maestri, non dovrebbe essere stappata, perché il Porto, passando attraverso il collo, si rovinerebbe per quel po' di deposito che ha fatto: dovrebbe essere tagliata con un'ascia speciale o una pinza infuocata, che oggi è in vendita.

Mauro Remondino ha raccontato sul «Corriere della Sera» che «una piccola e prestigiosa maison», l'azienda Barone Pizzini di Timoline in Franciacorta, «è stata stregata dal fascino del "bio"» e ha affrontato «la prima vendemmia di uve totalmente biologiche». Che cosa pensate di questo abbandono dei trattamenti chimici, di questa riconversione?

VESPA: Vorrei assaggiare prima il vino.

GREGORY: Non ne so nulla. So che l'ambiente deteriorato ci fa bene; l'ambiente troppo ossigenato a me fa male. Sono decisamente contro i Verdi. Nelle campagne si muore prima che nelle città.

Il numero sempre più esiguo di vendemmiatori esperti, qualcuno parla di una specie in via di estinzione, quanto potrà nuocere alle selezioni future?

GREGORY: La vendemmia a mano permette di selezionare il grappolo buono e di scartare il grappolo meno buono. Vendemmia nella zona di Barolo: Nebbiolo per Barolo, Nebbiolo per Nebbiolo. Le attuali leggi sanitario-sindacali impediscono di convocare a fare la vendemmia amici non operai iscritti, ma esperti. Speriamo, malgrado i Sindacati, le leggi di protezione e i Verdi, che si riescano a fare delle vendemmie a mano.

VESPA: Bisogna assumere gli amici: fare loro un contratto da operaio e portarli alla vendemmia a mano. Tu pensa uno che se lo guarda, il grappolo: che capacità di selezione. Comincia là il rapporto, perché il vino è una cosa viva: respira, è una creatura.

Vi siete mai ubriacati?

VESPA: Io no.

GREGORY: Nemmeno io. Sono per la *sobria ebrietas*, che è, secondo la mistica greca soprattutto, e medievale, il momento della contemplazione beatifica. Il vino ci può portare a questo stato quando è assunto in quel giusto equilibrio per cui ti senti bene con te stesso e con gli altri. Ed essere felici è star bene con se stessi.

VESPA: Sottoscrivo in pieno.

ottobre 2001

Gaddo della Gherardesca – Carlo Rossella
Le donne, i cavalier, l'arme, gli amori...

Dice CARLO ROSSELLA: Le regole della buona educazione e delle buone maniere non sono cambiate. Bisogna conoscerle. Purtroppo molta gente le ignora, perché non vengono più insegnate. Non le insegna la scuola, dove la maggior parte dei docenti non sa che cosa siano. E l'80 per cento delle famiglie non se ne occupa. Questa società dedica molto del suo tempo all'accumulo di ricchezza. Se uno è fortunato finisce in qualche buon collegio, dove gli dànno una bella raddrizzata. A me è accaduto di vedere figli molto maleducati, nonostante avessero dei genitori molto educati. Poi di ritrovarli, dopo una permanenza in qualche buona scuola, abbastanza raddrizzati. I giovani spesso crescono come puledri e vanno corretti: se non incontrano qualcuno che li mette in riga, diventano dei grandi maleducati. In passato c'era un'educazione anche di massa. Non c'è più. Mi ricordo che i maestri e i professori mi insegnavano le buone maniere. Una volta, alle Medie, un mio compagno sputò per terra: fu sospeso per quattro giorni.

Dice GADDO DELLA GHERARDESCA: L'educazione a me fa venire in mente la nobiltà, che ha avuto un periodo, diceva Francesco Ruspoli, in cui il suo Libro d'Oro era alto come un dito. Oggi è come la Treccani: il suo spessore è inversamente proporzionale alla reale dimensione dell'aristocrazia. Non si parla che di educazione, perché evidentemente se n'è persa la traccia. Il livello di ignoranza, come sottolineava giustamente Carlo Rossella, è diventato imbarazzante: per i motivi che ha enunciato, ma anche perché le persone sono state indirizzate verso altri valori (o disvalori?). Negli aeroporti ci sono quei grandi pannelli solari che rischedulano i voli: ecco, sono stati rischedulati i valori della società. Ieri erano il rispetto, non soltanto del prossimo: delle istituzioni...

ROSSELLA: Degli anziani.

DELLA GHERARDESCA: Degli anziani. L'imbarbarimento è micidiale. Quando, spesso e volentieri, vedo volare, da macchine che costano 100 milioni, cartacce, pacchetti di sigarette e quant'altro, mi diverto a tirar giù il finestrino e a urlare: «Dovreste tornare a guidare i carri dei bovi». Oltre a fare soldi, avrebbero dovuto comprare l'educazione: se ne sono dimenticati. Oggi una persona educata desta meraviglia. Io mi sorprendo quando mi ringraziano perché rispondo agli inviti che ricevo. Ma è un dovere rispondere. Invece se ne fregano quasi tutti. Mi accade di andare a pranzi seduti, nelle buona società, non parlo fra i diseredati del Belice, e di trovare tavoli completamente vuoti.

ROSSELLA: Vuoti, incredibilmente e indecentemente vuoti.

DELLA GHERARDESCA: Diecine di posti vuoti, perché diecine di invitati, che avevano confermato la loro partecipazione, all'ultimo momento non si sono presentati. Andrebbero squalificati. Quando ero ragazzo, nella società che frequentavo, i maleducati non venivano accolti: addirittura i separati erano messi al bando, ed era un po' eccessivo. I maleducati stavano fuori la porta. Adesso, siccome la società è trasversale, vivi con tutti. Io no: seleziono. A casa mia invito soltanto quelli che sono educati; gli altri restano fuori dalla porta.

Rossella, lombardo di Corteolana, in provincia di Pavia (dove vive), 58 anni, dirige dal 1° ottobre dell'anno scorso il settimanale «Panorama», dove è stato, in tempi diversi, inviato speciale, responsabile del servizio Esteri, caporedattore, vicedirettore vicario, editorialista, responsabile della redazione americana. Ha anche diretto «Stampa Sera», il «Tg1», «La Stampa» e Verissimo, rotocalco quotidiano del «Tg5». È stato editorialista de «La Stampa» con residenza a Washington.

Gaddo della Gherardesca, toscano di Firenze, 52 anni, pronipote del conte Ugolino, una famiglia imparentata con gli Hohenstaufen, i Medici, gli Estensi, i Gonzaga, i Romanov, sposato, separato, una figlia: Costanza, compagno della duchessa Sarah Ferguson, è vicepresidente della P.R.S., concessionaria di pubblicità da 150 miliardi.

L'appuntamento, per parlare di buone maniere, di educazione e di eleganza, con annessi e connessi, è nella casa milanese del nobile toscano a mezzogiorno di un martedì di fine settembre.

Un uomo elegante come si veste?

ROSSELLA: In maniera tale da non essere assolutamente notato per la sua eleganza. Se qualcuno mi dice: «Come sei elegante», mi allarmo. Forse ho sbagliato qualcosa. Che cosa mi sono messo: una giacca rossa?... Quando mi dicono che sono elegante, mi vergogno perché un uomo elegante deve passare inosservato, essere vestito in modo assolutamente normale.

DELLA GHERARDESCA: Sobrio.

ROSSELLA: Sobrio. In maniera da non disturbare il prossimo: né in bene né in male.

DELLA GHERARDESCA: Indro Montanelli scrisse un articolo divertentissimo sulla prima pagina del quotidiano «il Giornale» quando morì mio zio Niccolò Antinori. Raccontò di aver sempre creduto che lo zio non avesse mai avuto un sarto e avesse ereditato i vestiti che indossava, perché li portava con una tale nonchalance. Io sono un nemico storico degli abiti nuovi. Si vedono alcune persone «nuove» che pensano di essere affascinanti. Oppure in chiesa gente che, quando si inginocchia, mostra le suole ancora bianche delle scarpe.

ROSSELLA: Ti viene voglia di metterci il prezzo (ride). A volte rimane, il prezzo, perché chi compra le scarpe inglesi... In Inghilterra lo mettono su una etichettina sopra il tacco, e a Londra vedi i turisti italiani, a messa, con il prezzo... Hanno appena comprato le Church's.

In casa quale libertà ci si può consentire?

DELLA GHERARDESCA: Tutte quelle che uno sente di potersi permettere. Certi giorni giro in accappatoio. Bisogna sentirsi a proprio agio. Invece ci sono degli stereotipi. Sono un nemico giurato della tuta da ginnastica. C'è gente che finisce di lavorare il venerdì sera e si mette la tuta da ginnastica.

ROSSELLA: E rimane in tuta?

DELLA GHERARDESCA: Sì. Io il week-end sono in giacca e cravatta, se sto a Milano: al più con una camicia aperta. Se vado a sentire i Roxi Music mi vesto in maniera più *dégagé*, più disinvolta. Se sono in campagna mi vesto da campagna. Ma non mi metto la tuta. Invece c'è chi si mette la tuta.

ROSSELLA: Anche per viaggiare.

DELLA GHERARDESCA: Anche per viaggiare. Per loro è una divisa. Un giorno ero per una partita di caccia da Nicolò Brandolini, amico mio, in quel del Veneto, a Soligo. Scesi sul piazzale e il guardiacaccia mi disse: «Lu' non s'è messo 'a divisa». «Come la divisa?» «Il cappotto verde: il loden, la divisa dei conti.» Pensava che fosse la divisa della nobiltà.

ROSSELLA: In casa mi metto una camicia e un pullover. Alla sera lavoro, leggo fino a tardi: a volte sto nel mio studio in pigiama, con la vestaglia o una giacca da camera e un paio di pantofole.

Si può essere impeccabili anche senza indossare un abito di sartoria?

DELLA GHERARDESCA: Ci sono persone che portano molto bene i vestiti. Altre no: potrei fare degli esempi, che non farò (sorride). In Maremma, un giorno cercavo di fare una forzatura. Uno mi guardò e mi disse: «Signorino, sarebbe come mettere la cravatta a un maiale». Il maiale con la cravatta sta male comunque. Io non riesco a comprarmi abiti già fatti perché ho delle misure sfalsate. Il sarto aiuta. Ma ci sono vestiti confezionati straordinari: quelli di Brioni, quelli di Zegna…

ROSSELLA: E di Belvest, di Campagna, di Loro Piana, di Corneliani, di Fay. Sono di grande classe e riconoscibili.

DELLA GHERARDESCA: Bisogna saperli portare.

ROSSELLA: Bisogna saperli portare: primo. Secondo: io ho un difetto alla spalla destra e faccio già fatica a trovare un sarto che me lo elimini. Se metto un abito confezionato mi si apre, quindi devo farli su misura. Ma, siccome costano moltissimo, non me ne sto facendo da tre anni. Vado avanti con quelli che ho, è la cosa migliore: li faccio invecchiare, poi li butterò e ne farò degli altri.

DELLA GHERARDESCA: Sarà difficile. La gente come noi non butta via nulla, questa è la fregatura.

ROSSELLA: Non butta via nulla. Dato che li faccio sempre uguali, da quando ero ragazzo, non butto via nulla. Ho trovato una giacca di tweed, che mi ero fatta confezionare quando avevo 24 anni, e l'ho rimessa.

DELLA GHERARDESCA: Io non me lo posso più permettere. Ho una giacca uguale alla sua, di là: se me la metto, sembra un bolero. Ma non l'ho buttata: la tengo. Non butto mai via nulla.

Qual è l'accessorio che curate di più: cinta, cravatta, gemelli, occhiali…?

DELLA GHERARDESCA: Gli occhiali non lo posso dire, perché mia figlia sostiene che quelli che ho sono del 1901. Curo le scarpe, che devono esser comode perché ho una calzata larga. «Signorino», mi hanno detto, «lei ha du' piedi che paiono du' cani da cuccia» (sorride). Gli americani e gli inglesi sono gli unici che fanno le calzate in lunghezza e in larghezza.

ROSSELLA: Io cammino molto: se ho delle scarpe scomode è un guaio. Metto sempre le Tod's, di Diego Della Valle: sono quasi pantofole per la loro comodità. O le scarpe inglesi; ma devo portarle molto perché si devono un po' ammorbidire. Ho sempre fatto molta fatica a calzare il mocassino classico, stretto, a punta. Poi bado alle camicie.

Cos'è supremamente inelegante?

DELLA GHERARDESCA: Voler apparire.

ROSSELLA: Farsi notare per quello che si ha e fare in modo che quello che si ha sia valutato anche economicamente. Sono il massimo dell'ineleganza certe cravatte, certi orologi, certe scarpe. La vistosità dell'abbigliamento è la cosa più inelegante. Oggi riguarda soprattutto le donne. Trovo assolutamente inelegante far vedere l'ombelico: mi fa rabbrividire. Capisco le baiadere: ho adorato le baiadere, le danzatrici del ventre, le *stripteasers*. Ho cercato di vedere tutti gli ombelichi possibili. Ma ho voluto vederli io, non mi sono stati imposti. Ho visto donne in chiesa, a Miami, con l'ombelico di fuori. Il Concilio ha fatto passi da gigante.

DELLA GHERARDESCA: È difficile rispondere diversamente. Sono dei postulati.

Che cos'altro avvilisce lo sguardo e offende l'udito?

DELLA GHERARDESCA: La volgarità. Il rumore. Che non ci sia più rispetto per niente e per nessuno. Mia sorella ha scritto un libro su questo argomento che ha avuto successo e viene chiamata dalle aziende a fare lezioni di Bon ton. Manca l'abc dell'educazione, come diceva Carlo Rossella. Quando andavo a scuola c'era l'Educazione civica; poi magari non te la facevano, ma la materia era prevista. Oggi esci di casa e trovi i sacchi dei rifiuti in mezzo alla strada, le macchine parcheggiate dove capita, le strade sporche, le scritte sui muri che per me sono un'offesa… Penso di andare a stare in Svizzera, perché amo le cose pulite. Mi ricordo la Milano del 1968: era di una tale civiltà, si capiva che c'era stata Maria Teresa d'Austria; come quando andavi nelle colonie inglesi e ti accorgevi che la struttura mentale era la loro. Adesso la città è un guazzabuglio, invivibile.

ROSSELLA: Questa società è distrutta dal rumore. Poi dai negozi. A Pavia, dove abito, sul Corso c'erano le botteghe artigiane, il calzolaio, il merciaio, il restauratore. Oggi ci sono jeanserie e locali con nomi addirittura sudamericani: Plata y Oro. Rumore, cattivo gusto, negozi molto cheap. A Milano abbiamo l'occupazione, vergognosa, dei commercianti della moda che invadono qualsiasi spazio: l'idea che il Saint Andrews (o il Baretto) sia stato acquistato per trasformarlo in un negozio di non so che cosa, vuol dire cancellare tutto quello che era il segno di una città borghese.

DELLA GHERARDESCA: Diventano dei grandi empori.

ROSSELLA: Il rumore è insopportabile: tutti che suonano, che ti rintronano con il televisore, che sentono l'autoradio a tutto volume...

DELLA GHERARDESCA: Queste macchine che pulsano: tun-tun-tun.

ROSSELLA: Non se ne può più: viviamo circondati dal cattivo gusto. Vincerà il cattivo gusto? Ha già vinto? Per me ha già vinto. La maleducazione ha già vinto. Siamo degli isolati: fra poco ci dovremo comprare...

DELLA GHERARDESCA: Una riserva indiana.

ROSSELLA: Si sta benissimo nella riserva indiana. Faremo il cimitero degli eleganti, dove ci ritroveremo.

DELLA GHERARDESCA: Non è male (sorride).

ROSSELLA: Preferisco stare nel cimitero degli eleganti, piuttosto che in mezzo al guazzabuglio.

Quali colori sono esclusi dal vostro guardaroba?

DELLA GHERARDESCA: Sono amante dei verdi austriaci, dei beige, dei marroni in campagna. In città mi vesto di colori scuri per mascherare le mie rotondità. C'è la famosa storiella: «Non hanno mai fatto un preservativo nero». «Come, non hanno mai fatto i preservativi neri?» «Perché il nero snellisce.» Mi piacciono molto le giacche di tweed. Ma ormai i vestiti pesanti non si possono più indossare: i riscaldamenti sono a palla, per cui devi andare sempre con delle grammature di mezzo. Ho dei tweed inglesi comprati in Scozia: sono stoffe che non distruggi neanche se le prendi a fucilate.

ROSSELLA: Donegal: tessuti irlandesi bellissimi. Li metti soltanto nelle case di campagna di quelle un po' decadute che risparmiano sul riscaldamento. Dico a mia moglie: «Mettiamoci il tweed, perché lì si soffre il freddo». Colori banditi? Certo non mi vestirei mai d'arancione, se non in un convento buddista: ammesso che fossi un monaco. Mi vesto sempre con gli stessi colori: in città blu, grigio; in campagna marrone sportivo.

Avete cancellato alcune parole dal vostro vocabolario?

DELLA GHERARDESCA: Non sono mai passivo: sono attivo. Non faccio delle scelte a priori. Se mi chiede chi mi sta antipatico, non lo so definire: chi mi sta antipatico l'ho cancellato. Uso il linguaggio normale che ho sempre usato. È come con i colori: non ho fatto esclusioni. Non mi appartiene il linguaggio giovanile degli anni Novanta, di quella brunetta che stava in televisione: come si chiamava?

ROSSELLA: Ambra.

DELLA GHERARDESCA: Ecco: l'ambrese non mi riguarda, perché non racchiude concetti, ma solo suoni: «Embè»…

ROSSELLA: «Aho»… «Ma che dice?»… «Che vo', quello?»…

DELLA GHERARDESCA: Che non è la parlata dell'oste romano, con quel bel vocione grosso e roco.

ROSSELLA: È il linguaggio piccolo-borghese della periferia: da bar, da discoteca; di gente che non sa parlare; un linguaggio completamente decontestualizzato, per usare una parola forte. Io credo che innanzitutto vadano eliminate le parolacce: il continuo intercalare che una volta era soltanto dei francesi. In Italia c'era la bestemmia, fastidiosa. Adesso il linguaggio comune è inframmezzato da parolacce. C'è una volgarità… In treno mi accade di ascoltare donne che telefonano e parlano un linguaggio da scaricatore di porto. Non uscirei mai con una donna che si esprime in quel modo, anche se fosse bella come Manuela Arcuri. Non ho il tempo di fare il pigmalione.

DELLA GHERARDESCA: La parolaccia, in bocca a qualcuno, detta ogni tanto, può suonare divertente. In un palazzo fiorentino, abitato dalla famiglia che lo deteneva da cinque secoli, prima della guerra ci fu un pranzo in onore non so di chi: arrivarono tutti in blu, le signore molto eleganti. A un certo punto entrò Giovanni, il cameriere, con un piatto di portata e sopra un'ombrina con un limone in bocca. Il padrone di casa disse: «O Giovanni». «Comandi, sor marchese», gli rispose il cameriere. «Ma di dove viene codesta ombrina?» «Da Viareggio, sor marchese.» «Ma non è mica che nel venire in qua avrà pestato una merda?» Gli voleva dire che puzzava (ride). In questo contesto la parolaccia merda... sì, non è certamente elegante... diventa una battuta divertente. Detta costantemente come intercalare è semplicemente una trivialità.

Nel mondo imprenditoriale chi eccelle per eleganza di comportamento, di linguaggio, di modi?

ROSSELLA: È facile rispondere l'avvocato Gianni Agnelli.

DELLA GHERARDESCA: Marco Tronchetti Provera.

ROSSELLA: Marco Tronchetti è una persona elegante.

DELLA GHERARDESCA: Marco se li fa fare, e so anche dove, ma potrebbe benissimo indossare vestiti già confezionati, perché è di una eleganza naturale.

ROSSELLA: Per comportamento, e per come dialoga, parla con le persone, Silvio Berlusconi. Lo conosco bene e devo dire che è una persona di grandissima eleganza, di grandissimo stile e di grandissima educazione. Un altro è Luca di Montezemolo. E un altro ancora Umberto...

DELLA GHERARDESCA: Agnelli?

ROSSELLA: Umberto Agnelli. A Firenze, in alcuni ambienti, ci sono molte persone super educate ed eleganti. Sono molto più numerose nella provincia italiana, che non nella nostra capitale: Torino, Venezia, Bologna, Palermo, le Marche dove vive il mio caro amico Diego Della Valle, elegante ed educato.

DELLA GHERARDESCA: Parma.

ROSSELLA: Parma. Potrei citare nomi infiniti di persone.

Fra i politici?

ROSSELLA: Gianni Letta è una persona di straordinaria gentilezza. Lo chiami, dopo cinque minuti ti richiama. Non c'è nessuno che possa dire: «Ho cercato Gianni Letta, non mi ha richiamato». E dobbiamo considerare i grandi impegni che ha. Fedele Confalonieri è un'altra persona di grande eleganza e di grande stile.

DELLA GHERARDESCA: Io con i politici ho avuto poco a che fare, anche se in tempi andati ne ho avuti parecchi ospiti in Maremma. Per rispettare la par condicio, ho trovato molto gentile, quando sono andato da lui a Palazzo Chigi, Massimo D'Alema. Non mi aspettavo che fosse un uomo di spirito, perché di lui politico si ha un'idea di una persona molto seriosa. Invece m'ha fatto morire dal ridere: Sarah gli diceva dei bambini, della Fondazione; allora D'Alema, girandosi verso di me, dopo un quarto d'ora che parlavamo, siamo stati lì un'ora e mezza, con il suo segretario che faceva dei gesti di sconforto, mi ha detto: «Senta, della Gherardesca, cambierei discorso, perché non vorrei che, lei per il suo passato storico io per quello politico, venissimo incolpati di averli mangiati un'altra volta». L'ho trovato spiritosissimo.

A chi, donna e uomo, in Italia e fuori, si può riconoscere il titolo di arbitro dell'eleganza?

ROSSELLA: Come uomo il duca di Edimburgo. È un modello di grande classe e di grande stile: il più elegante del mondo. Sul versante femminile, in Italia, donna Marella. Dico donna Marella per indicare un tipo di eleganza e di finezza cosmopolita, internazionale, che è uguale a Londra, a Parigi...

DELLA GHERARDESCA: Sicuramente ce ne sono tanti. Trovo sempre di un'eleganza impeccabile il padrone di Villa d'Este, Jean Marc Droulers, perché è innata. Per non parlare delle persone note: Agnelli, Tronchetti. Per le donne bisogna andare su un target più cosmopolita: le americane, quando non sono rifatte completamente, sono eleganti. A me piace molto lo stile Ralph Lauren. Ho un'amica che reputo elegante, anche se probabilmente non viene giudicata tale: è magra, sempre vestita con grandi blazers, camicie di lino aperte, pantaloni bianchi... tipo Ralph Lauren, appunto.

Chi è?

DELLA GHERARDESCA: Non glielo dico (sorride): susciterei un vespaio.

Nel vostro ambiente professionale chi si distingue?

ROSSELLA: Ha una grande educazione e un grande rigore nell'abito Giulio Anselmi, direttore del settimanale «L'Espresso»: un genovese di grande stile.

DELLA GHERARDESCA: Io misuro molto l'educazione dei potenti

dall'approccio che hanno con gli altri. Ferruccio de Bortoli, direttore del «Corriere della Sera», che non ha poco da fare, ti richiama entro tre ore. Mi stupisce. E mi imbarazza alla rovescia. Alcune volte non lo chiamo perché ho paura di disturbarlo.

ROSSELLA: I direttori dei giornali italiani, parlo di Marcello Sorgi, di de Bortoli, di Paolo Graldi, di Ezio Mauro, ti richiamano, sono persone gentili, non arroganti.

DELLA GHERARDESCA: Hanno un'umiltà straordinaria.

ROSSELLA: Anselmi ha una caratteristica in più: quell'aspetto genovese molto austero, che a me piace.

Dove portate una donna per corteggiarla?

ROSSELLA: Non corteggio donne. Sono rigorosamente monogamo. Ma, se le dovessi corteggiare, mai nei ristoranti con fotografi a carico.

DELLA GHERARDESCA: Stavo per rispondere: Dove non mi vede nessuno (sorride).

ROSSELLA: Appunto.

DELLA GHERARDESCA: In quei localini a occhi bassi, dove la gente entra guardando per terra.

ROSSELLA: Bisogna andare nei posti dove non ti vedono, anche per non finire su Dagospia il giorno dopo o su qualche giornale, compreso il mio.

DELLA GHERARDESCA: Sul suo spero avrà un minimo di controllo (ride).

ROSSELLA: Non sempre... Non sempre... Non corteggiare mai una donna in una discoteca. Meglio luoghi abbastanza silenziosi e tranquilli.

DELLA GHERARDESCA: A me piace andare in giro, viaggiare, ma non in Sud America: sul Lago di Como, a Varenna, per pranzare, passando prima a visitare alcune ville per vedere la reazione di chi è con me; in un museo; in una piazza di Vigevano.

ROSSELLA: Il museo è molto importante.

DELLA GHERARDESCA: Denota immediatamente le caratteristiche della persona che ti accompagna.

Che cosa pensate di chi, al ristorante, in compagnia di una signora, tratta confidenzialmente il maître o addirittura i camerieri?

ROSSELLA: Lo fanno quelli che credono che, essere amici del maître, faccia pensare che sono uomini di potere. M'hanno raccontato che un personaggio molto famoso, di cui non faccio il nome, chiama immediatamente il maître per presentarlo alla donna che sta con lui. Trovo che sia inelegante. Bisogna tenere sempre un *understatement*, sia in Italia sia all'estero.

DELLA GHERARDESCA: Un giorno dissero a mia moglie: «Non sapevamo che Gaddo avesse un ristorante a Milano». «Un ristorante? Non ce l'ha». «Ma non è sua La Torre di Pisa?» Io vado a mangiare sempre negli stessi posti, da tempo immemorabile, dove mi sono simpatici i padroni, i camerieri, coi quali mi accade di avere degli ottimi rapporti perché sono molto gioviale e mi diverte parlare. Ma sicuramente non userei mai la confidenza cretina per far vedere che sono conosciuto.

ROSSELLA: Quello di dare del tu, e di farsi dare del tu, è molto cheap. A Roma accade.

DELLA GHERARDESCA: Spessissimo. Poi vai nei negozi: «Aho, che te serve?».

Il telefonino posato sul tavolo è un segno di maleducazione, di scortesia?

ROSELLA: Se è una colazione di lavoro, lo tieni in tasca. Dipende.

DELLA GHERARDESCA: Dipende dall'attività che uno svolge.

ROSSELLA: Io devo avere sempre con me il cellulare, ma mi scuso con il mio interlocutore: «Sono in chiusura di giornale». Puoi ricevere una telefonata, due. Vedo a Roma, nei ristoranti, alcune coppie e ognuno sta col suo telefonino. Lì c'è qualcosa... il dottor Sigmund Freud dovrebbe intervenire profondamente.

C'è un'azione, un gesto, una parola di cui vi siete vergognati, perché contrari all'idea che avete delle buone maniere?

DELLA GHERARDESCA: Quando non mi ricordo il nome delle persone e lo sbaglio. So che dovrei mantenermi sempre sulle generali: «Buona sera». «Come va?» Per essere gentile, dico: «Giovanna, buonasera», e si chiama Alessandra. Me ne accorgo nel momento in cui comincio a pronunciare il nome. E mi vergogno: può far pensare che non l'ho in considerazione, sennò mi ricorderei come si chiama.

ROSSELLA: Quando non riconosco qualcuno che mi riconosce e devo decidere se fingere di riconoscerlo o no. Se fingi, ti chiede delle cose precise e precipiti. È meglio dire: «Non ti riconosco. Chi sei?».

DELLA GHERARDESCA: M'è capitato un fatterello curioso da Oscar all'Ardenza, famoso ristorante di Livorno. Ero con Giulio Corti, un amico col quale studiavo all'Accademia Navale. Entra un signore americano che si siede al tavolo da solo. Dico a Giulio: «Deve essere amico di mio padre. Mettiti così, in modo che non mi veda». Poi mi accorgo che quello mi faceva dei sorrisi: sono andato al suo tavolo, mi sono seduto, abbiamo cominciato una conversazione e c'erano dei punti in comune. A un certo punto gli ho domandato: «Quando torni a Firenze?». «Firenze? Non vado a Firenze. Non ci sono mai stato.» E lì mi sono reso conto, ma dopo 20 minuti, che era un'altra persona. Mi sarei sotterrato.

Che cosa vi imbarazza e vi infastidisce fino all'irritazione in un interlocutore?

ROSSELLA: La presunzione. L'uomo presuntuoso per il proprio potere. Una donna presuntuosa per la propria bellezza.

DELLA GHERARDESCA: Le donne che, si diceva una volta, credono di avercela soltanto loro.

ROSSELLA: I «Lui» e i «Lei» con la elle maiuscola mi creano dei problemi, soprattutto in mezzo ai gruppi. Preferisco evitarli.

Agli amici si possono perdonare anche le cattive maniere?

DELLA GHERARDESCA: Ne ho qualcuno che non sta a tavola come piacerebbe a me. Lo sopporto con fatica, perché gli voglio bene: mi dispiace dispiacergli e non gli dico nulla. Ma ne soffro: non soltanto perché la loro gestualità è offensiva, ma perché in qualche altra occasione dimostrano d'essere cretini. Se in una casa entra una signora, cinque ospiti si alzano in piedi e tu resti seduto, la terza volta ti chiederai: «Perché si alzano?». Invece niente. O quelli che mangiano sdraiati sul tavolo; che fanno il risucchio col cucchiaio; che mettono in bocca il coltello. Quanti ce ne sono: manager anche importanti.

ROSSELLA: C'è chi, mentre stai mangiando, ti viene sul piatto e assaggia i cibi: una mania. Lo fanno molto le donne: mi dà un fastidio pazzesco, è urticante. Saper stare a tavola è fondamentale. Non dico di tenere sempre il braccio sinistro sotto il tavolo, ma esistono delle regole: dovrebbero essere insegnate alle elementari, come si faceva una volta. All'asilo ti insegnavano a stare a tavola. Ho ricordi di persone, non dell'aristocrazia, che stavano a tavola benissimo negli anni Cinquanta, perché nelle case i camerieri avevano imparato dai padroni e lo trasmettevano ai figli.

I soldi sono indispensabili per vivere bene o si può vivere bene anche senza avere grosse disponibilità?

ROSSELLA: Una volta c'era una rubrica sul quotidiano «La Stampa» intitolata «Saper spendere».

DELLA GHERARDESCA: Dipende dalle aspettative. Io conosco persone che, pur avendo redditi bassi, hanno una qualità della vita alta.

ROSSELLA: È vero: dipende dalle aspettative. Se la società te ne crea tutta una serie, devi essere in grado di discernere tra le cose utili e le cose inutili. Oggi in buona percentuale sono inutili. Allora bisogna anche educare la gente a vivere secondo le proprie possibilità. Evidentemente si spera sempre di migliorare: l'ambizione è legittima. Ma «chi si accontenta, gode», dicevano una volta i contadini.

Dopo l'attacco terroristico alle Torri gemelle di New York e al Pentagono, le migliaia di morti, le minacce chimiche e batteriologiche, come cambiano i salotti italiani? Meno gossip e più riflessione?

ROSSELLA: Non ho più voglia di andarci. Mi sono molto chiuso. Sto molto per i fatti miei. Penso alle cose terribili che sono accadute. Il crollo fra le fiamme delle Twin Towers mi ha cambiato molto dentro: ha cancellato una parte di me, anche divertente. Ha eliminato il mio software. Mi sono concentrato sul mio hardware. Negli ultimi due o tre anni alcuni interessi li ho trascurati, e invece vanno approfonditi. Avevo abbandonato i miei studi di politica internazionale, di cui mi ero occupato, e sto facendo dei corsi di recupero con me stesso. L'effimero mi piace meno: ho capito che conta la sostanza, e quindi ho deciso che cambierà molto anche della mia vita. La tragedia dell'11 settembre toccherà tutte le persone responsabili: non ha sfiorato quelle che hanno fatto giocare la partita Roma-Real Madrid lo stesso giorno. Dopo il balletto dei palestinesi nei campi, che celebravano il trionfo di Osama Bin Laden, è stata una cosa assolutamente scandalosa. Sono le storie italiane. Un mio amico americano, arrivato quella sera a Fiumicino, mi ha chiesto: «Ma dove siamo, in un Paese del settimo mondo?».

DELLA GHERARDESCA: Per scelta personale, ma anche per mentalità, e obblighi, la mia vita è sempre stata una vita di contenuti. Non ho mai inseguito l'effimero. Mi sono dedicato negli ultimi anni al restauro della Maremma; a perpetuare i valori morali, storici; a valorizzare i prodotti italiani; ho fatto una Fondazione; ho combattuto contro l'autostrada in Maremma, non perché sono contro il modernismo: sono contro lo spreco, il superfluo, tutto quello che non si sedimenta e non costruisce alcuna base duratura. L'attacco terroristico a New York e a Washington mi ha confermato che lo stile di vita che ho assunto non deve cambiare. Ho creduto nell'amicizia, nel lavoro, nei rapporti umani. E nelle mura: non ho mai investito in Borsa; ho investito nelle cose consistenti. Consistenza vuol dire appartenenza: l'ho avuta per cromosomi, non ho fatto un grande sforzo. L'ho valorizzata, creandomi delle sicurezze morali e psicologiche che, pur nella preoccupazione dei momenti difficili che stiamo vivendo, mi permettono di guardare con determinazione e fiducia al futuro.

novembre 2001

Enzo Biagi – Maurizio Costanzo
Italiani, non fidatevi troppo della televisione

Il Maurizio Costanzo Show (Canale 5) compie 20 anni. Il fatto (Raiuno) ne compie otto. Due appuntamenti quotidiani, con i telespettatori, di costante, grande successo. I due compleanni, pur così diversi, sono un'occasione per parlare con i due autori e conduttori, Maurizio Costanzo ed Enzo Biagi, delle virtù e degli inguaribili vizi degli italiani; dei cambiamenti e delle trasformazioni, nel bene e nel male, che hanno segnato il costume di questo Paese; dell'informazione in tempo di guerra. E di altre piccole cose.

Biagi è nato a Pianaccio, una frazione di Lizzano in Belvedere, sull'Appennino tosco-emiliano, sotto il Corno alle Scale, ha 81 anni, è giornalista e scrittore. Ha fondato il settimanale «Cronache» e il quotidiano «Cronache sera». Ha diretto «Epoca», il «Tg1», «il Resto del Carlino». Ha pubblicato una cinquantina di libri e realizzato una quindicina di programmi televisivi. È editorialista del «Corriere della Sera», scrive per «Sette», «Oggi», «sorrisi e canzoni TV».
Costanzo è nato a Roma, ha 63 anni, è giornalista e scrittore. Ha diretto «La Domenica del Corriere», «L'Occhio», Contatto, il primo Telegiornale privato che ha fondato per la rete della Rizzoli. Ha collaborato con il «Corriere della Sera», «Il Mattino», «La Stampa», «Epoca». Scrive per «Il Messaggero» e per «Gente». È stato direttore di Canale 5; è presidente di Mediatrade (società del Gruppo Mediaset che si occupa di fiction tv); con Alessandro Benetton ha costituito la Società Maurizio Costanzo Comunicazione, presente su internet, che cura l'immagine di alcune aziende. Dirige il Festival Città Spettacolo di Benevento. È direttore artistico del teatro Parioli. Ha pubblicato 14 libri, ha scritto (e rappresentato) 12 commedie, quattro film, due serie televisive (con Pupi Avati). Ha la cattedra di

Teoria e tecnica del linguaggio radiotelevisivo presso il dipartimento di Scienze della Comunicazione della Facoltà di Sociologia nell'Università La Sapienza.
L'incontro avviene a Milano, alle 10 di un giovedì di ottobre inoltrato, nella «bottega» (così la chiama) di Biagi, al primo piano della libreria Rizzoli, in Galleria.

Come nasce il Maurizio Costanzo Show? *Avevi visto qualcosa del genere, negli Stati Uniti?*

COSTANZO: No. Nasce in studio perché lo raccontai a Mario Formenton e a Carlo Gregoretti che vollero provare, sulla Rete 4 Mondadori, a fare questa trasmissione. Lo Show passò in teatro per la volontà di Pietro Garinei che, per quattro mesi, mi ha ripetuto: «Fallo in teatro». Io gli rispondevo: «Ho paura». «Fallo in teatro: ti do il Sistina». Alla fine ho ceduto. Non dimenticherò mai l'apertura del sipario del Sistina, dove avevo lavorato come autore per una commedia musicale di Gino Bramieri: vedere un pubblico di 1400 persone è stata una delle emozioni professionali più forti della mia vita. Pietro lo sa.

Immaginavi che sarebbe durato tanto a lungo?

COSTANZO: Sono un fondista, non un centometrista: parto sempre lento. Comunque non lo pensavo. Ma noi abbiamo gli esami tutti i giorni. No, non lo pensavo. Naturalmente mi fa piacere.

(A Biagi): Tu che impressione ne hai avuto, all'inizio? Ti sembrava una formula indovinata o avevi qualche dubbio?

BIAGI: Non guardo la televisione con lo spirito di chi deve giudicare. Diceva Elio Vittorini, che ho conosciuto: un libro buono lo possono scrivere in molti; il problema è scrivere il secondo, il terzo, il quarto. Tutti possono fare un programma che ha successo una sera: tenere botta è un altro discorso. Ci vuole un'attenzione alla vita, perché tante cose cambiano, altre finiscono: se non partecipi, sei fuori. I giornalisti molto spesso invece che testimoni si sentono protagonisti: è un errore. E poi devi avere sempre presente il senso della precarietà di questo mestiere. La nostra popolarità è così aleatoria. La possibile grandezza è legata alla gente che ti riconosce in quel momento come un testimone che può anche sbagliare, ma in buona fede.

COSTANZO: Biagi ha detto una cosa che a me piace molto: il senso della precarietà. E poi ha detto: tenere botta. Andare avanti vuol dire conservare la curiosità. Quando chi fa il nostro mestiere non ne ha più, è opportuno che smetta.

BIAGI: Io poi sono una persona talmente limitata, per cui identifico gran parte della mia vita nel mio lavoro. Per altri, questa che dovrebbe essere una virtù, diventa un enorme difetto: perché vedi la vita soprattutto come racconto e ti rimane poco tempo per viverla.

COSTANZO: Biagi, pensi quando noi due toglieremo il disturbo: quanta gente sgomiterà, sperando...

BIAGI: Sbaglierà (sorride), perché non è che se non c'è Costanzo, se non c'è Biagi... Io credo che ci sia posto per tutti, no? Più o meno. Le occasioni oggi sono maggiori.

COSTANZO: I geni incompresi non esistono.

BIAGI: C'è la carta stampata. C'è la radio. C'è la televisione.

COSTANZO: Internet.

BIAGI: Tante opportunità che alla mia generazione sono mancate. L'ambizione dei miei tempi era di diventare una firma. Adesso è più facile diventare una faccia. Vi ricordate quando una ragazza prendeva delle buste stracciate da Mike Bongiorno?

COSTANZO: Edy Campagnoli.

BIAGI: Dopo 20 giorni andava a inaugurare le mostre d'arte. La televisione è un mezzo corruttore: se non l'adoperi con un po' di dubbi, direi con pudore, ti travolge. Quando qualcuno viene riconosciuto al bar: «Dottore, lei sì che gliele ha dette», si inebria. Dovrebbe restare con i piedi per terra. Quante volte accade che mi dicano: «Buongiorno, dottor Levi»; rispondo: «Mi saluti Biagi», e finisce lì. La vita è così.

COSTANZO: Abbiamo detto: la curiosità, la precarietà. Voglio aggiungere che trovo grave, oggi, la mancanza di umiltà. Sono convinto, e lo ripeto a quelli che cominciano nelle mie redazioni televisive: «Ragazzi, mi raccomando: umiltà. Solo l'umiltà vi permette di fare questo lavoro a lungo». Se andiamo indietro nel tempo, di quanti presuntuosi non abbiamo più memoria, non dico della faccia, ma nemmeno del nome? Mi ricordo un collega della televisione che scioperò, e io gli dissi: «Non lo fare». Il telespettatore la sera torna a casa, chiede: «C'è Costanzo?». «No, non c'è.» «Che c'è?» «Un film.» «Vediamoci il film.» Non dobbiamo mai pensare che qualcuno modifichi minimamente le proprie abitudini di vita in ragione di… Noi passiamo: siamo lì finché riusciamo a mantenere un patto col pubblico. Il giorno che non ci sei, nessuno scenderà in piazza. Il potere non è stare davanti alla telecamera: il potere ce l'ha chi fa accendere la telecamera su di te. Se quel signore che autorizza: «Premete il bottone su Costanzo», dice: «Non lo premete», non posso andare per citofoni: «Stasera avrei voluto dire questo». Allora: umiltà.

BIAGI: Quel signore che ha in mano quella macchinetta, per cui non deve neanche più alzarsi come nei primi tempi e andare ad armeggiare attorno al televisore, ti ammazza quando vuole.

Nelle vostre redazioni riscontrate l'umiltà? O prevale la presunzione?

COSTANZO: Dipende. Ne riscontro di più nelle redazioni televisive che in quelle dei giornali.

BIAGI: Che in quelle dei giornali, sono d'accordo, dove vedo certi personaggi (sorride) che si sentono arbitri del destino del mondo. I grandi giornalisti che la nostra generazione ha conosciuto non si sentivano arbitri di niente.

COSTANZO: Sono prigionieri del sogno di un potere che non hanno.

BIAGI: Sono stato molto amico di Enrico Emanuelli: era un grandissimo giornalista e galantuomo. Chi lo ricorda? E chi ricorda Paolo Monelli, Guido Piovene?…

COSTANZO: *Viaggio in Italia* di Piovene, diventato libro dopo una trasmissione radiofonica, andrebbe studiato nelle scuole di giornalismo radio-televisive perché racconta un Paese, ok di allora, che, penso, dobbiamo riscoprire. Oggi, in un momento psicologicamente complicato, sono dell'idea che bisogna lavorare sul territorio.

BIAGI: Sottoscrivo in pieno. Bisognerebbe raccontare l'Italia di cui non sappiamo quasi più niente. Quando Piovene fece quel viaggio, uscì una recensione terribile, su «Il Mondo» mi pare, diceva: «È un Paese senza dolore». Era quell'Italia.

COSTANZO: Biagi mi suggerisce un altro ricordo. Ho avuto la fortuna di conoscere Indro Montanelli quando avevo 14 anni: gli mandai una lettera, come oggi si manda a una calciatore; lui mi telefonò; io marinai la scuola e l'andai a trovare. Conobbi anche Vittorio G. Rossi…

BIAGI: *Tropici, Oceano…*

COSTANZO: *Sabbia...* E l'ho seguito fino alla morte, nel 1978. Ho imparato a conoscere l'Afghanistan dai suoi reportage. Un giorno gli domandai: «Arrivando in un posto...?». «Bisogna prendere un taxi e farsi portare al mercato, perché bisogna guardare la gente normale.» Mi chiedo: questa lezione da vecchio cronista chi la insegna più? Chi leggerà queste parole dirà: «Va beh, ormai...».

Riflessioni di nostalgici, di passatisti...

COSTANZO: Io sono felice di aver fatto la scuola dell'obbligo della Terza pagina del «Corriere della Sera» grazie a uno zio, marito della sorella di mio padre. Accortosi che volevo fare il giornalista, mi metteva da parte quelle pagine, avevo 11-12-13 anni, e il sabato me le dava. Lì ho scoperto Montanelli, Emanuelli, Rossi, Virgilio Lilli, e ho capito la loro grandezza. Alcune volte ho il sospetto che i giovani non abbiano fatto la scuola dell'obbligo. Il povero Vittorio Gassman mi diceva: «Sai, tanti attori di oggi non hanno fatto la scuola dell'obbligo». Non avrò combinato nulla nella mia vita, per carità, ma me le ricordo quelle mazzette di Terze pagine del «Corriere» con l'elzeviro di Pastonchi. Chi era Francesco Pastonchi? Il primo che mi risponde riceve un premio. Provo emozione solo a ricordarlo.

Quanto sono cambiati, in quest'ultimo ventennio, i costumi amorosi, civili, erotici, sessuali, degli italiani?

BIAGI: Oggi sarebbe impossibile pubblicare l'epistolario di due innamorati: sono inesistenti. C'è il telefono, comunicano in altro modo.

COSTANZO: Con gli Sms: i messaggini trasmessi col cellulare.

BIAGI: Io non saprei neanche usarlo. E poi è cambiato... Il «Corriere della Sera» era pieno di inserzioni del tipo: «Illibata sposerebbe statale anche con lieve difetto fisico». Adesso leggi: «Senza portiere...», «24 ore su 24...», «Ferrarese ardente...», «Vieni e conoscerai...». Allora mi chiedo perfino qual è la moralità dei giornali. Un tempo chi esercitava questa funzione, il servo di piazza delle commedie di Carlo Goldoni, era un po' ruffiano, no?

COSTANZO: Come sono cambiati i costumi... A parte che mi diverte il «lieve difetto fisico», perché mi chiedo quale potesse essere il limite dell'imperfezione accettabile... Sono cambiati tanto. Nel 1979, facevo *Acquario,* ho intervistato un giudice, si chiamava Vincenzo Salmeri, il quale passava la vita a misurare col centimetro...

BIAGI: A Palermo.

COSTANZO: A Palermo. Misurava la lunghezza delle gonne. Oggi, poverino, si rivolterà nella tomba. Il problema è il limite. È ovvio che il mondo cambia, figuriamoci. In questo momento brutto che stiamo attraversando, ricordando mia madre che diceva: «Chi può dire che sia un male?», dico: Chi può dire che sia un male esserci levati dalle palle il mondo della Costa Smeralda, gli orpelli scemi, la vita stupida, giocata in maniera esagerata? Proviamo a dare una priorità alle cose: forse ci fa bene, no?, riacquistiamo una linea. Sicuramente sono cambiati i rapporti uomo-donna; sicuramente la donna ha, giustamente, un ruolo diverso nei rapporti interpersonali; sicuramente i ragazzi... I miei figli sono grandi, ma all'Università vedo i ventenni: assomigliano un po' alle generazioni precedenti: sono più attenti, più sentimentali, purtroppo un po' più malinconici. Un dovere dovrebbe essere di ridare loro la voglia dell'entusiasmo e anche di un eccesso di ideale. Certamente il costume è cambiato. Ma non dico che si stava meglio prima: bisogna vivere il proprio tempo e combattere le cose stupide. Per esempio: odio i gossip, ma non posso fare a meno (sorride) di sfogliare i giornali che li pubblicano. Non è, ripeto, che prima si stesse tanto meglio: quell'Italia esageratamente finto-perbene non è da rimpiangere. Era un'Italia molto ipocrita. Adesso ci sono altri tipi di ipocrisie.

BIAGI: Un signore insospettabile, Giorgio Amendola, diceva: «Gli italiani non sono mai stati tanto bene come adesso». Ed è la verità. Chi ha il ricordo dell'infanzia in una famiglia operaia lo può confermare. Il vitello era un'occasione così inconsueta, straordinaria, e la bistecca così sottile, quando arrivava in tavola, che gliela potevano cavare da vivo perché non se ne sarebbe nemmeno accorto. Oggi gli italiani stanno meglio per tutte le cose di cui dispongono.

Quali sono state le trasformazioni positive?

COSTANZO: Il mutato rapporto uomo-donna lo trovo molto importante. Le donne hanno pagato un conto durissimo per anni: per mancanza di soldi hanno sopportato angherie, tradimenti...

Poi, come sempre, le rivoluzioni esagerano. E c'è una generazione che, dopo il femminismo, non si è più ripresa: li ho visti, nei bar di periferia, quarantenni con la coda di cavallo, le giacche amaranto, non sapere più chi fossero. Sono le vittime di un certo tipo di rivoluzione dei costumi. A me sembra che il rapporto uomo-donna sia più paritario e che sia perdente l'uomo: il quale, anziché immaginare di recuperare attraverso vecchi sistemi, forse deve inventarsi qualcosa di nuovo.

BIAGI: Credo che la donna abbia raggiunto la tanta auspicata parità, ma non mi pare che per lei sia sempre un vantaggio: anzi, secondo me, la sua vita è doppiamente più faticosa di quella dell'uomo, perché quando ha finito il lavoro fuori casa comincia il lavoro dentro casa, dove spesso trova un marito nevrotico, deve accudire i figli che tornano da scuola... Sono cambiate le abitudini alimentari: questo era un Paese nel quale le nonne facevano il soffritto, no? Nell'Est europeo dicevano, negli anni terribili: «Beati i bambini che hanno una nonna», perché voleva dire un'assistenza, delle premure. I ragazzi di oggi li abbiamo riempiti di vitamine, vanno all'estero, conoscono le lingue, hanno a disposizione tanti strumenti che noi non ci sognavamo nemmeno. Forse manca loro un po' di speranza. Non ci siamo preoccupati del domani: «Cosa sarà domani?». «Impara anche a stare solo.» Dicevano di Montanelli che andava in mezzo agli altri per sentirsi anche più solo.

Lo diceva Leo Longanesi.

BIAGI: Lo diceva Longanesi. Dei nostri ragazzi che cosa sappiamo? Che cosa si aspettano? Che modelli hanno? Che vita avranno? Noi siamo cresciuti anche con delle retoriche: Muzio Scevola, Pietro Micca, Enrico Toti. E perfino col varietà, che ci divertiva. Doppio programma: film e varietà. A loro mancano.

COSTANZO: Siamo cresciuti con dei maestri e dei referenti: questo da anni è scomparso. Flaiano mi parlava di Vincenzo Cardarelli come si parla di una maestro. Io li ho avuti. Uno è anche presente.

BIAGI: No (si schermisce, sorridendo). No.

COSTANZO: Ho accettato di fare il professore a contratto alla Sapienza per non perdere un rapporto con i ragazzi di 20 anni. Sono malinconici, privi di entusiasmo: perché, come diceva Biagi, non hanno speranza. Io non sono contro internet, tranne quando è commercio di pedofilia. Ma se stai ore davanti a quello schermo, forse aumenti l'estraneità all'interno della tua casa e con gli altri. Non sento più scoppi di risate. Chi sono i referenti? Questo è un problema serio. E abbiamo sbagliato tutti a non porci la domanda.

BIAGI: Credo che la televisione abbia fatto per l'Unità d'Italia più di Giuseppe Garibaldi: adesso parliamo, più o meno, nello stesso modo. In un paese, in un villaggio, si vestono come in città: sarà diversa la qualità del tessuto. Una certa mediocrità diffusa è dovuta anche al fatto che noi avevamo cinema, varietà. E libri. Le edizioni Barion costavano quattro lire, pubblicavano *Guerra e pace* di Lev Tolstoj tradotto dalla baronessa d'Andria, e la sera, se ero solo, potevo prendere un libro, che era lì, e parlare con uno che era vissuto un secolo prima e aveva detto delle cose che sono vere anche oggi. Questa risorsa è stata sostituita con la televisione, che è un'altra cosa, perché nel libro torni indietro, anche i margini bianchi hanno un significato. D'altra parte Mao Tsetung, di cui si potevano condividere alcune affermazioni, altre no, ha detto una cosa sicuramente vera: «Ogni pesce nuota nell'acqua in cui si trova». Noi per fermare una ragazza dicevamo: «Signorina, permette che l'accompagni?». È un linguaggio che nel nostro tempo diventa di una comicità irrefrenabile.

COSTANZO: Perché oggi i ragazzi hanno rapporti sentimental-sessuali tranquilli? Perché ne hanno la possibilità. Io ho passato ore e ore, in talk-show non ripresi nel bar sotto casa, a favoleggiare, a 16 anni, a 17, di donne, di possibilità di incontri. Ricorderò sempre una slava che, forse, verso le 11 di sera si metteva in sottoveste. Per questo evento bisognava aspettare due-tre ore. E, lo dico per la prima volta, le ho aspettate.

BIAGI: A Bologna c'era una signora di facili costumi. Nei mesi invernali andava in giro con uno scaldino e, avvicinando i giovinastri della mia generazione, diceva: «Manina calda», onde garantire un servizio non disagevole.

COSTANZO: Tutti i comfort (ride). «Manina calda»: non l'avevo mai sentita.

(A Costanzo): Quali meriti attribuisci al tuo Show, sul versante civile e sociale? Di quali battaglie, vinte o no, sei più orgoglioso?

119

Costanzo: Provo a dirle. La prima che facemmo, tantissimi anni fa, dal Sistina, fu quella per il casco obbligatorio. Poi ci sono voluti 20 anni perché lo diventasse. Sicuramente le trasmissioni sull'Aids per farlo conoscere, perché il problema era quello. Certamente le campagne per alzare l'attenzione sulla mafia e sulla criminalità organizzata. Ne sono orgoglioso. Poi abbiamo fatto anche delle puttanate: sono nati personaggi anche negativi. Chi va per mare imbarca acqua.

(A Biagi): Tu quali benemerenze gli riconosci?

Biagi: Che a una certa ora della sera c'è questo appuntamento per lo spettatore e con la vita, dove tanta gente, di idee diverse, può dire la sua, che puoi condividere o non condividere. È un modo non dico di recitare la preghiera della sera, ma di fare un bilancio di quello che è accaduto. Perché la gente vuole tanta informazione? E ne vorrebbe di più. Intanto perché stiamo vivendo tempi non proprio sereni. Dice la *Bibbia*: Beato l'uomo perché non conosce la sua sorte. La chiacchierata che stiamo facendo potrebbe diventare una prova di fatuità, perché non sappiamo che cosa sta accadendo fuori a un treno, in un ospedale, a dei bambini. Questo è l'aspetto drammatico della nostra vita.

Costanzo: Il talk-show ha sostituito il bar, l'aia, dove le persone passavano il tempo a parlare. Da bambino ascoltavo la radio: la televisione è arrivata molto dopo. Non cerchiamo di dare ai talk-show delle importanze definitive. Mi ricordo, proprio in quelle serate estive romane al bar, uno che stava sempre zitto. Una volta qualcuno ha raccontato che un santo era morto facendo l'amore. È stata l'unica sera che l'ho sentito chiedere: «Chi è il santo? Come mai è morto facendo l'amore?». Questo è il talk-show: non pensiamo di cambiare il mondo.

(A Biagi): E quali meriti ti riconosci con Il fatto, *che ha compiuto otto anni e viaggia con il vento in poppa?*

Biagi: Onestamente non ve lo so dire. Non ci ho mai pensato. Sono un vecchio cronista. Non essendo uno storico, un sociologo, un politologo, non essendo niente, assomiglio a quello che nelle compagnie di prosa di un tempo chiamavano «generico-utilité» e diceva: «La signora è servita».

Costanzo: No. Dico una piccola cosa, che la mia redazione sa: io continuo a dire che il giorno in cui smetterò il *Costanzo Show*, miro a un programma come *Il fatto*. Perché ha la grande abilità di prendere il cuore del carciofo, cioè estrapola quel tema, quell'argomento, non si propone brevi cenni sull'Universo, e gli va dentro: con la capacità di sintesi che è propria di Biagi. *Il fatto* non fa campagne: mette la lente di ingrandimento su un avvenimento o una persona. Mica è poco, eh. Ripeto sempre: se quando spegni la luce ti sei portato via dalla televisione un'emozione, una notizia, un'impressione, va bene.

BIAGI: Sì. Ma bisogna darsi, credo, dei traguardi. Far compagnia a un uomo solo e fargli passare mezz'ora; aiutare un ragazzo a scoprire una vocazione... Sono altre le istituzioni che debbono occuparsi dei massimi sistemi: la Chiesa, la cultura... Secondo me poi la cultura sono anche i contadini che conoscono le stagioni, che dal volo degli uccelli ti dicono: «Pioverà».

COSTANZO: In 20 anni, più i cinque di Rai (a ottobre ho fatto 25 anni di televisione, avendo cominciato con *Bontà loro*), ho ricevuto alcune lettere nelle quali mi scrivono che gli ho dato una mano a venir fuori dalla depressione, da una malinconia... Ripeto: non dobbiamo pensare di cambiare i destini del mondo. Invece, purtroppo, tanti lo pensano: non è vero, non li cambiamo. Meglio così.

BIAGI: Ci dedichiamo ai contemporanei.

Vi rimproverate qualcosa? (A Costanzo): Hai frugato negli aspetti più pruriginosi, per fare ascolto?

COSTANZO: Sicuramente sì. Dico anche che da qualche anno ho completamente smesso qualsiasi speculazione e ho molto apprezzato gli americani che, in occasione delle Due Torri, non hanno mostrato nemmeno un dito di quella carneficina, e mi sono chiesto cosa mai avremmo fatto in Italia dove una macchia di sangue nella scuola Diaz di Genova è stata riprodotta in mille modi. Gli americani ci hanno dato una grande lezione. Sei-sette anni fa avevo preso una strada che in seguito ho capito sbagliata: con la scusa che la televisione aiutava qualcuno, il *Costanzo Show* era diventato un po' una corsia d'ospedale.

BIAGI: Beh, in tanti anni (sorride): apparteniamo al genere umano.

COSTANZO: Sicuramente ho fatto molti errori. Ma la cosa di cui sono contento è che ogni giorno, quando registro, continuo ad avere un po' di emozione. Allora dico: finché c'è questo turbamento, sono salvo; non mi accorgo degli anni. È una meraviglia.

BIAGI: Io sono a disagio: essendo goffo, la mia preoccupazione è che non risulti totalmente il mio smarrimento (sorride). Poi penso a quanti errori si fanno. A un Giro d'Italia, Fausto Coppi piantò Gino Bartali e scrissi che la fine della carriera aveva raggiunto il toscanaccio alle 16 e 27, non mi ricordo se sul Falzarego o sul Pordoi. Dopo un mese Bartali vince il Giro di Francia. È stata una coglionata, nel suo genere, abbastanza clamorosa. Mi concedo l'attenuante di non aver capito. Quando sono stato fesso, non lo sono stato mai per conto terzi: ero fesso io. Vedi invece della gente...

A proposito di informazione, l'11 settembre quanto ha cambiato l'impaginazione nei giornali e i palinsesti in televisione? Si è anche riproposto un interrogativo: i microfoni vanno dati anche al nemico?

COSTANZO: Tutto ciò che puzza di censura mi dà sempre noia. Sono contrario all'eccesso di reiterazione dei messaggi di Osama Bin Laden. Ma mi sentirei profondamente in imbarazzo se qualcuno mi dicesse: «Tu non li mandi in onda». Io li mando in onda, anche perché il primo era mediaticamente molto astuto: allora, il nemico lo voglio conoscere fino in fondo. Nei giornali i titoli sono aumentati di carattere. In televisione lamento che si sia ecceduto in ansietà. Chi sta davanti alla telecamera ha un dovere: non trasferire più di tanto le proprie inquietudini a chi sta a casa; anche perché nessuno di noi ha gli strumenti per sapere e per capire. Mi pare che talvolta si esageri, per un punto di audience in più, nell'esagerare pericoli e timori. La gente ha già tanta paura di suo. Per il resto, i palinsesti purtroppo sono rimasti gli stessi. Dico da un po' di tempo: facciamo informazione e *Pretty Woman*, che è il sogno compiuto. Durante la Seconda guerra mondiale, ero ragazzino a Roma, c'erano i bombardamenti, e gli avanspettacoli che citava Biagi facevano il pieno. È l'unica difesa possibile. L'8 settembre la gente faceva l'amore, litigava, si lasciava...

BIAGI: I messaggi vanno dati. Durante l'ultimo conflitto mondiale, in Italia intimavano: «Taci, il nemico ti ascolta», quando avrebbero potuto anche parlare perché cose da dire non ne avevano. La situazione è grave, ma non è seria, diceva Flaiano. E continua così. Nessuna rete televisiva ha raccontato come è cambiata New York dopo l'attacco alle Due Torri. Sono cresciuti i prezzi? Qual è l'umore degli americani? Vanno meno a teatro? I comici come si comportano? Son venute fuori delle battute? Non sappiamo niente. Sul teleschermo vedi il giornalista che racconta, non vedi mai i fatti. Non so perché, poi, tutti gli inviati sono delle ragazze: non ho niente contro le ragazze, per l'amor di Dio, ma mostrano se stesse e non so niente di New York né dell'Afghanistan. Sono più brave ad affrontare il rischio? Muoiono di meno? La televisione è una faccia, dietro una faccia c'è la vi-ta. Non-la-ve-di-mai. Cos'è oggi New York non lo sai, perché non escono dallo studio.

COSTANZO: Mio figlio sta facendo un lavoro in quella città e un giorno sì un giorno no mi faccio raccontare com'è New York, perché non lo so. Vedo ogni tanto David Letterman in televisione e ho scoperto che dice delle battute molto divertenti e sdrammatizzanti su Bin Laden. L'unico che al telefono m'ha detto l'aria che tira a Washington è stato Vittorio Zucconi, che considero uno dei migliori giornalisti.

BIAGI: Bravissimo.

COSTANZO: Mi ha detto: «Gli americani sono diventati tutti più educati, suonano meno il clacson…». Mio figlio da una settimana mi informa: «Una grande malinconia sta lentamente prendendo tutti».

Chi apprezzate della categoria, oltre Zucconi?

COSTANZO: Gabriele Romagnoli, scrive su «la Repubblica», perché ha una grande capacità di racconto. Io cerco i raccontatori. Poi ci sono dei giovani bravi, per carità, al «Corriere»: Francesco Battistini, Gian Antonio Stella…

BIAGI: Della nuova generazione, Stella è molto bravo.

Fra i personaggi televisivi?

COSTANZO: Piero Angela… Mi sembra di fare un discorso…

BIAGI: Generazionale… Angela sarebbe bravo anche se non facesse la scienza. Lo ricordo a Bruxelles, e mi viene in mente anche un documentario su Mata Hari stupendo.

COSTANZO: Apprezzo da anni Antonio Ricci.

BIAGI: Ah, anch'io.

COSTANZO: Credo che faccia con *Striscia la notizia* un programma quotidianamente straordinario (a parte che è mio amico) e che sia assolutamente bravo. Non è che me ne vengano in mente tanti altri.

BIAGI: Fa su Mediaset alcune cosette che in Rai non ci sono.

COSTANZO: Esattamente.

BIAGI: Fa la diversità.

COSTANZO: Fa la diversità.

Mi indicate tre virtù innegabili del Bel Paese?

BIAGI: L'umanità, che si rivela nei momenti drammatici. Mentre in altri momenti, invece, vien fuori la bassezza, la cattiveria inutile, l'invidia. Ricordo sempre la frase di un popolano romano: «Annatevene tutti, lassatece piagne da soli», quando c'erano i bombardamenti, la miseria, l'occupazione, il pane razionato... L'umanità: per cui il *Duomo di Orvieto* è un'opera collettiva, fatta da tante persone, accanto alla quale può stare il genio solitario di Leonardo. La qualità assoluta di un uomo è questa civiltà che nel dolore ci fa ritrovare.

COSTANZO: Voglio fare una premessa: io amo molto l'Italia, penso che alla nazionalità bisogna rassegnarsi e detesto quelli che fingono di essere troppo inglesi. Amo essere italiano e lo rivendico con alterigia, in maniera spavalda. Che cosa sono gli italiani? Certo sono i personaggi che Alberto Sordi, Gassman, Ugo Tognazzi hanno raccontato in maniera sublime.

BIAGI: Anche. Sono anche quelli.

COSTANZO: Anche quelli. Anche vigliaccotti. Un po' «sola». Ma a certi appuntamenti importanti ci sono sempre. Proviamo a elencare quanti Premi Nobel ha avuto la Sicilia: non sarà mica un caso.

BIAGI: Vorrei aggiungere che il popolo più ospitale, fra gli italiani, è il siciliano. Nessuno è così aperto, sensibile, con l'ospite, come il siciliano.

COSTANZO: Quando il presidente della Repubblica, Carlo Azeglio Ciampi, ha reintrodotto la Festa della Repubblica gli ho telefonato complimentandomi molto. Sono uno che quando sente l'Inno di Mameli prova una certa emozione, va bene? E lo difendo. Non vorrei essere nato a Londra o da un'altra parte: ho tutti i difetti, e forse qualche pregio, degli italiani. Ma probabilmente faccio ancora questo mestiere, dopo 25 anni, proprio perché sono identificabile.

Giuseppe Prezzolini nel Codice della vita italiana *scriveva che que-*

sto Paese non è democratico e non è aristocratico: è anarchico. E
tutto il male viene dalla sua anarchia. «Ma», aggiungeva, «anche
tutto il bene.» È un'opinione che vi sentite di condividere?

COSTANZO: Non sono d'accordo. No.

BIAGI: Intanto è difficile chiudere in una formula gli italiani.
L'autore del libro *I moribondi del Palazzo Carignano*, Ferdinando Petruccelli della Gattina, scrive: è difficile spiegare un Paese
dove al Nord chiamano uccello quello che al Sud chiamano pesce. Io appartengo a questo popolo, ne sono contento e orgoglioso perché è il Paese di Niccolò Machiavelli e di Leonardo e per
le qualità della sua gente che vengono fuori, come ho detto, nei
momenti difficili. Noi abbiamo l'Inno più improprio che esista.

COSTANZO: In assoluto.

BIAGI: «Fratelli d'Italia...» Qui sono tutti figli unici. Ognuno tira per sé. Ma un giorno un brigadiere che si chiama Salvo D'Acquisto salva la reputazione di un Paese e va a morire per tutti gli
altri. L'eroismo italiano è quasi sempre un fatto individuale: Enrico Toti, Pietro Micca, D'Acquisto... Tuttavia, se bussi a una
porta, un pezzo di pane te lo dànno.

COSTANZO: Biagi citava gli eroi. Giovanni Falcone e Paolo Borsellino potevano benissimo smettere di fare le indagini sui mafiosi, ma hanno continuato a farle, sapendo di rischiare, per uno
stipendio non clamoroso. È una maniera di essere eroi veri. Hanno pagato con la vita: loro e le scorte che li accompagnavano.
Negli occhi di Falcone si leggeva la malinconia e uno strano senso di preveggenza.

Sono rintracciabili altri punti di riferimento, sopravvissuti ai grandi
crolli del Novecento?

BIAGI: Dal lato religioso, io non sono un praticante, li trovo in tre
preti: don Zeno, don Mazzolari e don Milani sono stati i più
grandi rivoluzionari italiani. Don Zeno Saltini ha dato un padre
e una madre ai bambini che non l'avevano. Don Primo Mazzolari ha predicato la libertà sotto il fascismo, e molti anni dopo, nel
1959, Giovanni XXIII lo ha ricevuto in udienza, gli è andato incontro e lo ha abbracciato: «Ecco la voce dello Spirito Santo nella bassa padana». Don Lorenzo Milani, figlio di una ebrea, ha
capito che se a un povero non gli dai la parola, per difendersi, è
povero due volte.

Costanzo: Rimango nell'àmbito di Biagi. Io non sono credente, e aggiungo: purtroppo. Nei primi anni guardavo con molto sospetto il Papa attuale: via via ho cambiato idea. Mi pare che rappresenti, anche nella sua volontà di vivere, un esempio di grande forza. Deve avere tanto dentro.

Biagi: E tanto dolore.

Costanzo: E anche tanto dolore.

Biagi: Un polacco, che ha visto arrivare prima i carri armati tedeschi e dopo i carri armati russi. Ha fatto l'operaio, è andato nelle fabbriche. Forse è stato innamorato: cioè ha vissuto la vita di tutti i giorni della sua generazione. Anche per questo Giovanni Paolo II è un grande Pontefice.

Finiamo così?

Biagi e Costanzo: Finiamo così.

dicembre 2001

Giannola Nonino – Ermanno Olmi
Quando l'Italia era povera e contadina

Una grande imprenditrice, Giannola Bulfoni Nonino, e un grande regista, Ermanno Olmi, si incontrano a Milano per parlare della civiltà contadina.

Giannola Bulfoni Nonino è nata e vive a Percoto, in provincia di Udine, ha 63 anni, è la regina della grappa. A 23 anni ha sposato Benito Nonino, titolare di una piccola distilleria; si è innamorata della distillazione e si è fortemente impegnata per valorizzare la grappa, considerata fin'allora un'acquavite povera. Nel 1973, dopo lunghe ricerche fatte col marito, ha distillato separatamente, ed è stata un'intuizione, le vinacce dall'uva Picolit, creando la prima grappa Monovitigno. Nel 1975, per salvare gli antichi vitigni autoctoni friulani in via d'estinzione, ha istituito il Premio Nonino Risit d'Aur che viene assegnato annualmente, l'ultimo sabato di gennaio, al vignaiolo che abbia posto a dimora un vitigno di Schioppettino, di Pignolo, di Ribolla Gialla, di Tacelenghe. Il Premio è stato esteso alla Letteratura nel 1977 ed è diventato Internazionale nel 1984: anno in cui l'instancabile, vulcanica imprenditrice, che è commendatore della Repubblica e Cavaliere del lavoro, ha creato una nuova acquavite: UÈ, l'acquavite d'uva.

Ermanno Olmi è nato a Bergamo, ha 70 anni, vive ad Asiago. Ha diretto una trentina di documentari tecnico-industriali per la Edison-Volta, dove aveva fondato la sezione cinema. Ed è il regista di una ventina di film (di cui è stato anche operatore), fra i quali: Il posto, *salutato come una rivelazione;* I fidanzati; I recuperanti; L'albero degli zoccoli, *Palma d'Oro al Festival di Cannes nel 1978, sulla vita dei contadini in una cascina alla fine dell'Ottocento, recitato in dialetto bergamasco da attori non professionisti;* Lunga vita alla Signora!; La leggenda del Santo bevitore, *Leone d'Oro alla Mostra di*

Venezia nel 1988; Il segreto del bosco vecchio; *ultimo, l'anno scorso,* Il mestiere delle armi. *Ha anche aperto una scuola di cinema a Bassano del Grappa.*
È una luminosa giornata di metà novembre. La mansarda, dove il regista abita quando viene a Milano, e dove si svolge il Faccia a faccia, offre allo sguardo la Torre del Filarete, nel Castello Sforzesco.

NONINO: Ogni volta che incontro Folco Portinari, mi dice: «Ma perché ti ostini a portare avanti un Premio sulla civiltà contadina, che è morta e sepolta? Tu vorresti tornare ai tempi del lume a petrolio, del carro, del cavallo». Io mi ribello e gli rispondo che la civiltà contadina testimonia l'attaccamento alle radici, alla terra, alle tradizioni: a una vita più genuina, più sana, più vera, al rispetto della Natura e di coloro che ti stanno vicino; significa riunirsi, anziché nella stalla, in un salotto, intorno a un camino, per raccontarci l'infanzia, la stagione che stiamo vivendo, i progetti per il futuro, come pensiamo di poter migliorare la qualità dell'esistenza. Questo patrimonio lo stiamo gettando via. La lentezza permette anche la riflessione. Invece viviamo con un'ansia e una furia che mortificano quelli che erano i pregi della civiltà contadina. Quando ero bambina avevamo un maggior riguardo della famiglia, degli amici, di noi stessi. E soprattutto della terra, che stiamo distruggendo.

OLMI: Condivido le motivazioni delle tue malinconie e dei tuoi rimpianti. All'interno di questa convergenza ci sono sfaccettature diverse. Sono convinto, Giannola, che la civiltà contadina è morta: mancano le condizioni generali perché quel passato possa manifestarsi ed essere motivo di convivenza quotidiana in quei termini. Le modalità sono cambiate: non abbiamo più il cavallo né il focolare, che era l'unica fonte di calore e oggi, se ci pensi, è un optional, in qualche caso addirittura un fatto estetico-snobistico. Quindi è una recita. Quello che ho visto recuperato della civiltà contadina è purtroppo una recita patetica. È come se ci isolassimo all'interno di un teatrino dove va in scena quella civiltà. Poi usciamo dal teatrino e ci troviamo in un mondo diverso, dentro nuove realtà alle quali abbiamo il dovere di adattarci.

NONINO: Ricorderai quando avete deciso di premiare, con il Nonino, Leonardo Sciascia. In quell'occasione un giornalista chiese allo scrittore siciliano: «Secondo lei, la civiltà contadina è morta?». Sciascia rispose: «Per me, è più viva che mai. Si ricordi che la civiltà industriale è già finita. E senza la civiltà contadina l'uomo non può sopravvivere». Vorrei che tu mi spiegassi che cosa intendeva dire.

OLMI: Una società può convivere soltanto attraverso la civiltà che l'ha preceduta, di cui è erede. Ma, in questo momento, abbiamo di fronte una realtà che con la civiltà contadina non ha più nulla a che fare. Per la sopravvivenza l'uomo ha bisogno di respirare. E che cosa ha bisogno di respirare?

NONINO: Aria buona.

OLMI: Aria buona. In questo momento respiriamo aria buona?

NONINO: No. Neanche in campagna.

OLMI: Ecco. Allora: non possiamo recitare di respirare aria buona, quando non è così. Dovremmo prelevare l'ossigeno a 4000 metri, se fosse possibile, chiuderci dentro una stanza asettica... questo ci consentirebbe di rientrare nell'alveo naturale. Ma se appena usciamo in strada l'aria non è quella che dovremmo respirare, cosa avremmo risolto? La civiltà contadina dovrebbe essere quella con cui dovrebbero convivere non solo gli uomini fra loro, ma gli uomini con la Natura.

NONINO: Non pensi allora che dovremmo tutti impegnarci... che una legge dovrebbe obbligarci a rispettare la terra, quindi a non inquinare o a inquinare meno? Sono arrivata al punto che mangio soltanto la verdura del mio orto, perché so che non è avvelenata.

OLMI: Quando tu dici di voler recuperare la civiltà contadina per quello che significa come bene assoluto per l'umanità, quindi il buon rapporto con la terra...

NONINO: Ricorderai anche quando volesti premiare una copertina del settimanale «Time» con l'immagine della Terra in un groviglio di gas venefici, di fili spinati...

OLMI: Avvolta nella plastica...

NONINO: Una roba folle.

OLMI: Quando parliamo di civiltà contadina come ideale progetto di vita, permanente nella Storia, quindi un'armoniosa convivenza col creato, dovremmo essere tutti d'accordo. Ma se cominciamo a dire: «Non la civiltà contadina nella quale non c'era la luce, non c'era questo, non c'era quello», attenzione: dobbiamo veramente valutare quanto di effettivamente necessario c'è nella società attuale. O se invece la nostra società, come diceva Oscar Wilde, ha fatto del superfluo una necessità. Questo è un segno di stupidità assoluta. Nel momento in cui metti la lampadina nella stalla, e chiaro che devi fare una centrale elettrica; nel momento in cui metti la falciatrice elettrica, devi fare una seconda centrale; nel momento in cui metti i televisori, devi farne una terza. E alla fine ti ritrovi in una società «civile» che si autoavvelena. Per poter tornare a un rapporto armonioso con la terra, dobbiamo fare una seria valutazione di ciò che realmente è utile alla buona convivenza umana e stabilire se, in questa proposta di progesso, c'è molto di fasullo e addirittura un tradimento. Una delle cose macroscopicamente evidente è il capolvogimento del valore economico, per cui da sempre dico: per mangiare come mangiavano i poveri contadini dobbiamo essere ricchi.

NONINO: Superricchi.

OLMI: Superricchi. Per avere un pomodoro coltivato secondo le regole della Natura...

NONINO: Mi costerà 10 mila lire.

OLMI: Non solo. Non avrai comunque le condizioni naturali per la sua coltivazione. E quindi, per una serie di avvelenamenti indotti, quel pomodoro non-ce-l'hai-più.

NONINO: Infatti, vigliaccamente, Ermanno, perché sul Friuli è arrivata la nube di Cernobyl, non ho mai preso un campione di terra per farlo esaminare. Ho il terrore che la trovino contaminata dalle radiazioni.

OLMI: Il povero contadino non sapeva quanto era ricco: quel poco di cui disponeva era di un valore cosmico.

NONINO: Inestimabile.

OLMI: Non solo tu oggi non hai la terra come vorresti che fosse, come la Natura vorrebbe che fosse. Non hai più le sementi per seminare certi tipi di pomodoro.

NONINO: Quelle le ho.

OLMI: Non è vero.

NONINO: Sì. Perché c'è una signora, a Percoto, che da 50 anni le salva.

OLMI: Scusa, Giannola: tu vai in cerca di persone a cui dare il Nonino. Questa signora va premiata subito. In Trentino c'erano più di 150 qualità di mele. Adesso ce ne saranno 50: il progresso ha imposto una selezione delle qualità più convenienti al mercato, non più convenienti per il sapore. La povertà esigeva un comportamento rigoroso, che abbiamo perduto.

Dobbiamo tornare alla povertà?

OLMI: No. Non dobbiamo eliminare la lampadina, la falciatrice elettrica, eccetera. Dobbiamo imparare a misurare. Quanta acqua consumiamo?

NONINO: Ah, io non guardo: addirittura lascio aperto il rubinetto, mentre intanto faccio altre cose.

OLMI: Bidè ogni mezz'ora, docce su docce, sciacquoni nel cesso…

Nelle case dei contadini non esisteva neanche il cesso. Non pensate che il mondo rurale del passato fosse caratterizzato da una fatica, un'insicurezza, un isolamento insopportabili? Ho letto questa testimonianza di una ragazza francese: «Nella nostra vita c'è una sorta di timore permanente. Una preoccupazione inespressa grava sulla casa. Temiamo la mala sorte che non potrà non venire: la malattia, un cattivo raccolto, la grandine, la morte di un maiale, un mercante che ci truffa… Formiamo un piccolo mondo tagliato fuori da tutto…».

NONINO: Ma tu pensi che, nel mio lavoro, non abbia le stesse paure, le stesse preoccupazioni? Pensi che Ermanno, quando fa un film, non abbia le stesse angosce?

OLMI: Molti pensano che il povero contadino fosse esposto a tutte le angherie, a tutte le incognite. Il vivere comporta, come dice Giannola, incertezze. Noi ci siamo «garantiti» una sorta di affrancamento dai rischi con le assicurazioni: siamo assicurati sulla vita, sulla macchina, sulla cattiva digestione…

NONINO: Dopo no' 'i paga (ride).

OLMI: Tu mi devi dire perché abbiamo questo diffuso senso di insicurezza, nonostante le assicurazioni che ci siamo procurati. Ma perché nessuno ci può garantire l'esito delle nostre aspirazioni, dei nostri progetti di vita, dei nostri sentimenti. Allora: è il singolo individuo che deve vigilare su se stesso, sul caldo, sul freddo, sulla grandine, mettendo via i frutti per l'inverno, secondo una certa regola della conservazione. A questo punto, quella contadina francese potrebbe dire: «Non avevamo le celle frigorifere, non avevamo...». Ma che cosa ti vuoi garantire? Diceva un grande pensatore: «La vita si sconta vivendola». È vero.

NONINO: Per noi è ancora più rischioso. Io, se faccio un prodotto che non funziona, rischio di mangiarmi l'azienda. Lei non raccoglie per un anno, pazienza: raccoglie l'anno dopo. Non perde in immagine. Alla fin fine è più protetta di noi.

OLMI: Oggi non riusciamo forse a esprimerci al meglio, proprio perché ci hanno assicurato su tutto e siamo anche diventati indolenti: non rischiamo nulla. Mentre invece nella società contadina l'uomo vigilava, l'uomo vivo, non l'uomo passivo; vigilava e accettava la sfida con la Natura: che, come madre provvidenziale, lo chiamava, dice bene Virigilio, alla prova della sopravvivenza. Il Padre Eterno, scrive Virgilio, ha dato all'uomo le difficoltà perché sprigionasse il proprio ingegno.

NONINO (al cronista): Che regalo m'hai fatto... ascoltar sto Omo!!!

OLMI: Se confrontiano queste due civiltà sul piano, per esempio, della ricerca scientifica, dovremmo scoprire, attraverso la scienza, la magnificenza e gli aspetti segreti del Creato, per stupircene e per rispettarlo ancora di più, non per entrare furtivamente come ladri dentro la Natura e rubarle i segreti per sfruttare i concittadini. Quali sono le nostre cattedrali? Una sala operatoria dove oggi intervengono sul cuore.

NONINO: E ti salvano.

OLMI: Questa è una cattedrale. I laboratori di ricerca. Le scoperte purtroppo hanno messo a disposizione dell'egoismo e dell'opportunismo di alcuni i mezzi per renderci ancora più schiavi di quanto in apparenza la Natura ci schiavizzasse. Quanto meno, la Natura giocava lealmente con l'uomo. Oggi coloro che posseggono questi mezzi ci giocano subdolamente, per cui ti vengono a dire: «Lei, caro signore, avrebbe bisogno di una curettina. 50 milioni, non si preoccupi». «Ha una rughetta, gliela tiriamo via. 100 milioni.» Tornando ai cessi: quanto costa oggi un bagno bene arredato? Almeno 10 milioni.

NONINO: Ben di più.

OLMI: Ci sono famiglie che con 10 milioni vivono un anno. Allora c'è qualcosa di distorto: di sproporzionato.

Quali erano i valori, e le virtù, oltre a quelli accennati, che scandivano quella civiltà? Ne azzardo uno: la solidarietà?

NONINO: La solidarietà era la base della convivenza. Me lo raccontavano mia zia e mio padre. Quando a una famiglia di contadini moriva il maiale, tutte le famiglie del paese le portavano qualcosa: chi il cotechino, chi un pezzo di lardo, chi la salsiccia... Non esistevano le assicurazioni: c'era questo mutuo soccorso. Chi perdeva la mucca, o il maiale, sarebbe morto di fame. Probabilmente pensavano: oggi è toccato a te, domani può toccare a me; oggi io aiuto te, domani tu aiuterai me. Ed era una gara. Adesso no' te dà neanche la corda da impiccarte. Siamo diventati talmente egoisti... Anzi: «G'ho proprio gusto. Quel là, chi credeva d'essere?».

OLMI: Se tu garantisci d'impiccarti, la corda te la dànno (sorride, amaro). «Questo mi chiede la corda, poi non ci si impicca. E io perdo la corda.»

NONINO: Quando vado a vinaccia, soprattutto con le mie figlie, Antonella, Cristina ed Elisabetta, è bellissimo. La distillazione ti porta ad avere un contatto quotidiano, da agosto a novembre, non solo con l'agricoltore, ma anche con il contadino, che ha pochi ettari e magari ti dà la vinaccia più morbida e tu devi coccolartelo. I primi anni portavo mia zia, la sorella di mio padre, che è stata come una vicemamma. Lo racconto sempre alle mie figlie: mentre andavo nella vigna col contadino, lei passeggiava nell'orto dietro casa.

OLMI: Nel brolo.

NONINO: Da noi si chiama «bròili». L'orto aveva i filari delle viti, che erano intercalati da alberi di frutta: mele, pere, susine. Mia zia non conosceva la miseria, ma sapeva cos'era la povertà degli altri: era nata in Argentina perché mio nonno, miseria da portar via, era emigrato laggiù e si era sposato per procura tramite il prete di un paese... Mia zia cosa faceva nell'orto? Raccoglieva la frutta che cadeva e nessuno prendeva su: se era toccata, tagliava, puliva e faceva la marmellata. Se raccoglieva poco di tutto, faceva la marmellata mista. A Percoto, abbiamo un frutteto con albicocche, fichi, mele, susine. Chi va a raccogliere sull'albero (non per terra) questi frutti? Benito e io. E li mangiamo. E i nipoti piccoli. I nipoti grandi neanche a pensarlo. Alle nostre

operaic dico: «Anziché fumarvi la sigaretta sul muretto, raccoglietevi la frutta. Non la volete portare a casa? Mangiatela qui».
Niente. Vedi il disprezzo per quello che ti dà la Natura, lo spreco. Ogni volta che vado a vinaccia, rivedo la zia, e dico alle mie figlie: «Rispetto. Rispetto».

OLMI: Giannola ha citato la perdita del maiale. Ma c'erano continue forme di solidarietà. Al tempo della mietitura del grano, arrivava la macchina per battere il frumento e tutti davano una mano a uno... Un'altra cosa molto bella, da cui è nata una tradizione che si mantiene viva, credo anche in Friuli, è che quando i muratori finiscono una casa...

NONINO (entusiasta): Licôf. Si mette il ramo di alloro.

OLMI: Il ramo, esatto. Al compimento del tetto, il proprietario offre una grande cena. Da dove nasce? Quando una coppia di giovani doveva sposarsi e non aveva la possibilità di farsi da sé una casa, tutti gli uomini del paese, i giovani in particolare, dopo il lavoro nei campi, davano una mano per costruirla. E il giovane sposo, le famiglie di lui e di lei, al tetto, offrivano un pranzo.

NONINO: Per ringraziare.

OLMI: Per ringraziare. E certo non compensava il lavoro fatto. Ma chi aveva partecipato, prima o poi, avrebbe ricevuto quello che altri avevano già ricevuto. Tutto questo genera in una comunità la conoscenza di un valore. Oggi la solidarietà da chi la riceviamo? Abbiamo sostituito la solidarietà, come dicevo prima, con le società di assicurazioni. Il mutuo soccorso è diventato un istituto che ha non ragioni primarie di soccorso, ma ragioni primarie di profitto.

NONINO: È vero.

OLMI: La solidarietà è dare senza sperare di ricevere. I vecchi dicevano: «Tu dài. E vedrai che quello che dài dalla porta...»

NONINO: Ti rientra dalla finestra.

OLMI: Ti rientra dalla finestra.

E le magagne, i vizi della civiltà contadina? L'ipocrisia? La sopraffazione verso la donna?...

NONINO: La donna era sottoposta a soprusi enormi. La violenza fisica è la cosa peggiore che una donna possa subire: è preferibile restare senza lavoro, non aver da mangiare. In Friuli c'erano ragazze che non avevano terra, vivevano in casette disperate e, per sopravvivere, andavano a lavorare dai mezzadri che, come ha raccontato Ermanno nel film *L'albero degli zoccoli*, lavoravano per il proprietario. Percoto aveva 800 anime: mia zia diceva che tante ragazze erano state violentate dal capocontadino. Andavano a mietere, il capocontadino tirava su le gonne: «Altrimenti domani non lavori». Accadeva la stessa cosa nelle filande.

OLMI: Di questo tipo di violenza non ci dobbiamo tanto stupire, perché tutte le società la praticano in maniera svergognata. E anzi, più si va avanti, ossia più si è ricchi, più questi oltraggi vengono praticati.

NONINO: Tuttora?

OLMI: Tu non hai idea. Quante forme di stupro espresse nei termini più brutali. E quanti capi del personale inquisiti e condannati perché, come diceva la formula: «O me la dai o scendi». Queste tendenze al delitto, all'offesa verso l'altro, si accentuano quanto maggiore è il disagio col quale si vive.

NONINO: In Friuli è talmente difficile trovare mano d'opera, che penso sia diventata rara una cosa del genere. Ah, mi viene in mente un'altra cattiveria. In tutti i paesi c'erano le famiglie patriarcali, con il capofamiglia (il marito), la moglie, il nonno e la nonna, quattro-cinque-sei figlie, che si sposavano. Di solito, in casa erano le suocere che avevano il potere. E, a seconda della simpatia o dell'antipatia che provavano per la nuora, la facevano scoppiare di benessere o morire di fame. Ada, la mia governante, mi raccontava che la sua mamma aveva tre figlie e non era la prediletta della suocera: la prediletta era un'altra che aveva un figlio solo. Bene: in questi tavoloni con 25 persone, la suocera, anziché distribuire il mangiare piatto per piatto, lo dava per nucleo familiare, e la mamma di Ada, con tre figlie, riceveva la stessa porzione della cognata, che ne aveva uno. Era una violenza terribile. Non accade più. Non esistono più le famiglie patriarcali. Adesso le famiglie non curano più i vecchi, non badano più ai bambini, e questo è l'aspetto negativo; vivono, comprano, fanno da mangiare per sé, e questo è l'aspetto positivo. Allora si trattava di sopravvivenza.

Un aspetto tipico della società contadina?

NONINO: È di tutte le società, secondo il momento.

In quella civiltà quale significato aveva il prete...?

NONINO: Il farmacista... Il medico... La maestra... (sorride).
OLMI: La levatrice.

I contastorie.

OLMI: Erano o viandanti, che ricevavano come beneficio un pezzo di pane. O giufà.

NONINO: Chi sono i giufà?

OLMI: Gli stupidi del paese.

NONINO: Oh, poveri...

OLMI: Erano amatissimi. I francesi li chiamavano i sopportadolori: ossia quelli che venivano presi in giro per scaricare le nevrosi. Ma erano amati.

NONINO: Erano indispensabili. Avevano il ruolo dello psicologo (sorride).

OLMI: Dello scaricadolore. Il prete, il medico, la maestra, la levatrice, il farmacista erano figure esemplari. Attenzione: a volte c'erano persone dotate di una particolare personalità, contadine e contadini, alle quali veniva riconosciuta autorevolezza per il loro buonsenso, per la capacità di un giudizio equilibrato, sereno. Quando dirimevano una questione, venivano ubbiditi: erano giudici inappellabili.

NONINO: Ricordo, io piccolina, che venivano da mio padre per chiedergli i più svariati consigli. Mio padre era emigrato in Argentina, poi aveva studiato, era tornato in Italia, aveva messo su un'impresa ed era un po' il saggio del paese: «Ce disial, sior Gigi...». Era molto amato e un punto di riferimento. Aveva anche fatto una compagnia di teatro. Ecco un'altra cosa: il dopolavoro, dove tutti i contadini si incontravano.

OLMI: Per la socializzazione, direbbero oggi. Allora non usavano questi termini, ma la praticavano (sorride).

Le feste tradizionali sono state involgarite dalle esigenze del turismo?

NONINO: Da noi sì, terribile. Se pensi che in Friuli non era mai esistito il Palio... Peggio ancora: vedere le... come si chiamano?..., quelle americane...

Majorette.

NONINO: Le majorette... Ma semo matti! Co' 'ste cosciotte, 'sti polpaccioni: che le va in giro, piripin, piripon... La Sagra di San Giuseppe, che è il patrono di Percoto, è nata i primi del Novecento. È la festa del paese. Adesso sai come si chiama? Saint Joseph! Ostia: Saint Joseph! È veramente l'aborto, la fine di tutto. Una roba vergognosa. A Palmanova, in quella bella fortezza, vedi le majorette che corrono oppure il Palio. Ma che Palio dell'ostia fai a Palmanova.

Il malocchio...?

OLMI: Da noi non è che fosse praticato.

NONINO: Ma avevamo la strega. Giorni fa Benito, passando davanti a una vecchia casetta che è rimasta tale e quale, nella strada principale di Percoto, diceva a Chiara, Francesca, Davide, tre dei cinque nipoti, e a me: «Vedete, qui dentro c'erano le strie». E le strie cos'erano? Erano una vecchietta, che aveva miseria, che in certi casi ti aiutava, ti dava le pozioni, se avevi mal di pancia, mal di testa, per guarire. Quando qualcuno aveva una disgrazia dietro l'altra, gli dicevano: «Va là, va là, dalle strie, che ti tira via le disgrazie che tu hai». Oppure andava in ginocchio al Santuario di Castelmonte, partendo la mattina prestissimo: era un rito propiziatorio. Ma le strie faceva parte della nostra società.

OLMI: Oggi la medicina ha scoperto che molti mali vengono per autosuggestione. E così molte guarigioni. Le streghe, e tutte queste forme primitive, producevano un'autosuggestione tale da risolvere il problema a livello fisiologico. E a che cosa corrisponde se non a: «Se avrai fede, guarirai»? Se avrai fede, il miracolo lo compi tu: non io. Tu, avendo fede.

NONINO: Ma ci sono anche erbe che ti guariscono, Ermanno.

OLMI: Questo è un altro discorso ancora. Ci sono figure, o simboli, che possono aiutarti a superare... A proposito della donna, mi è venuto in mente che una forma di mortificazione era che dovesse essere assolutamente coperta dal collo fino ai piedi, non dico come le musulmane, ma le nostre nonne...

NONINO: Fazzoletto sempre in testa, anche da giovani.

OLMI: Per cui c'era una forma di educazione, non chiamiamola di civiltà ma di pratica, che imponeva quel costume. Allora, tanto per fare una battuta, se nella povera Italia contadina la donna era costretta a vestirsi, nella nostra ricca società la donna è costretta a spogliarsi. Fra le due cose, è molto più dignitosa...

NONINO: La prima.

OLMI: La prima. Perché poi non tutte hanno il culo adatto per essere spogliate.

NONINO: Bravo: come le majorette che le g'ha le gambone (ride). *Quale atmosfera, quali colori, profumi, cattivi odori, o un'immagine, un cibo, un oggetto vi accompagnano?*

NONINO: L'arcobaleno, che mi entusiasma ancora. Una volta ne venivano molti di più; adesso l'atmosfera è inquinata e li ha diradati. Gli odori dei fiori, del prato appena falciato. La sensazione sulla pelle delle estati tanto calde, che scandivano il periodo della mietitura. E, senza sapere che da grande avrei fatto la grappa e sarei andata in distilleria, il profumo del folador: dove si pigia l'uva. Tuttora, se entro in una cantina quando si pigia l'uva, immediatamente torno bambina. Aggiungo: Benito ama molto la bicicletta e, pur di andare in compagnia, è disposto a tirarmi perché non ho molta resistenza. Quando attraversiamo i campi, in periodo in cui si concima, l'odore dei fertilizzanti industriali, sintetici, mi dà veramente fastidio e so benissimo che inquinano e non aiutano a ottenere il meglio. Quando invece, non scandalizzatevi, sento l'odore del letame, dico: «È puzza? Ben venga, perché mi ricorda qualcosa di genuino». Non è idilliaco, ma a me piace, perché mi fa sentire la Natura.

OLMI: Non è che qualcuno dei nostri pronipoti dirà: «Ah, mi viene in mente quel sottile ronzio dell'aria condizionata d'estate», «Quel fresco artificiale da frigorifero»...

NONINO: Spero di no.

OLMI: Quando tu parlavi del caldo, e poco prima Luigi faceva l'elenco dei ricordi che ci fanno compagnia, ho immediatamente pensato alle atmosfere, ai profumi della terra, al silenzio pieno di suoni...

NONINO (entusiasta): Bellissima questa espressione: me l'annoto.

OLMI: Oggi, per avere il silenzio, devi, come per il caldo, farlo artificiale, circoscritto. Il caldo del camino è un caldo naturale; il caldo delle bocchette del climatizzatore è artificiale. Per ottenere il silenzio devi mettere i tripli vetri, ed è un silenzio morto, dove non c'è dentro la vita. Anche questo ti dà la sensazione della solitudine. Io ricordo quelle estati calde, la controra, no?, dove il silenzio ti teneva una grande compagnia. E le notti ti tenevano compagnia. E ricordo, per le atmosfere, quando il gabinetto della casa contadina era al di là dell'aia, e ce n'era uno soltanto per tutti, dopo il rosario, prima d'andare a letto, le mie zie (i pitali erano solo per i bambini) affrontavano la notte, il freddo, per arrivare alla latrina, perché così si chiamava, e quando rientravano dicevano immancabilmente: «Che stellata, stasera». Oppure: «Un'aria da neve». E tutti ci coricavamo con queste emozioni. I nostri straordinari bagni che abbiamo accanto alla camera da letto, e ognuno ha il proprio, non ci suggeriscono queste espressioni.

NONINO: Noi d'estate tutte le sere andavamo a fare una passeggiata per prendere il fresco: lungo la strada vedevamo le vecchiette o gli anziani seduti sulle sedie e, uscendo dal paese, magari in bicicletta, le innumerevoli lucciole che ti facevano una festa bellissima. Oppure ascoltavamo il canto delle cicale o dei grilli. È tutto scomparso. Non rimpiango quella civiltà contadina che negava certe comodità. Ma, e ritorno a Sciascia, se non decidiamo di rispettare di più la terra e di rinunciare a certi lussi inutili, ci ammazziamo da soli.

OLMI: Brava. E quindi il discorso non è di tornare alla civiltà contadina: è di instaurare la civiltà.

gennaio 2002

Ambra Angiolini – Irene Ghergo
C'era una volta la teenager

Dice IRENE GHERGO: Io sono stata sicuramente una teenager all'avanguardia. A 14 anni, inizio anni Sessanta, mi facevo notare perché ero molto trasgressiva. Sfuggivo a tutte le regole delle brave ragazze dell'epoca: andavo molto poco a scuola, ero una pessima studentessa, scappavo di casa. Mia madre, poveraccia, non riusciva a controllarmi. Ha tentato mia sorella, con scarsissimi risultati. La rivolta nasceva dalla morte di mio padre, che non avevo accettato. Da bambina buona, carina, tranquilla, una figlia che tutti vorrebbero avere, bionda con gli occhi azzurri (sorride), sono diventata una cattiva bambina. Mi sono ribellata a quella morte. Mi placavano soltanto l'esercizio della seduzione, che praticavo instancabilmente, e i risultati che ottenevo. Ho cominciato a essere una Lolita, a quei tempi si diceva così. Non risparmiavo grandi e piccini. Psicologicamente, era un meccanismo anche pericoloso. Poco dopo sono scivolata nella bulimia.

Dice AMBRA ANGIOLINI: Io, inizio anni Novanta, venivo dipinta come una cattiva ragazzina. Non lo ero affatto. Ero, mi sembra, una delle ragazzine più buone e tranquille. Avevo molta paura dei miei genitori, che poi ho identificato anche con altre figure perché ho cominciato a lavorare a 15 anni, e tutti quelli in cui ti imbatti tendono a insegnarti la vita. Leggevo quanto i giornali scrivevano di me e non mi riconoscevo. Non ero affatto una Lolita, anzi: ero attaccatissima ai valori tradizionali, tenevo molto alla mia famiglia, avevo il timore di sembrare quella che non ero e quindi propendevo a essere il più «normale» possibile per non deludere le aspettative della gente. Il pensiero di non rispettare le regole, sia nel lavoro sia nella quotidianità, mi mandava in crisi. Credo di non aver mai trasgredito. Ci tenevo a vedere i miei genitori orgogliosi di me e posso dire che meritavo la loro fiducia. Lavoravo, studiavo, la sera restavo a casa. Mio padre è un padre-padrone, se vuoi: non comunicavamo moltissimo (accade anche oggi). Questo rapporto mi sconsigliava di chiedergli di uscire, per non sentirmi rispondere di no senz'alcuna spiegazione. Le mie amiche si vedevano, andavano alle feste. Io nemmeno osavo domandarlo. I miei genitori mi accompagnavano al lavoro, mi venivano a prendere e mi portavano a casa. Magari invitavo delle amiche. Ho cominciato a conoscere Roma, dove vivo, a 19 anni (sorride).

GHERGO: Mi ricordo questa Ambra così castigata, con dei genitori così severi. Delle volte cercavo di farle vedere un po' il mondo... è una ragazza particolarmente intelligente, speciale; ma viveva, a 15 anni, un'avventura particolare come il lavoro, con tutte le responsabilità del lavoro: la disciplina, gli orari…, trovavo che fosse molto più evoluta delle altre, per cui ho cercato subito di metterla in contatto con, diciamo, gli «intellettuali»: i vari Ruggero Guarini, Franco Cordelli, Dario Bellezza…

AMBRA: Ho ancora un autografo di Dario su un libro di poesie.

GHERGO: … Volevo che questi rapporti diventassero anche una parte del programma *Non è la Rai*, perché mi sembrava originale che una quindicenne potesse confrontarsi con persone così alte. Purtroppo l'idea non andò a buon fine perché si fecero soltanto poche puntate, e la televisione è la televisione: bisogna volare basso (ride).

AMBRA: Quegli incontri mi sono serviti molto. Immediatamente dopo sono diventata, da sola, una cattiva ragazza. Lo sono anche adesso, ma nessuno lo pensa. Mi vedono rassicurante, tranquilla. Nella realtà ho una vita sotterranea che è notevole e molto divertente.

Irene Ghergo, romana, 53 anni è figlia di Arturo Ghergo, fotografo, autore dei ritratti dei rappresentanti dell'aristocrazia e delle grandi dive del cinema italiano. Dopo una brillante avventura cinematografica al fianco del press-agent Enrico Lucherini, da un ventennio anima, selezionatrice crudele e fortunata, i programmi di Gianni Boncompagni, popolando la televisione di nuove o quantomeno aspiranti dive. Ha fatto centinaia di provini. Ed è stata autore di produzioni come Domenica In*, Non è la Rai*, esperimenti cult come Macao*, trasmissioni come* Popstar*. È anche sopravvissuta al naufragio kolossal della* Crociera *e, recita una divertente nota biografi-*

ca, «a uno stuolo di odiatori personali in servizio permanente effettivo». Non ha hobby, tranne quello di dormire, non troppo prima dell'alba, «assassinando quasi sempre il mattino». Appare capricciosa, incostante, soprattutto iena. E sa farsi o esageratamente amare o esageratamente detestare. Odia l'ipocrisia e la retorica; predilige la «frocerie» ai salotti bene; esige che gli intellettuali la divertano, e naturalmente le insegnino quello che non ha voluto imparare a scuola. Adora il talento. E stima i vincenti.

Ambra Angiolini, romana, 24 anni è l'ultima di tre figli (prima di lei sono nati Andrea e Barbara). Attrice, ballerina, cantante, conduttrice radiofonica e televisiva, ha debuttato nel programma Bulli e Pupe di Boncompagni e Ghergo (1992, Canale 5). Per Mediaset è stata poi una delle protagoniste di Non è la Rai, dove ha condotto il famoso «gioco dello zainetto» e intervistato in studio Giuliano Ferrara e Vittorio Sgarbi, Enrico Mentana e Bruno Vespa (1993-1995, Canale 5 e Italia 1). Altre trasmissioni tv: Generazione X (1995, sui giovani); Dopo Festival (1996, Raiuno, accanto a Pippo Baudo); Super (1996); Non dimenticate lo spazzolino da denti (1996, showgirl accanto a Gerry Scotti e ballerina); San Remo Top (1997, Raiuno, accanto a Mike Bongiorno); Carosello (1997, Raidue); Gratis (1999, Raiuno). Ha registrato con Dario Fo una puntata del programma Roma Milano (1997, Raitre). Ha condotto le trasmissioni radiofoniche 105 Estate (1997) e Capriccio (1998-1999, dedicata al sesso). Ha pubblicato quattro album di canzoni: T'appartengo, Angiolini, Ritmo vitale, InCanto. E il cd Canto alla luna. Ha fatto molte tournée all'estero: dalla Spagna al Sud America, trionfali. È stata la protagonista per Mediaset del film tv Favola (1995) e ha interpretato per la Lux Vide il ruolo di Salomé nel film tv Maria Maddalena (1999), episodio della serie Gli amici di Gesù dedicata alla Bibbia. Nel 1994 ha ricevuto il Telegatto, assegnato al personaggio televisivo dell'anno.

Parliamo, come emerge dall'attacco di questo Faccia a faccia, delle loro esperienze di teenager, che si sono consumate in stagioni diverse, con aspirazioni, bravate, cantanti, gruppi, provocazioni, ribellioni, oggetti cult, e quant'altro, diversi. Natale è prossimo. Roma è battuta da un vento gelido di tramontana. L'attico di Irene Ghergo, ai Parioli, col suo tepore, è un riparo confortevole.

Negli anni in cui, a ragione e a torto, eravate considerate delle Lolite, qual era la vostra divisa?

GHERGO: Gli shorts: pantaloncini corti che erano molto provocatori. E che ho riproposto nel programma *Non è la Rai*. Erano nati con Brigitte Bardot questi pagliaccetti a quadretti bianchi e rosa, bianchi e celesti. Li ho fatti rifare da uno sponsor e hanno avuto un successo fortissimo.

AMBRA: Li indossavano anche le ragazzine che guardavano il programma.

GHERGO: *Non è la Rai* ha lanciato una moda: la bambina provocante.

AMBRA: Io avevo due divise. Quella televisiva. E la divisa della vita di tutti i giorni, dove ero di una tranquillità spiazzante. Non mettevo quasi mai le gonne: non le amavo molto, m'imbarazzavano forse. Indossavo jeans; maglioncini intorno alla vita, per coprire rigorosamente quello che invece non si dovrebbe coprire (ride); chiodo, perché mi piaceva molto il giubbotto di pelle; collarini; cose sfiziose con i cappellini.

GHERGO: Ambra amava il look da ragazza normale, perché era quello con cui si sentiva a suo agio. Io le imponevo abiti bamboleggianti, gonnelline corte svolazzanti, più femminili, e capelli ricci, che mi ricordavano gli anni dell'adolescenza. La violentavo un po', e lei mi odiava.

AMBRA: Per i boccoli, soprattutto. Non li sopportavo (ride).

GHERGO: Dopo *Non è la Rai* non porterà più un boccolo in vita sua. Non essendo una ribelle a casa, non lo era neanche con me. Ho un figlio maschio e due figlie femmine; una ancora oggi mi dice: «Ma come mi combinavi con quella frangetta? Ti ho odiata. Ti ho odiata».

Quanto contava l'immagine?

GHERGO: All'epoca mia le belle erano poche. Io ero considerata sexy. Non sono mai stata una bellezza e le vere belle, quelle che passeggiavano in via Condotti, mi facevano soffrire. Contava moltissimo anche l'eleganza: la bella ragazza da marito doveva essere elegante, un'aristocratica. C'era molto snobismo. In quegli anni ero ingrassata, avevo i pedicelli: vedere ragazze bellissime, filiformi, perfette, non era facile da accettare. C'era anche l'ansia di accasarsi, di trovare marito. Mia madre, essendo straniera, non aveva questa ossessione. Ma ho capito lo stesso, e molto velocemente, che il look era un mezzo importante.

AMBRA: Non so quanto potesse contare. Anche perché poi si è tornati alla voglia di essere il più naturali possibile.

GHERGO: Sì, questo è vero.

AMBRA: Quindi di non sottostare a degli schemi precisi di bellezza. Il trucco si usava molto poco.

GHERGO: La tua generazione è stata avvantaggiata, perché c'è stata una sorta di omologazione: il jeans va bene per tutte. La mia, invece, doveva misurarsi con l'abito di sartoria, il cashmere...

AMBRA: Beh, anche per i jeans c'era una competizione. Non andavano bene tutti: dovevano essere firmati, tagliati così e così, avere la vita bassa altrimenti non eri nessuno. Se li compravi al mercato, e se ne accorgevano che erano di mercato, eri una sfigata comunque. Alla fine le guerre sono sempre le stesse.

GHERGO: Adesso trionfa il «no logo». A un ricevimento c'è quella col vestito di Gucci dell'ultima collezione, con la scarpe e gli accessori di un certo tipo, e c'è quella che si concia come le pare.

AMBRA: Con jeans da 700 mila lire. Quindi: «no logo», ma fino a un certo punto.

GHERGO: Vintage...

AMBRA: Eeeh... è diventata una moda anche quella.

I vostri oggetti cult?

GHERGO: Tutto quello che i genitori ci negavano: le calze di nylon (ride), perché volevano mandarci coi calzini fino a 18 anni; il necessario per il trucco, perché non volevano che ci truccassimo... Io uscivo di casa e per le scale mi infilavo le calze, mi truccavo in modo indecente: fondi tinta spessi così...

AMBRA: Come nel film *Il tempo delle mele*.

GHERGO: Esattamente. Lungo le scale cominciavo la trasformazione e quando arrivavo al portone ero completamente un'altra: spesso un mascherone, perché mi mettevo il fondo tinta della Max Factor, che era una roba assolutamente esagerata; avevo l'acne giovanile, i famosi pedicelli, che adesso sono spariti, non li vedo più a nessuna, e mi coprivo tutta con quella roba lì. Naturalmente mettevo le scarpe coi tacchi, che mi erano state prestate. E andavo. Poi c'era il problema del ritorno a casa e lungo le scale facevo l'operazione inversa. Mi ricordo i rotoli grossi così nei capelli. Andavano i capelli lisci, io li avevo abbastanza ricci e ondulati, e passavo ore con il phon.

AMBRA: Per cotonarli (ride, divertita). I miei oggetti cult erano il computer, internet, il cellulare. Quando ho cominciato a lavorare alla Rai, il telefonino era appena esploso: ce l'avevamo tutte, anche perché ce lo potevamo permettere economicamente. Non l'ho mai amato. Ma l'ho preso subito. Il computer già lo avevo: navigavo, avevo dei siti dove andare a chattare, per conoscere gente. Poco altro. Il motorino, forse: un punto d'arrivo. Abbigliamento e accessori, no: forse perché era consentito troppo, se non tutto, soprattutto a chi lavorava.

Il linguaggio era colorito?

GHERGO: Dire una parolaccia era veramente grave. Mi sfogavo con mia sorella, che era il mio opposto, perché era una studiosa, leggeva moltissimo, tant'è che si è laureata in filosofia e ha fatto tutto il contrario di quello che ho fatto io. Per provocarla, la mattina, appena aprivo gli occhi, le dicevo a lei, tutta una sfilza (ride), una in fila all'altra: stronza, vaffanculo...

AMBRA: Le parolacce le dicevo anch'io. Parolacce, parolacce, parolacce: ovunque, anche ai miei genitori ho avuto il coraggio di dirne una paio. A casa mia era normale: mio padre è romano e le dice bene, non offende quasi mai, esistono queste persone, forse anche per il sorriso con cui le accompagna. Ai miei fratelli le dicevo sempre. Ho cominciato a dirle a mia sorella prestissimo: stronza, vaffanculo, i mortacci..., che non si doveva dire, i mortacci, sennò bisognava andare in chiesa e confessarsi. Io, poi, credente... Ma non ci rinunciavo. Le bestemmie, no: facevo sempre il segno della croce, perché avevo paura che qualcuno mi punisse dall'alto. Le evitavo, ma la tentazione di dirle c'era (sorride).

Quali erano i cantanti-idoli? E i gruppi?

GHERGO: Cantanti-idoli... Chi c'era?... Gianni Morandi; cominciava Rita Pavone; Paul Anka... Esplodeva il mito dei Beatles: sono andata al primo concerto che hanno dato all'Adriano, un grande evento. (Divaga): A 15 anni sono stata per la prima volta in Inghilterra, presso una famiglia, da sola, mandata da mia madre, per studiare l'inglese. È stato un trauma spaventoso: ho cominciato ad avere i primi attacchi di panico. Ho avuto paura dell'aereo. Sono arrivata a Londra con un gruppo, l'ho perduto, e mi sono sentita sola: una sensazione terribile. Poi non volevo applicarmi a nulla che avesse a che fare con lo studio, e avevo un'istintiva resistenza a tutto quello che mia madre voleva che facessi. Ho vissuto un'avventura al contrario: ho cercato subito un gruppo di italiani (ride), e non ho frequentato i corsi d'inglese.

AMBRA: Io ho beccato i Duran Duran nel periodo della loro massima deflagrazione, c'era il film *Sposerò Simon Le Bon*. Se prendo i miei diari di allora ci ritrovo il leader dei Duran Duran, che mi piaceva, e altri gruppi stranieri del genere. Ho beccato in pieno i Take That.

GHERGO: Hanno partecipato a *Non è la Rai*. Li ho rivisti l'altra notte, in una replica: li presentavi tu.

AMBRA: Il loro leader, Robbie Williams, era un delirio. Mi sono presto accostata ai vari Aretha Franklin, Odis Redding, perché Gianni era un patito delle loro canzoni e ce le faceva cantare a *Non è la Rai*. Claudio Baglioni… Lucio Battisti… E diventava la musica che ascoltavamo tutte, più o meno. Se non avessi fatto quel programma, e avuto quel maestro, l'avrei ascoltata poco.

Avevate un'attrice, una cantante di riferimento?

GHERGO: Da Brigitte Bardot a Catherine Spaak. Gli shorts della Bardot. E il balconcino: i primi reggiseni a balconcino, che adesso sono di nuovo di gran moda. Se non te lo comprava tua madre, lo rubavi: non ci si poteva spogliare, la prima volta, senza il balconcino, eh.

AMBRA: Madonna: come donna, come femmina, per le sue scelte, anche per l'intelligenza. Era partita da zero e vederla scalare tutte quelle vette faceva impressione. Un bel sogno era di riuscire a raggiungere la stessa popolarità, avendo la metà delle sue qualità.

L'America era vicina o lontana?

GHERGO: Non era un mito. Non ero un'americanofila, per cui non ero così attenta a quello che arrivava dagli Stati Uniti, assolutamente. Semmai dall'Inghilterra: certi balli, il twist, perché mi piaceva ballare.

AMBRA: L'America l'ho scoperta in questi ultimi anni: andando lì per studiare. Ma non è mai stata una meta, un punto d'arrivo.

Anzi, mi è parsa sempre una nazione molto superficiale per certi aspetti.

Meglio anche le fettuccine e l'abbacchio degli hamburger e delle patatine?

GHERGO: La mia famiglia, da un punto di vista gastronomico, non era italiana. Mia madre è polacca per metà austriaca. In quei Paesi c'è una cultura dolciaria strepitosa: allora, la Sacher e i loro biscotti erano una tentazione. Mi ricordo un fatto determinante, nei miei 15 anni: è arrivato a casa un panettone di cinque chili e l'ho mangiato tutto io; non in un giorno, ma si vedeva questo panettone che diminuiva e io che mi allargavo. Era il periodo della bulimia, inconsapevole. Mia madre aveva capito. Ma era difficile arginarla. Di notte ho fatto fuori questo panettone.

Non è un fenomeno che colpisce le donne dopo la menopausa?

AMBRA: Invece è il male proprio delle ragazzine. Io ho cominciato a mangiare di notte quando ho cominciato a crescere.

GHERGO: Per colmare i vuoti. È anche un modo di farsi male.

AMBRA: Di colpevolizzarsi. E di punirsi. Come no. Quando ho abbandonato la Rai sono andata a Milano, lasciando sia Irene sia Gianni. Sono entrata in crisi, fortemente, e il cibo è diventato l'elemento principale: all'inzio, i dolci soprattutto. Dopo un po' non facevo più differenza: dolce, salato, avevo bisogno di farmi male e anche di colmare dei vuoti che non riuscivo a riempire.

GHERGO: Usi il cibo come ansiolitico, e questa è una cosa: mangi, mangi, mangi... Per fortuna non sono arrivata al passo successivo, che è quello di vomitare.

AMBRA: Neanch'io.

Dove cercavate l'informazione sui fatti del mondo?

GHERGO: Beh, alla radio. La notte ascoltavo la radio, ma soprattutto i programmi musicali. Dopo la prima cotta sentimentale, quella vera, che ho preso per un ragazzo che era «il meglio figo del bigoncio», è cominciata la sofferenza. Avevo sempre pensato che tutto mi fosse dovuto, perché sono stata molto corteggiata e mi sembrava che fosse tutto facilissimo...

Eri anche molto disponibile?

GHERGO: Apparentemente. Ero un'«allumeuse», perché avevo un'esigenza di ritorno. Allumavo tutti. Ma dopo frenavo, perché il sesso, alla fin fine, mi faceva paura. Il primo ragazzo era più o meno della mia età, 15 anni io, 16 lui, ma aveva avuto moltissime esperienze, anche con una donna molto più grande, che era la madre di una mia amica, quindi ti puoi immaginare. Andava a cavallo; guidava la macchina, senz'avere la patente; era fidanzato con una quarantenne. Naturalmente mi ha fatto vedere i sorci verdi. Mi sono concessa. Ed è stata la mia prima vera storia, anche sessuale. Dopodiché ha cominciato a trascurarmi, e per me è stato un dolore inaudito. Ho ritrovato i miei diari di allora: esprimevano una sofferenza profonda, totale.

AMBRA: Anch'io ho avuto… I diari sono una cosa fondamentale per me, ancora oggi.

GHERGO: Una vera disperazione. Li ha ritrovati mia sorella, quei diari. La notte stavo lì, ore e ore, ad ascoltare le colonne sonore e piangevo, inconsolabile (sorride). Mi sono straziata.

AMBRA: Anch'io mi sono straziata. Ho conosciuto l'amore molto presto, a 10 anni. Sì, sì, ne sono convinta: era proprio amore. Per un ragazzino di due anni più grande di me, che ho visto crescere: ci siamo conosciuti in bicicletta, siamo passati al motorino, poi alla macchina. Ci siamo mollati definitivamente quando avevo 17 anni, senza essermi concessa. Mi piaceva sapere di piacere molto ai ragazzi, agli adulti. Non arrivavo mai in fondo: il sesso mi faceva paura. Mi piaceva bamboleggiare con tutti.

GHERGO: Siamo simili (sorride).

AMBRA: Avevo bisogno di conferme. Erano il divertimento, la vita. Ma ero sempre innamorata di lui, che era un buono, a pensarci oggi: mi voleva sposare, e questo mi metteva un po' d'ansia, perché non mi ci vedevo sposata a 17 anni. Quando si cercava un'altra per esigenze sessuali, tempi brevissimi, perché le mollava tutte per tornare da me, mi chiudevo in camera, con le canzoni più tristi, più strazianti, e piangevo disperata lacrime amarissime. Chiedevo alle mie amiche: «Chiamatelo, ditegli che sto male», io non lo chiamavo mai… La cosa assurda è che siamo stati insieme sette anni e la prima esperienza sessuale l'ho avuta appena ci siamo lasciati (sorride). Mi rispettava moltissimo: come l'ho mollato, via libera (ride).

I tuoi mezzi d'informazione?

AMBRA: Giornali. Irene e Gianni. Dovevo informarmi per ragioni di lavoro. Erano loro due che mi mettevano davanti le notizie politiche. A quell'età forse mi interessavano anche poco. Ma capivo che erano importanti.

Passiamo al «branco». Che cosa vi divideva, al suo interno, dai ragazzi? E che cosa vi univa a loro?

GHERGO: Se intendi la sfera sessuale: l'aggressione. Ho avuto dei veri choc. Ero un'«allumeuse», ma la mia spregiudicatezza era soltanto apparente. Gli uomini, soprattutto i più grandi, credevano invece chissà che cosa. Una notte sono stata abbandonata in mezzo alla strada, fra Civitavecchia e Santa Marinella, perché non cedevo. Da lì è cominciata la mia propensione per il mondo gay. Il mio più grande amico è diventato un ragazzo omosessuale, e nella corte di gay, di cui ho preso a circondarmi e coi quali vivevo, ho trovato il mio rifugio. Il mio gruppo, sì, aveva una forte connotazione gay. Sono nata in via Bocca di Leone, e lì c'erano questi amici. Molti purtroppo sono stati stroncati dall'Aids. A me è sempre paciuto, ieri istintivamente, oggi razionalmente, vivere la parte più allegra della vita, più leggera, ecco. Gli omosessuali sono molto predisposti all'allegria e alla leggerezza.

AMBRA: Mi trovo d'accordo. Anch'io, all'inizio istintivamente, mi sono circondata di gay, che mi piacevano per la leggerezza e l'ironia. Sono anche entrata attivamente in alcuni Circoli di cultura omosessuale per combattere contro le diversità: vivendo da vicino alcune situazioni, ero maggiormente partecipe delle problematiche.

Avete avuto esperienze omosessuali?

AMBRA: No, esperienze gay mai.

GHERGO: Fra le varie aggressioni eterosessuali, ne ho avuta anche una omosessuale. Negli scambi alla pari che mia madre mi faceva fare con l'Inghilterra, una delle ragazze che è venuta a casa nostra mi ha aggredito di notte (ride). Avevo 15 anni ed ero molto impreparata, non capivo.

Il «branco» com'era? Quando leggete di ragazze che rubano borse di altre ragazze in discoteca, ragazzi insospettabili che rapinano coetanei e li picchiano, sfasciano scuole per vandalismo, profanano tombe e cimiteri, e molti sono reati di noia, che reazioni avete? Voi che cosa combinavate?

GHERGO: La mia è stata la stagione del cazzeggio. Ci si vedeva la mattina, dopo aver fatto sega a scuola, e si finiva la sera nelle case, perché non ci facevano uscire. O si passavano molte ore al telefono. All'interno del gruppo erano vivissime la competizione tra le ragazze, c'è sempre stata e sempre ci sarà, per catturare il maschio, e la gara estetica: «Io sono meglio», «Quella è peggio», «Guarda com'è vestita»...

AMBRA: Io ho cominciato, col lavoro, a frequentare persone molto più grandi di me. Ma a 12 anni ero una delle leader del «branco». Simpatizzavo più coi maschi che con le femmine. Per evitare il confronto, telefonavo alle mie amiche, dicevo: «Oh, domani tutte in gonna», e loro, come pecorelle, arrivavano con la minigonna. Guai se una si presentava in jeans: ci mettevamo d'accordo prima, per evitare che ci fosse quella «originale».

Vi mettevate o «le» mettevi tutte d'accordo?

AMBRA: Diciamo che le mettevo d'accordo; al massimo insieme a un'altra ragazza. L'omologazione, vederci tutte uguali, dava tranquillità, e anche il coraggio di andare a scuola in minigonna, che era un po' folle perché io studiavo dalle suore, quindi puoi immaginare... Trasgressioni... Magari si rubacchiava nei supermercati: il senso del pericolo era eccitante e chi riusciva a fregarsi qualcosa, qualunque cosa, eh, beh... La mia famiglia aveva una villa a Cerenova, dove andavo in vacanza, e si raccontava che lì avessero stuprato delle ragazze. Leggende metropolitane. La sfida era entrarci di notte, da sole, e fermarsi più di 10 minuti. Cazzate. Che non rifarei. Essere coraggiose attraverso le trasgressioni forse era anche un modo di farsi sentire. Quanto alle violenze di oggi che hai citato, non sono tanto d'accordo. Tutte le persone che conosco di quell'età...

GHERGO: I fatti di cui hai parlato nascono da un malessere, familiare e generazionale, da incomprensioni. Io non li ho vissuti. Con mia madre non c'erano poi dei contrasti: era una ribellione istintiva. Nell'adolescenza, il furto nei negozi l'ho fatto, eccome. Spedizioni vere e proprie.

Per il gusto della trasgressione o per il piacere di rubare?

GHERGO: Per avere le cose che non mi venivano date. I famosi pullover di cashmere, che mia madre non si sognava di comprarmi, me li sono andati a prendere. I famosi vestiti di Emilio Pucci, che erano di gran moda, una volta a Capri li ho rubati.

AMBRA: Rubavi quello che ti veniva negato a casa.

GHERGO: E quello che volevo assolutamente.

AMBRA: Io rubavo per sembrare più furba, per fregare la società. Bastava uscire con qualcosa, matite, diari che ci piacevano: la soddisfazione di fregare una persona adulta che ci guardava male quando entravamo tutte insieme; e faceva bene (sorride).

GHERGO: Una volta alla Rinascente mi hanno beccata.

AMBRA: Ah.

GHERGO: Lì mi sono sentita persa. Avevo rubato un vestito e me l'ero messo sotto quello che indossavo. Sono stata portata in direzione dove mi hanno detto ciò che mi sarebbe capitato. Improvvisamente ho avuto coscienza di quello che avevo fatto e stavo facendo. Avevo 14-15 anni. Ho avuto il terrore che mia madre lo venisse a sapere e il terrore delle conseguenze. Mi sono talmente disperata che hanno avuto pietà. Mi hanno lasciata andare. E ho smesso. Ho avuto uno choc. Dopo, mia madre si è accorta di questi abiti, ha capito e sono stata punita: 15 giorni chiusa a casa. Mi ha anche sequestrato tutto, cosa che mi ha fatto soffrire più della punizione (ride). Il sequestro del malloppo è stato terribile.

AMBRA: Io non sono stata mai beccata.

Qual era la legge per essere accettate nel «branco»?

GHERGO: Mah. Anch'io, come Ambra, sono stata una leader. Stabilivo le leggi e si faceva quello che dicevo io.

Le stabilivi anche per i ragazzi?

GHERGO: Abbastanza. Dopo la mia disavventura sentimentale ho maturato una crudeltà verso gli uomini. Credo di praticarla tuttora (sorride). Non mi sono più fidata. E quindi trattavo male tutti. Li facevo invaghire e poi li punivo. Allora c'era l'84, un nightclub: si andava e si usciva quando decidevo io; il centro di aggregazione era casa mia, non altri luoghi. Non avevo la patente, ma ho sfasciato quattro macchine di quattro amici (ride). Ero violenta.

AMBRA: Io ero un punto di riferimento. Ma coi maschi avevo un rapporto strano. Sapevo che la donna che dettava legge non poteva funzionare: allora fingevo di assecondare quelli che volevano sentirsi importanti; poi, in realtà, facevano sempre e comunque quello che dicevo io con il mio gruppo di femmine. Le cose che decidevamo erano poche, alla fine: c'era una voglia di omologare tutto. Ma la musica doveva essere quella che piaceva a me o a quei pochi che rispettavo: pop, rap, Jovanotti, e tutte dovevano avere le magliette di Lorenzo. Volevo comandare i fidanzamenti: non mi piaceva che qualcuna mi sfuggisse di mano o prendesse il mio posto. Decidevo i destini e le sorti... (ride).

Il sesso è stato anche un gioco?

GHERGO: Non era un gioco: era uno strumento di conquista. Per poi frenare. Mi sono sposata a 17 anni. Immediatamente dopo ho avuto una vicenda diversa.

AMBRA: Per me è stato la stessa cosa: usavo quest'arma, se così si può chiamare, contro quei poveretti che mi capitavano a tiro. Ma ho sempre avuto o troppo rispetto o troppa paura per affrontare il sesso in maniera tranquilla: mi sentivo troppo esposta, forse ero poco sicura di me, anche solo della mia fisicità e, non conoscendola bene, non mi liberavo facilmente.

Come avreste risposto a una proposta «indecente» per ottenere qualcosa che vi stava a cuore?

GHERGO: Sono stata sempre molto vanitosa, ma non particolarmente ambiziosa. E forse questo mi ha protetto. Certamente, tutto ha un prezzo. E può accadere di cedere.

Nel tuo «branco» è accaduto?

GHERGO: Ma sì. È uno strumento: inutile negarlo.

AMBRA: Sono d'accordo con Irene. Ma poi, darla via, non produce molti risultati, alla fine. Ottieni la cosa che vuoi, e può darsi che non ti capiti mai più altro. La tecnica giusta è quella che adoperavamo quando eravamo ragazzine, quando era ragazzina anche Irene: farla odorare a tutti e non darla mai.

GHERGO: Infatti. «Ah, guarda quella: l'ha data a quello là e quindi è arrivata...» Io dico sempre: «Non è facile darla a quello là. Prima di tutto bisogna che te la chieda», tanto per cominciare (ride).

AMBRA: Bisogna fargliela piacere (sorride).

GHERGO: E non è un meccanismo così automatico (ride).

Ve le hanno fatte queste proposte?

GHERGO: A me sì.

AMBRA: Esplicitamente, mai. Mai mai.

Velatamente?

AMBRA: Adesso comincia a capitarmi. Prima no, forse perché ero troppo piccola e c'era il timore, dall'altra parte, di essere presi a male parole.

GHERGO: C'è anche un orgoglio, una considerazione di sé.

AMBRA: Bisogna pure saperla dare alle persone giuste (ride).

GHERGO: E al momento giusto.

AMBRA: Devi essere brava pure nel darla.

GHERGO: Darla, la dànno in molte: anche molte che non lo dicono. Si sa, è scontato. Poi c'è il problema della tenuta. E molto raro che sia un vero punto di partenza. Quelle che ci riescono, la marcia in più ce l'hanno.

AMBRA: Eh, beh, sì: la dànno meglio delle altre (ride). E sanno dosare…

lla vostra storia c'è una trasgressione favolosa?

GHERGO: Andare a un ballo, incontrare il principe azzurro, toglierlo a un'aristocratica e sposarmelo. L'ho fatto, certo: mio marito era fidanzato con una di quelle ragazze che giudicavo mitiche. Più che una trasgressione, è stato un obiettivo raggiunto.

AMBRA: Le trasgressioni me le sono sempre concesse, ma non le ho mai vissute nel modo giusto. I sogni erano di andare a vivere da sola, il prima possibile, in una casa mia… che poi non si capisce perché: vai a vivere da sola e stai peggio di prima. Nel lavoro era di riuscire a risolvere anche il rapporto con Boncompagni, perché di fatto era lui che mi faceva esistere in televisione. Ogni tanto avrei voluto dire io delle cose a Gianni, invece…

GHERGO: Infatti, ti torturavi le mani. Io ti vedevo: avevi una problematica forte con lui, perché ha una personalità fortissima.

AMBRA: Trasgredivo per quello che potevo, qualche volta.

GHERGO: Era abbastanza straordinario: una ragazzina di 15 anni si misurava con un uomo di, allora, 60.

AMBRA: Perché ero indipendente. Avevo deciso di stare sotto, avevo tutto da imparare e tanto da guadagnare. Ma ogni tanto la ribellione scattava.

GHERGO (al cronista): Non riusciva a esprimerla, allora magari sfuggiva. Scappava, e non l'acchiappavi, quando non riusciva a imporre quello che era naturale avesse da rivendicare, perché *Non è la Rai* per lei era anche una dittatura: «Ti pettini così, ti vesti così, dici questo, fai quest'altro…».

AMBRA: Era anche la cosa più affascinante. Spesso ridevo di cose che non capivo assolutamente, ma sapevo che Boncompagni era stupito anche di questo. Una sua battuta ironica magari la capivo tre giorni dopo, ma sapevo che dovevo ridere immediatamente. E ridevo. L'idea che io avessi capito, lui la doveva avere subito, non potevo aspettare: i tempi erano quelli e dovevo rispettarli.

GHERGO (al cronista): È spietata, Ambra (ride). Ma poi ha razionalizzato: poteva essere un disastro la sua vita, invece l'ha risolta bene… Scusa, posso tornare alla trasgressione? La trasgressione, per i tempi, era di fare l'amore a 15 anni. Perché era proibito. Un tabù. La verginità era un valore assoluto. Una che decideva di perderla era una vera trasgressiva.

AMBRA: Anche adesso, perché la verginità è tornata di moda.

GHERGO: È tornata di moda? (incredula).

AMBRA: È tornata di moda: tutte le femmine devono essere vergini.

GHERGO: Anche il bacio non è che fosse concesso… Mia madre non era ossessiva. Non avevo con lei una confidenza di questo tipo. Infatti non ha capito che ero incinta fino a quando non mi sono sposata. Non sapevo come dirglielo: piangevo per le nausee da sola in cucina, perché qualunque cosa mangiassi mi faceva vomitare. Ma non glielo volevo dire. L'ha saputo due giorni prima, quando facevo le prove con il vestito bianco e tanto di velo, come fossi la vergine di tutti i tempi. La sarta ci ha messo tre mesi a confezionarlo e a ogni prova sembrava che si restringesse di cinque centimetri (ride) perché le mie tette lievitavano e il punto vita era sempre più largo.

Oggi quali teenager vi vedete attorno? E che giudizio ne date?

GHERGO: Poveracce (delusa).

AMBRA: Poveracce (ride).

febbraio 2002

Carlo Cecchi – Gabriele Lavia
Caro spettatore non ci piaci più

Carlo Cecchi, fiorentino, e Gabriele Lavia, milanese per sbaglio, siciliano di fatto, stessa età, 60 anni, stessi anni di teatro alle spalle, una quarantina, «più o meno», uno residente a Campagnano, uno residente a Roma, attori e registi, per la prima volta reciteranno insieme. Il testo che hanno scelto per il «debutto», un evento della prossima stagione, è La storia immortale *della scrittrice danese Karen Blixen (1885-1962). L'adattamento è di Lavia, che firmerà anche la regia. «È uno spettacolo molto particolare», sottolinea. «Una scommessa.» La prima assoluta è fissata per dicembre.*

L'incontro professionale di questi due protagonisti delle scene italiane è l'occasione di questo Faccia a faccia, consumato in casa del cronista, per parlare delle malattie croniche di cui soffre il teatro in Italia, delle grandi attrici, dei grandi attori, dei grandi registi del Novecento, degli eredi, della società teatrale, eccetera eccetera eccetera.

Dice LAVIA (ripetendo la domanda del cronista): Dove sta andando il teatro?

Dice CECCHI (sorridendo): Non lo so dove sta andando.

LAVIA: Nessuno può saperlo, perché il teatro, è un mio pensiero, è qualche cosa che avviene dentro di noi. Quello che vediamo sul palcoscenico è un tentativo di spettacolo. Ma il teatro non è lo spettacolo: avviene dentro l'attore e dentro lo spettatore in un ideale incontro a metà strada fra il fisico e il metafisico. Sapere dove va il teatro vorrebbe dire sapere dove andiamo noi. Non è che il teatro si allontani dalla società perché non ci sono più attori, non ci sono più autori, non ci sono più registi. È l'uomo che si allontana da quello che Aristotele chiamava «il punto del sé»: uscir fuori costantemente dal sé, per trovare tutto ciò che è necessario al sé fuori da sé, conduce a un allontanamento da quello che avviene dentro di sé. Il teatro avviene dentro di noi e ha bisogno di una scelta profonda di libertà. Noi pensiamo che la società tecnologica abbia dato il tempo «libero» all'uomo. Ha dato soltanto il tempo «vuoto», che viene riempito da chi ha il potere di riempirlo, e cioè i mezzi simbolici: i calendari, i giornali, la televisione in modo particolare.

CECCHI (al cronista): La prima cosa che m'è venuta in mente, mentre facevi la domanda, è stata: Sta andando? Ma andare è un'azione, un movimento. Prima di tutto, in che senso sta andando? Non si può parlare del teatro italiano al di fuori del teatro europeo (conosco poco quello americano). Il teatro europeo mi pare che in generale sia molto fermo, smuova i piedi nello stesso posto, soprattutto quello francese e tedesco, che è in fondo il modello strutturale del teatro italiano: gli Stabili, le istituzioni, l'intervento dello Stato. Il modello non è certo il teatro inglese.

LAVIA: Secondo te qual è la ragione per la quale il teatro europeo pesta i piedi sulla stessa impronta?

CECCHI: Quante volte da ragazzo, e molto di più da adulto, ho sentito il ritornello della morte del teatro. Forse, adesso, la situazione è più grave per quello che dicevi tu: l'invadenza della televisione, dei mezzi di comunicazione di massa, riempie uno spazio che prima poteva essere affidato di più al teatro. Ma io credo che tutta la cultura europea smuova i piedi nello stesso luogo: la narrativa, la pittura, la musica, in questo momento... quelle che venivano considerate le espressioni, in senso tradizionale, dell'arte. Probabilmente la parola crisi non è appropriata. Mi pare che ci sia...

LAVIA: Una sorta di vago crepuscolo.

CECCHI: Di immobilità. È raro leggere un bel romanzo europeo: che testimoni, cioè, di una necessità, e di uno stile, dell'autore. Questo appare meno nell'àmbito della saggistica, che mi sembra sia il genere più vivace. La situazione in Italia si complica particolarmente perché in Francia o in Germania c'è, se non altro, un'abitudine secolare al teatro che in Italia non esiste.

LAVIA: In Francia, in Germania, in Inghilterra c'è una consuetudine ad andare a teatro che ormai è dentro il costume, fa parte della morale della società.

CECCHI: Sì. Dell'educazione delle classi medie.

LAVIA: In Italia questo non c'è.

CECCHI: Non c'è mai stato.

Perché non riesce a nascere una comunità interessata a stabilire un rapporto di necessità col palcoscenico?

CECCHI: Il nostro modello è stato il modello francese e il modello tedesco: quello che Marc Fumaroli chiama «lo stato culturale». Ma in questi Paesi c'erano secoli di tradizione dietro le spalle. In Italia molto presto, quasi subito, le istituzioni si sono trasformate da mezzo a fine. È accaduto in tutti gli àmbiti e in tutti i campi. Le istituzioni teatrali, che dovevano essere un mezzo per la creazione di un teatro e di una società teatrale, si sono preoccupate soltanto della loro affermazione e della loro difesa. Gli spettacoli sono diventati un mezzo per mantenere in vita quelle strutture che sono, nel loro piccolo, strutture di potere.

La politica è stata perniciosa?

CECCHI: Se il fine era di contribuire a fare esistere un teatro, formare un pubblico, educarlo anche, non si può dire che sia stato raggiunto.

LAVIA: È una realtà oggettiva. Se facciamo in maniera molto ruspante un'analisi storica del teatro prima della guerra, durante la guerra e nel dopoguerra, possiamo vedere una metamorfosi profonda dell'istituzione teatrale, non del teatro in sé. Prima della guerra, e nel primo dopoguerra, abbiamo un teatro che viene fatto dai capocomici: attori che, in genere, vengono chiamati grandi attori, nei quali il pubblico si riconosce, si rispecchia, e va, come si dice, a vedere.

Per esempio?

LAVIA: Renato Ruggeri, Lamberto Picasso, Eleonora Duse…

CECCHI: Renzo Ricci, Memo Benassi…

LAVIA: Gli spettacoli di questi grandi attori obbedivano alla legge, fra l'altro, della povertà: non avevano molti soldi; dovevano cercare di fare spettacoli, dal punto di vista della messa in scena, molto semplici. A volte erano molto sconsiderati: operavano tagli, cancellavano personaggi, cambiavano i finali. Dopodiché, anche in Italia, è arrivata la regia, che ha portato alcune novità: delle buone novità e delle cattive novità.

Quali sono state quelle buone?

LAVIA: Messe in scena più accurate, lavoro sul testo più approfondito e meno scanzonato. È arrivato il regista: «No. Nell'*Amleto* c'è anche Fortebraccio». Non si può far finire il dramma con le parole che Amleto pronuncia un attimo prima di morire: «Il resto è silenzio». Anche se il pubblico tutto quello che avviene dopo la sua morte non lo sta proprio a sentire, non si può tagliare il personaggio di Fortebraccio. Ma, poco alla volta, l'interesse dell'istituzione o dell'intellighentia o dell'intellettuale si è concentrato non sul fenomeno intimo, profondo, spirituale del teatro, quanto sul fenomeno culturale, intendendo la cultura come qualche cosa che avviene nel segreto di una stanza, sui libri, sui quaderni. Non è la mia idea, naturalmente. Poco alla volta, gli attori di questi grandi registi sono impalliditi e il pubblico non si è rispecchiato più in loro.

CECCHI: Nemmeno la cultura italiana ci si è rispecchiata.

LAVIA: No, nemmeno.

CECCHI: I grandi scrittori avevano un certo disprezzo per il teatro italiano come veniva fatto.

LAVIA: Sto parlando di un momento prima di quello a cui tu alludi. Sto parlando degli inizi degli anni Sessanta.

CECCHI: C'era già un distacco della cultura dal teatro dei grandi registi e delle grandi istituzioni. Mi ricordo benissimo il fastidio che provavano Elsa Morante, Pier Paolo Pasolini, lo stesso Moravia.

LAVIA: Poi tentò Pasolini di fare un teatro.

Non era il teatro che li snobbava?

CECCHI: No. Direi che era una estraneità reciproca.

LAVIA: *La mascherata* di Moravia, Strehler la mise in scena ed ebbe un clamoroso successo. La *Beatrice Cenci* fu messa in scena.

Anche per questo non è nata una drammaturgia italiana?

LAVIA: Per esserci una drammaturgia ci vuole una società definita. Di che cosa parli? Quali storie racconti? Forse per raccontare delle storie italiane ci sono mezzi più semplici, che sono i più immediati, come il cinema e la televisione. Il teatro, anche se presenta piccole storie, lo fa in maniera grande. Sono grandi storie di ometti. Grandi momenti.

CECCHI: Io non lo so perché è tanto che non leggo la drammaturgia italiana attuale. Tu la leggi?

LAVIA: Ti devo dire la verità: leggo cinque pagine, sette, mi spingo anche a 10. Ma dopo la prima ho già capito. Ogni teatrante ha la drammaturgia propria, attraverso la quale riesce a esprimere se stesso. È più interessante trovare o racconti o vecchie sceneggiature o romanzi, che slabbri, ricuci, rimonti, tradisci. E racconti poi una tua storia.

CECCHI: Ma Gabriele ha un talento... La riduzione che ha fatto della *Storia immortale* è notevolissima. (Al cronista): Prima di cominciare questa chiacchierata, mi citavi un'affermazione di una diecina d'anni fa di Peter Brook: «Se da un giorno all'altro tutti i teatri chiudessero, non se ne accorgerebbe nessuno». Lo abbiamo sempre pensato. Se ne accorgerebbero quelli che lo fanno. E pochi altri.

LAVIA: Nel Seicento, quando in Inghilterra chiusero i teatri, non ci fu mai tanto teatro, in quel Paese, come allora. Anzi: la chiusura dei teatri segnò la grande rivoluzione del teatro. Nacque il teatro della restaurazione, perché si ritrovavano, nelle case degli aristocratici, a recitare delle commedie, non potevano più recitare i drammi storici nei salotti: nacque il *conversation play*. Di nascosto, fuori dalle istituzioni.

CECCHI: Ma l'Inghilterra veniva dall'esperienza prodigiosa dell'invenzione del teatro elisabettiano, che in qualche modo ha rivoluzionato la società inglese.

LAVIA: In qualche modo, forse, ha rivoluzionato tutte le società.

CECCHI: Tutto il teatro del mondo.

LAVIA: E anche il cinema, peraltro. Perché il teatro elisabettiano ha una struttura che ancora oggi viene utilizzata come struttura cinematografica.

Gli aspetti negativi?

LAVIA: Si è spostata l'attenzione dal rapporto attore-spettatore all'ideazione, all'immaginazione della regia: a tutto quello che non è il teatro in senso stretto. Quando si dice «la morte del grande attore», in realtà si dice, con parole un po' imprecise, quello che sto dicendo. Non esistono i grandi attori. Una volta si diceva: vado a vedere il *Re Lear* di Benassi. Oggi si dice: vado a vedere il *Re Lear* di Ronconi oppure di Strehler oppure di Scaparro.

CECCHI: Ma neanche più.

LAVIA: Neanche più?

CECCHI: No.

LAVIA: Ah, sì? Non si va più. Non andiamo proprio a vederlo (ride).

CECCHI: E questo è quasi meglio (ride).

LAVIA: Forse sì: hai ragione tu. Non si va proprio.

CECCHI: Non si dice più, perché il cosiddetto grande regista... io e lui siamo due attori, ma anche registi... il cosiddetto grande regista, tutto maiuscolo, ormai è già tramontato. Al pubblico non gliene fotte niente. E chi sa che non sia meglio.

LAVIA: Io ritengo che sia meglio.

Quindi, la scomparsa dei grandi registi...?

CECCHI: Non esageriamo.

LAVIA: Non si può negare che esistano grandi registi.

CECCHI: Mettiamoci in testa una cosa. Il teatro muore nel momento in cui non c'è più nessuno che, o per fortuna o per disgrazia sua propria, questo non lo so, sale su un palcoscenico e recita. Quando non ci sarà più nessuno che viene spinto da motivi misteriosissimi a dire cose che non ha inventato lui, ma che reinventa nel momento in cui va su quelle quattro tavole, allora il teatro muore. Non mi rompano il cazzo coi registi. Finché ci sarà uno che sale sul palcoscenico e trova magari quattro persone, magari cinque, disposte ad ascoltarlo, il teatro è vivo.

LAVIA: Il nostro vecchio maestro, tanto vituperato, Orazio Costa Giovangigli...

CECCHI: Non lo amavo. Era una cosa reciproca: io non lo amavo, lui non mi amava.

LAVIA: Ma riconosciamogli alcune qualità: fu il primo, se ben ti ricordi, che tolse la parola regia dai suoi spettacoli. Sui cartelloni non c'era scritto: Regia di Orazio Costa. Lui era un coordinatore-spettatore privilegiato: aveva il privilegio di vedere lo spettacolo, da solo, mentre diveniva. Spesso lo andavo a trovare. Ho assistito alle prove, quando l'attore gli chiedeva: «Ma io dove vado? Cosa devo fare?». «Ma caro, tu sei l'attore, lo devi sapere meglio di me.»

CECCHI: Aveva ragione. Anch'io lo dico sempre ai miei attori.

LAVIA: Un regista può soltanto dire: «Un pochino più di qua, un pochino più di là». Oppure: «Più forte, più piano, soffiato». In ultima analisi, non può che dire questo. Adesso stiamo semplificando troppo, ma...

State esasperando...

LAVIA: Non stiamo esasperando. Quello che sto dicendo io, e credo di capire quello che sta dicendo Carlo, è questo: l'ispirazione artistica è qualche cosa di molto privato, è dentro l'attore; il regista migliore è quello che riesce ad aiutare l'attore ad arrivare a sfruculiare, sollecitare, vellicare quel punto dove può liberare la sua verità, perché se non c'è una verità poetica, profonda, quasi sempre molto dolorosa... Anche per i personaggi comici, perché il comico che cos'è? È guardare il male da uno speciale buco della serratura. I testi comici propongono gente che muore di fame, disgraziata, che inciampa, alla quale ne succedono di tutti i colori. Invece di guardarla frontalmente, la guardi con uno sguardo obbliquo.

Perché allora si dice, per esempio, che un attore che lavora con te rischia di diventare un piccolo Lavia?

CECCHI: Questo spesso avviene.

LAVIA: Avviene perché per il poco tempo a disposizione, dobbiamo andare in scena, mettiamo il 22 e manca una settimana, il regista è condannato a dover mostrare agli attori delle cose.

CECCHI: Credo anche per un altro motivo: quando il regista è anche un attore, di solito, com'è il caso dei qui presenti, la sua certezza, la sua forza è tale che fatalmente si tende a imitarlo.

LAVIA: Forse questo è vero. Facendo un'autocritica molto violenta, oggi non commetterei più quegli errori.

CECCHI: Io ho agito in maniera sempre molto diversa da te. Non ho mai detto agli attori cosa fare; mi sono concentrato per trasmettere, far capire quali sono le regole del gioco teatrale; ma poi il gioco l'avevano da giocare loro. Eppure anche a me si dice la stessa cosa.

LAVIA: È probabile che una frequentazione costante, un affetto reciproco, possa avere questa conseguenza. D'altra parte, succede sempre che alla fine marito e moglie finiscono per somigliarsi.

CECCHI: Magari per contrasto.

Quali sono le malattie croniche del teatro?

LAVIA: Non ci sono gli attori e non ci sono gli spettatori: la qualità dell'attore e la qualità dello spettatore. Io vado a teatro da quando avevo tre anni: il primo spettacolo che ho visto è stato *Cirano di Bergerac* con Gino Cervi al Biondo di Palermo. Da allora, e da quando mi occupo direttamente di teatro, la cosa che mi ha colpito di più è la dequalificazione del pubblico. Non so la ragione. È troppo semplice dire: la colpa è della televisione, che peraltro penso che abbia la sua buona dose di responsabilità. Ma veramente il pubblico è molto, molto, molto peggiorato. E quindi anche l'attore, probabilmente, perché anche l'attore è cittadino, essere umano, pubblico.

Chi sono stati i grandi attori italiani del Novecento?

CECCHI: Credo che Eleonora Duse sia stata una grandissima attrice.

LAVIA: Io non l'ho mai vista.

CECCHI: Nemmeno io. Ma dalle lettere che scrive, dalle cose che ho letto... Fra gli attori che ho visto recitare, il più grande è Eduardo De Filippo.

LAVIA: Eduardo, va da sé. Memo Benassi, che ho rivisto in video, li mangiava tutti. Gianni Santuccio era un grandissimo attore.

CECCHI: Io metteri Salvo Randone.

LAVIA: Randone. Turi Ferro.

CECCHI: Turi Ferro.

LAVIA: Sono tutti attori che hanno mantenuto una radice con la loro terra molto forte. Evidentemente perché la lingua italiana è una lingua astratta, letteraria, e conservare le radici semplifica il problema di andare a cercare dentro di sé qualcosa di autentico. Poi ho visto delle grandi attrici come Sarah Ferrati.

CECCHI: Sarah Ferrati, sì. L'ho vista poco.

LAVIA: Rina Morelli era una grande.

CECCHI: Anche lei l'ho vista poco. Metterei di sicuro Pupella Maggio, fra le grandi attrici del Novecento.

LAVIA: Pupella, certamente. Io sto parlando delle attrici che non usavano la loro lingua vera, perché il napoletano è una lingua, come il siciliano. Un altro grande attore, misconosciuto, perché faceva tante cose, ho avuto modo di rivederlo in una ripresa televisiva, è Cesco Baseggio. Gilberto Govi era straordinario. Quando li rivedo in televisione, la notte, rimango sbalordito.

CECCHI: Lina Volonghi.

LAVIA: La Volonghi, grande attrice.

E i registi?

CECCHI: Io credo Luchino Visconti. Giorgio Strehler, fino a un certo punto.

LAVIA: Penso che Strehler abbia avuto più di Visconti un'idea morale del teatro, e quindi anche politica: morale nel senso etimologico del termine. Ma Visconti l'ho visto soltanto nelle ultime cose, il suo piglio era un pochettino sbiadito. Di Strehler certamente ho visto degli spettacoli che non dimenticherò mai. Quando vidi *Vita di Galilei* di Bertolt Brecht, ero ragazzo, ne fui stupefatto.

CECCHI: Pensa che m'annoiava tanto.

LAVIA: Ma, sai, io abitavo a Torino: vedevo gli spettacoli che si facevano allo Stabile. Vado a Milano, vedo l'*Opera da tre soldi*, *Vita di Galilei*, *El nost Milan*… C'era un'idea monumentale del teatro, Strehler aveva questa visione. Anche se si sforzava di essere semplice, era sempre grande. Non era proprio capace di fare una cosa immediata: forse era il suo limite, ed era il limite della sua grandezza. Un altro regista come lui non l'ho visto, anche perché sono un maniaco della precisione, della pulizia: fanno parte del mio codice genetico, delle mie manie, della mia nevrosi, del mio segno zodiacale.

CECCHI: I più grandi registi che ho visto sono inglesi: Peter Brook, Peter Hall… Non hanno mai abbandonato il rapporto immediato, artigianale, semplice con il fare teatro; non si sono mai lasciati fuorviare da troppe letture critiche.

LAVIA: Penso che tu abbia ragione. Non hanno fatto una regia con tutto al maiuscolo. L'attore era sempre lì.

CECCHI: Era più semplice e mi sembra, alla fine, più grande.

LAVIA: Penso che tu abbia ragione.

CECCHI: Mentre i registi tedeschi, anche là dove ci sono dei veri talenti, sono sempre appesantiti da Weimer, dalla drammaturgia di Amburgo…

Perché, torno agli attori, non c'è un ricambio generazionale dello spessore di quelli che avete ricordato?

LAVIA: Forse il ricambio c'è. Forse manca la condizione socio-politica perché ci sia. Posso parlare soltanto per me. Io, non lo dico per civetteria, non credo di essere una persona arrivata: non sono arrivato da nessuna parte. Non mi ritengo particolarmente bravo e non mi viene facile fare quello che faccio. Ti dirò di più: non ho neanche un orgasmo quando sto sul palcoscenico. Alle prove un po' mi diverto; quando ci sono gli spettatori già mi vergogno, non mi va di recitare. La mia storia come è nata? Sono uscito dall'Accademia; ho fatto un anno con lo Stabile di Genova; l'anno successivo ho cominciato a fare subito delle parti importanti: il messaggero dell'*Edipo Re*; dopo mi hanno chiamato in televisione per interpretare Costantino del *Gabbiano*, dove nella parte di Trigorin recitava Giancarlo Sbragia che mi chiede, al secondo giorno di prove, se volevo fare Don Carlos nel *Don Carlos* di Schiller. Avevo 23 anni o 24. *Don Carlos*? Di Schiller? L'anno dopo Virginio Puecher mi chiama per interpretare Enrico V nell'*Enrico V*. Vuoi o non vuoi, alla fine, qualcuno dice: «Ma chi è questo rompicazzo?». E mi sono trovato, anche per una buona dose di fortuna, ad avere la possibilità di portarmi addosso uno spettacolo. Forse non si fanno più questi spettacoli, non lo so.

Oppure nessuno insegna più e nessuno vuole imparare?

LAVIA: Il problema delle scuole è ben curioso. Si sono centuplicate e sono così tanto diminuiti gli attori.

CECCHI: Io non so quali siano le malattie croniche. La mia biografia, per fare un discorso parallelo a quello di Gabriele, è molto diversa: comincia con una rivolta. Ho pensato, come alcuni di quegli anni lì, metà degli anni Sessanta, che si potesse reinventare un teatro, rifiutando anche estremisticamente quello degli Stabili, e quindi rivolgendomi ad altre esperienze, fra le quali sono state fondamentali quella del teatro napoletano e quelle delle Avanguardie contemporanee, Living Theatre, eccetera. Sono stato segnato da questa origine: i momenti più vitali della mia vita professionale sono sempre stati quelli in cui il teatro si inseriva in un movimento di trasformazione della società. La contrapposizione teatro borghese-teatro antiborghese era frutto dell'estremismo degli anni Sessanta, ma mi è servita per capire alcune cose non solo sul fare teatro, ma anche sul suo rapporto con la società, e quindi con le istituzioni che lo gestivano. Un rapporto che si è deteriorato e le cose sono andate sempre peggio. Il processo morboso ha coinvolto la recitazione con la proliferazione delle scuole. Al nostro tempo ce n'erano tre: l'Accademia Nazionale d'Arte Drammatica, il Centro sperimentale di Cinematografia, la scuola di Alessandro Fersen. Forse quella di Milano.

LAVIA: No, non c'era ancora.

CECCHI: Adesso ce ne saranno 300, forse 3000, in Italia. Chi le ha fatte proliferare? I vari assessori, sottosegretari, questa robetta qui... Tutto è cominciato alla fine degli anni Settanta.

LAVIA: Anche l'Università ha una facoltà di teatro dove pare che insegnino anche a recitare. Già l'idea di insegnare è una follia. Non si può insegnare.

CECCHI: La recitazione, ovunque in Europa, non si sa più che cosa sia. Da una parte c'è il paradigma ributtante di questo neo-pseudo-naturalismo della televisione...

LAVIA: Una finta imbarazzata disinvoltura, maldestra.

CECCHI: Ma che è? Uno rimpiange...

LAVIA: Otello Toso (sorride).

CECCHI: ... le lezioni della Setaccioli.

LAVIA: Datemi Franco Volpi.

CECCHI: Datemi la Setaccioli, dico, quando vedo quella roba lì.

LAVIA: Datemi Elena Da Venezia, Iole Morino...

CECCHI: Ma vuoi mettere? Ma stiamo scherzando? Dov'è la recitazione?

LAVIA: D'altra parte, se la gente dà dei soldi a Vanna Marchi e al suo... per avere i numeri del lotto, e beve tutto, perché non si dovrebbe bere la cirlataneria teatrale che è il suo equivalente?

CECCHI: Certo, Gabriele, d'accordo. Ma perché non viene affrontato il rapporto morboso, malato, fra gli elementi che costituiscono la realtà teatrale? Ossia gli attori, il pubblico e le istituzioni che dovrebbero occuparsi di questo rapporto?

LAVIA: Tu hai detto che il mezzo è diventato il fine. La struttura che doveva provvedere a fare il teatro è diventata la struttura che deve provvedere...

CECCHI: A mantenersi.

LAVIA: ... a fare la struttura. Ti voglio dire un esempio molto semplice, e anche banale, che non è assolutamente polemico:

quando uno Stabile deve fare delle nomine, noi vediamo che la preoccupazione non è mai il teatro.

CECCHI: Mai.

LAVIA: Il problema sono le nomine, indipendentemente dal valore profondo, spirituale dell'individuo.

CECCHI: Spirituale e artigianale. E hanno il coraggio di chiamare questa farsa democrazia.

LAVIA: Il vero problema che hanno i politici-amministratori è l'occupazione delle poltrone: cercare di piazzare qualcuno perché almeno così «lo tranquilliamo», come diceva Pirandello. Non sto parlando del teatro di Roma, eh (sorride).

CECCHI: Questa storia va avanti da decenni. È perfino noioso parlarne.

LAVIA: Sarà la fine dei teatri pubblici, perché è evidente che i problemi del teatro si risolvono sul palcoscenico, non si risolvono negli uffici.

CECCHI: Quando il pubblico, che sarà pure rimbecillito, si trova di fronte a un evento teatrale immediato, semplice, ridiventa pubblico. Non sta in quella specie di penombra semiaddormentato.

LAVIA: È vero. È vero.

CECCHI: Il teatro è quello: è là dove si incontrano degli attori... Non voglio dire che il regista non serva. Il regista...

LAVIA: Demiurgo...

CECCHI: Quello è tramontato da un pezzo e non lo rimpiange nessuno. In Inghilterra non si sono mai fatti incantare dalla stupidaggine della grande regia. Non gliene fregava un cazzo del *dramaturg*, secondo i tedeschi.

LAVIA: E forse era la grande, vera regia.

CECCHI: Certo. Il regista serve, perché deve avere la coscienza culturale di che cos'è il teatro, di che cosa sono gli attori e di che cos'è il pubblico.

LAVIA: Deve avere la coscienza di capire il suo rapporto con questa cosa che noi non riusciamo a capire che cosa sia, perché ha i contorni talmente labili, sfumati... Non sappiamo che cosa sia oggi la modernità. Nel 1920 in Germania, nel 1930 in Francia, si sapeva che cosa fosse la modernità. Che cos'è la modernità? All'epoca dell'esistenzialismo francese, ne parlavamo prima a pranzo, si sapeva che cosa significava essere dentro la modernità. Oggi la nostra modernità è uno scialbo, sfiatato...

CECCHI: Postmoderno.

LAVIA: Ma neanche più. È crepuscolo di quello che si chiama il moderno. A tavola ricordavamo una frase di Rilke che a me piace scrivere sulla prima pagina del copione: «Importante è ricordare. Ma ancor più importante è dimenticare. Soltanto quando il ricordo è diventato sangue, sguardo», cito a memoria, «soltanto allora può nascere la prima parola di un verso poetico». Questo ci insegna molte cose.

CECCHI: Anche Proust, in altri modi...

LAVIA: Ci insegna che la vera regia, il vero teatro è quello che si dimentica del teatro; il vero attore è quello che si dimentica dell'attore. La parte, ci dicevamo, non si deve sapere a memoria: te la devi imparare a memoria, la devi dimenticare, e deve venire da sola.

CECCHI: Questa esperienza, che Gabriele testimonia attraverso la citazione di Rilke, e io potrei testimoniare citando Proust, nessun regista... sì, forse Strehler quando l'hai conosciuto tu... può trasmetterla. Ma non a parole. Un attore regista la trasmette, se vuoi disperatamente, in maniera contraddittoria, sbagliando, riprendendosi, la trasmette a un attore attraverso l'azione teatrale, attraverso la recitazione, visto che ha passato la vita a occuparsene.

LAVIA: Mi sembra poi che ci siano dei ragazzi, che sono attori, di buona qualità. Il tuo allievo Valerio Binasco, con cui ho lavorato una volta, mi sembrava un ragazzo pieno di...

CECCHI: Ci sono parecchi attori che hanno lavorato con me e adesso fanno i registi: Arturo Cirillo, Toni Bertorelli, Spiro Scimone, Francesco Sframeli.

LAVIA: Ma non riescono a istituzionalizzarsi.

CECCHI: Come fanno?

Che cosa intendi per istituzionalizzarsi?

LAVIA: Non riescono a entrare in quel circuito, forse è la loro fortuna,...

CECCHI: Mica tanto.

LAVIA: Non riescono a entrare in quel circuito che garantisce comunque, parliamoci chiaro,...

CECCHI: Che darebbe loro la possibilità di evolversi. Tutto è frammentato, casuale, alla fine avvilente. È una fatica devastante.

Pensi agli Stabili?

CECCHI: No, penso al di là degli Stabili.

LAVIA: Il discorso del teatro privato è a parte, ed è molto particolare. Io ho una compagnia privata, ma col teatro privato ho poco da vedere, perché è una compagnia privata anomala, non ho mai fatto gli spettacoli che fanno le compagnie private, non ne sono capace.

Li consideri deleteri?

LAVIA: Alcuni sì.

Ti riferisci agli spettacoli d'evasione interpretati da attori televisivi?

LAVIA: Non disprezzo gli attori della televisione. Ma il tipo di spettacolo che fanno non ha niente a che vedere col teatro. Il sipario si apre, loro parlano più forte che nella vita, il pubblico è seduto in poltrona, probabilmente si diverte di più. Hanno anche più spettatori. Ma non è teatro: è intrattenimento. Il teatro non nasce come divertimento, ma come fatto di sangue. Perché si chiama tragedia? Vuol dire: canto del capro. L'attore imitava il lamento del capro scannato.

Per riassumere?

CECCHI: Riassumere cosa?

Il senso di questa chiacchierata.

LAVIA: Il teatro è indispensabile alla civiltà. La gente non lo sa, ma è indispensabile come la penicillina. Se dovesse sopraggiungere la sua morte, morirà una parte dell'uomo: e forse non una delle meno rilevanti. È importante il teatro. E, come spesso accade, non diamo molto peso alle cose importanti. Come può esistere l'uomo senza l'*Edipo Re*, senza l'*Amleto*? Non voglio dire senza un attore…

CECCHI: Finché siamo vivi noi (sorride) è meglio che il teatro viva.

LAVIA: Anche perché devo pagare l'affitto (ride). E ho tanti figli, tante mogli…

CECCHI: Non solo per quello. Ma pensa la noia delle nostre giornate, se non dovessimo recitare. E anche degli spettatori, se non avessero neanche la prospettiva…

LAVIA: Di andarsi ad annoiare a teatro (sorride).

CECCHI: No. La prospettiva che ci possa essere uno spettacolo che sia veramente teatro, dove non si annoiano, ma si esaltano. È difficile ucciderla questa speranza, che poi è la speranza dell'arte. Cos'è l'arte? Una promessa di felicità. Questa è l'arte. Il teatro lo è in maniera immediata, nel tu per tu fra persone vive, in carne e ossa: è una sintesi di questa speranza. E finché questa promessa e questa speranza ci sono, come fa a morire il teatro? Tutto deve essere ridotto alle preoccupazioni televisive attuali, cioè il prezzo dei carciofi e lo smog?

LAVIA: Ma è difficile riuscire a trovare degli attori, me ne accorgo quando vado a teatro, che abbiano la coscienza di questa necessità.

CECCHI: Questo è vero.

LAVIA: Di questa urgenza dolorosa, lancinante.

CECCHI: Hai ragione.

LAVIA: Se veramente uno vedesse sul palcoscenico questa urgenza dolorosa...

CECCHI: Questa necessità.

LAVIA: L'urgenza è sempre dolorosa. È come quando desideri fare l'amore con una donna.

CECCHI: I corpi degli attori ormai sono spesso corpi generici, dei mammozzi.

LAVIA: Nei toni. Gli attori non si parlano. Io li sto a sentire molto, anche quando sono in scena. L'attore non parla...

CECCHI: All'interlocutore.

LAVIA: Non c'è il tono del parlare «con», ma del parlare «a».

CECCHI: E a un «a» molto astratto.

LAVIA: È un problema tecnico, anzitutto. Ma non è soltanto un problema tecnico.

CECCHI: No.

LAVIA: Discende dalla necessità di confrontarsi con un uomo, mettiamo Carlo Cecchi, che in quel momento sulla scena si svela e si confessa proprio perché usa parole prese in prestito da un altro autore. Quando dicono: «Io entro nel personaggio», dicono delle grandi stronzate. Il personaggio non esiste. Chi è Amleto? Che faccia ha? Non lo so.

CECCHI: È il tuo rapporto con Amleto.

LAVIA: Esiste Cecchi che dice delle parole a Lavia che dice altre parole che non sono sue. Ma le parole sono un dettaglio. Altrimenti Amleto recitato da me, Amleto recitato da Carlo, Amleto recitato da te sarebbero tutti uguali. Invece sono tutti diversi, perché io, lui, tu confessiamo, sveliamo noi stessi, anche se non sappiamo di farlo.

CECCHI: Ma è chiaro. La maggioranza degli attori si sottrae, anche perché l'orizzonte culturale di un attore si è talmente...

LAVIA: Sbiadito.

CECCHI: Sbiadito. Noi avevamo dei termini di riferimento più precisi: la nevrosi, il complesso di colpa, Freud, Marx, Stanislawskij... Eravamo più vicini a cose ancora viventi. Adesso che tutto è uguale a tutto, e niente conta più, è più problematico...

LAVIA: In genere quando uno si mette a tavolino per provare pensa sempre che il teatro ci sia.

CECCHI: Se il teatro fosse morto non ci metteremmo proprio. Noi non siamo morti.

LAVIA: Ma tu stai facendo l'ultimo dei moicani (ride).

CECCHI: No, no.

LAVIA: Questa volta l'organizzatore ha avuto più facilità a piazzare *La storia immortale* della Blixen.

CECCHI: Alla lettera: l'organizzatore teatrale in Italia è in primo luogo un piazzista.

LAVIA: Da quando «la Repubblica» ha pubblicato l'intervista nella quale annunciavo lo spettacolo non hanno fatto altro che chiamarci.

CECCHI: E quindi si piazza bene. Cos'è il teatro italiano? Si dovrebbe dire questo: tutto si riunisce, in maniera molto semplice, nel verbo piazzare.

LAVIA: Difatti una cosa che mette sempre in angoscia l'attore, e anche l'impresario, è la sigla *ddd*, data da definire (ride): vuol dire che hai dei buchi nel calendario, le piazze non ci sono.

Un'altra angoscia, sera per sera, è chi incassa di più?

LAVIA: Era un gioco divertente che facevamo una volta. Quando ero in scena all'Eliseo con *I masnadieri*, Gassman recitava nell'*Otello* al Quirino. Allora facevamo a gara a chi incassava 2000 lire di più. Certe volte Vittorio comprava 10 biglietti, certe volte li compravamo noi. Poi ci incontravamo al ristorante: «Ma tu li hai comprati, i biglietti?».

CECCHI: Testimonia un teatro vivo. Adesso è tutto sulle piazze.

LAVIA: Sì, sì: le piazze. Piazzare.

CECCHI: Le piazze fanno sì che uno spettacolo si piazzi. Poi ci sono tutte le varianti: come si fa a piazzare un'attrice o un attore? Negli anni gloriosi del povero Bettino facevano, pare, le distribuzioni piazzando secondo il Caf.

LAVIA: Sì, è vero, sì. Spettacoli e anche attori e attrici, ancora viventi.

CECCHI: Anche oggi: «Piazzami questa attrice», «Piazzami questo attore», non solo lo spettacolo. È il verbo fondamentale del teatro italiano.

marzo 2002

Vittorio Sgarbi – Alberto Sughi
Trasformiamo i musei in case chiuse

Dice VITTORIO SGARBI: Ho sempre cercato, fino all'ultimo, di conoscere, individuare, salvare l'ultimo gesto del pittore sulla tela. Non
mi pare che si possa dire esaurito il rapporto di necessità che muove l'artista a usare il pennello per una rappresentazione del mondo
che può diventare estenuata, entrare in competizione con quanto è
stato dipinto prima e avere una crisi di continuità: come se fosse
inopportuno ripetere un gesto già fatto, pensando che non si potrà
fare meglio di Velàzquez e di Rubens, quattro secoli dopo di loro.
Questa difficoltà fu sentita dai manieristi, rispetto a Michelangelo e
Raffaello, i due grandi maestri classici, a Caravaggio, che sembrava
insormontabile, a Goya. Esiste un limite insuperabile: è come se la
pittura avesse detto tutto. E questo è un primo motivo alla base della sensazione che ci sia stata, o ci sia, una interruzione nella possibilità di andare avanti per i pittori.
Ne esistono altri?
SGARBI: C'è ancora il cavallo: e dunque si può tranquillamente ca-
valcare. Naturalmente nessuno di noi usa il cavallo per viaggiare: se
devo andare a New York, ci vado in aereo; a Siena, ci vado in automobile. Per cui: vado a cavallo e tanti altri ci vanno. Ma non è più
un mezzo di locomozione per l'universalità delle persone. Ecco allora la fotografia. Per rappresentare quel paesaggio che ha raffigu-
rato Corot ho la macchina fotografica, e la uso: come amatore, come dilettante, ma anche come artista, perché mi fa ottenere lo stesso risultato, anche se non mi permette di trasferirvi la mia sensibilità come con la pittura. Alcuni fotografi talentosi hanno ottenuto dei
risultati artistici molto importanti in quanto fotografi. Alcuni pittori
hanno fatto una fotografia per produrre un'opera d'arte. In realtà
sono più artisti i fotografi che hanno voluto essere soltanto fotogra-

fi di quelli che hanno pensato di usare la macchina fotografica per effetti pittorici, come, non so, Franco Fontana o, il migliore di tutti, Luigi Ghirri, il quale è un artista fortemente espressivo che, attraverso il mezzo fotografico, riesce a far dire alla sua delicatezza, alla sua interiorità, alla sua sensibilità, tutto quello che vuole dire. Pittori molto algidi hanno sostituito la pittura con la macchina fotografica, esponendo alle Biennali, alle manifestazioni d'avanguardia, come dipinti, come opere d'arte, delle fotografie. Visto che esistono quelli che continuano a dipingere, sia pure in una dimensione marginale, dalla Biennale ci aspettiamo una rappresentazione di ciò che la pittura può ancora esprimere.

Dice ALBERTO SUGHI: Mi piace la metafora del cavallo. Le difficoltà della pittura cominciano fra la fine dell'Ottocento e l'inizio del Novecento, quando entra in crisi la funzione pubblica che aveva tradizionalmente svolto. Da allora la pittura non è stata più l'unico mezzo per raccontare, o meglio rappresentare, la storia civile o religiosa. La fotografia prima, il cinema dopo, la televisione infine, data la velocità con cui sono in grado di far circolare le immagini in ogni parte del mondo, hanno sostituito la funzione che le era stata assegnata nel campo della comunicazione. Questo ruolo la pittura l'ha perduto; ma le sue ragioni profonde, il suo carattere specifico non si identificano, per fortuna, con nessun ruolo. Possiamo ammirare un'opera d'arte senza dover fare necessariamente riferimento alle ragioni sociali per cui è stata dipinta. Nel primo Novecento molti artisti avevano già chiari i termini di questo problema tanto da ipotizzare che, affrancata da ogni ipoteca morale, illustrativa o didattica, la pittura si sarebbe compiutamente svelata nella sua essenza: senza più l'obbligo di rappresentare il mondo attraverso lenti ideologiche o di potere, avrebbe potuto servire solo le ragioni dell'arte. Per tutto questo, d'accordo con Sgarbi, ritengo deboli e non pertinenti gli argomenti di coloro che fanno coincidere la rivoluzione nel settore della comunicazione con la fine della pittura dipinta. Purtroppo, gli argomenti che dico di ritenere deboli e non pertinenti sono diventati così invadenti e assordanti che ormai diventa difficile parlare seriamente.

SGARBI: Sono arrivato, con gli anni, a una specie di pazienza del saggio. La posizione più giusta è quella espressa, meglio sul piano teorico che sul piano pittorico, dal tardo De Chirico, il quale vedeva nelle avanguardie l'inganno. Questa presa in giro è stata rappresentata in modo perfetto nel film di Alberto Sordi *Vacanze intelligenti*, dove c'è una visita alla Biennale che non è assolutamente caricaturale, ma testimonia esattamente quello che uno vede alla Biennale: con la finta reazione ammirata di chi deve per forza bere la pozione e farsela piacere. Per molto tempo sono stato il più intransigente di tutti pensando, come De Chirico, che era tutta una impostura. Di fronte all'opera di un consacratissimo artista d'avanguardia dell'arte concettuale o povera, più concettuale che povera, che si chiama Giulio Paolini, soltanto una buona educazione ti può far dialogare con quelli che riconoscono in lui una grande raffinatezza, una grande sottigliezza...

SUGHI: Ma come ha potuto l'inganno, come lo chiama De Chirico, mettere radici così profonde? Come può accadere che queste opere, che se non godono di complicità culturali appaiono prive di senso, finiscano per essere oggetto di tanta attenzione? È ormai così radicata l'idea che l'arte sia un fatto misterioso, che non ci sia niente da capire oltre le parole spesso incomprensibili di certi sacerdoti della critica? Oggi c'è un numero di visitatori nei musei come non è mai accaduto in passato; fanno la fila per vedere la mostra di Velàzquez e il giorno dopo, mettiamo, le opere di Merz o Paolini. Sembrano soddisfatti di saper apprezzare una cosa e il suo contrario; ma può darsi anche il caso che alle differenze non prestino troppa attenzione. Sarà per via delle cosiddette visite guidate, condotte da persone che hanno in mano dei depliant e parlano ad alta voce: i visitatori ascoltano con compunzione, contenti di prendere parte all'evento senza l'obbligo di riflettere e senza nemmeno la fatica di doversi fare una propria opinione. Questa non è la crisi della pittura, ma del rapporto che si è voluto istituire con la pittura: un rapporto manipolato, rotto. Bisognerà vedere perché sia avvenuto e indagare le ragioni, che sono ragioni anche furbe.

Alberto Sughi, romagnolo di Cesena, 73 anni, pittore del realismo esistenziale, nel 1994 è stato presidente della Quadriennale di Roma, alla quale aveva partecipato nel 1959 con una parete sul tema della malinconia. Il suo lavoro è andato avanti, in modo quasi sistematico, per cicli tematici: Pitture verdi *(dedicato al rapporto fra uomo e Natura),* La cena, Immaginazione e memoria della famiglia,

La sera del pittore *(riflessione intorno al ruolo dell'artista e al valore dell'esistenza nel mondo contemporaneo)*, Notturno. *Ha allestito mostre in diverse città e musei italiani. È stato al Museo delle Belle Arti di Budapest e alla Galleria Nazionale di Praga con una antologica che nel 1986 era stata allestita dal Museo Nazionale di Castel Sant'Angelo. Un'antologica è stata presentata all'inizio degli anni Novanta alla XII Quadriennale. Nel 1994 una sua mostra itinerante è stata ospitata dal Museu de Arte di San Paolo del Brasile, dal Museu Historico Nacional di Rio de Janeiro e presso la sala espositiva del Teatro Nacional di Brasilia.*

Vittorio Sgarbi, emiliano di Ferrara, 50 anni a maggio, laureato in filosofia, storico dell'arte, erudito e saggista (ha pubblicato oltre 20 volumi sull'arte e sulla critica d'arte). È deputato di Forza Italia e Sottosegretario per i beni e le attività culturali. È stato direttore alla Soprintendenza ai beni artistici e storici di Venezia, sindaco del comune di San Severino Marche, deputato del Parlamento europeo. Ha curato importanti mostre d'arte (e relativi cataloghi), in Italia e all'estero. Collabora con quotidiani, settimanali, mensili. Fa parte di numerosi comitati scientifici e culturali. Ha condotto per sette anni la rubrica Sgarbi quotidiani *(Canale 5). È titolare della rubrica* La casa dell'anima *e della trasmissione* Sgarbi clandestini *(Telemarket). Ha vinto il Premio internazionale Flaiano per la televisione, 2000.*

L'incontro, sullo stato di salute della pittura all'inizio del Terzo Millennio, si svolge al Ministero dei beni culturali, in via del Collegio Romano, nella grandissima stanza di Sgarbi. È un Faccia a faccia movimentato, in due tempi (che vuol dire due sere, una molto inoltrata), gente che entra e gente che esce, altri che assistono, cellulari che squillano, il sottosegretario che improvvisamente scompare, riappare, scompare di nuovo, riappare...

Quali figure, nuove o meno nuove, autorizzano una speranza? Quali movimenti? E dove si nutrono? Che cosa testimoniano?

SGARBI: Partiamo dallo schema di Fëdor Dostoevskij: «Se Dio è morto, tutto è consentito». Quindi: se l'arte è morta, tutto è permesso. Mai come in questo momento l'arte è stata libera: da anni non è necessario rappresentare la realtà attraverso la pittura perché il documentario, la fotografia, la televisione, si incaricano di farlo in modo più preciso. Il romanzo ha perso gran parte della sua capacità evocativa perché in un film vedi immediatamente quello che Tolstoj ha descritto in 20 pagine. La fotografia assolve largamente a compiti descrittivi, per cui la dimensione della pittura è prevalentemente volta all'essenza. Da qui la fortuna di autori come Francis Bacon, come Giacometti, che, invece di riprodurre l'esistenza, riproducono l'essenza, in perfetto contrasto con l'esistenzialismo, la filosofia dominante nel secolo scorso, nella quale, nell'indicazione di Sartre, l'esistenza precede l'essenza, come dire: non c'è Dio o una ragione ideale a cui gli uomini debbano essere adattati, ma l'esistenza di ognuno che prevale su tutto. Dal momento in cui l'arte è finita come necessità di rappresentare gli eventi, hai per la pittura un campo aperto formidabile, in cui si sono distinti, ho già ricordato due straordinari artisti, ma per esempio in America se ne possono citare altri: Edward Hopper o Grant Wood, oggi Andrew Wyeth, uno più bravo dell'altro. Non trascuriamo poi il grande portato del comunismo al realismo rappresentativo, per cui abbiamo da Renato Guttuso a Werner Tubke, Tubke meglio di Guttuso, dei pittori che non hanno in nessun modo sentito la necessità di sostituire la pittura con la fotografia. La grande forza è quella dei lirici, e fra i lirici ci sono artisti come Bacon, Balthus, Varlin, per i quali la pittura deve soprattutto trovare la possibilità di rappresentare la nevrosi, la condizione... (rivolto al cronista) la tua stessa faccia, perché tu sei un classico esempio di quello che andrebbe bene per un artista contemporaneo, per esempio Lucian Freud. Tra l'altro gran parte dell'impresa di Freud è stata anticipata, senza che nessuno se ne sia accorto, da un grande artista italiano degli anni Trenta, Quaranta, Cinquanta, che si chiama Fausto Pirandello. Pirandello ha dato delle prove formidabili di pittura scollegata dalla necessità rappresentativa che è stata abbandonata anche da Guttuso, che è un pittore retrogrado perché cerca di competere con la fotografia, rappresentando il funerale di Togliatti, e sicuramente il suo quadro non può neppure competere con una fotografia di quell'onoranza funebre. Pirandello non ha paura di affrontare la figura umana, che è invece il dramma di autori come Morandi e altri che la eludono per evitare il conflitto con la retorica fascista. E un pittore tranquillo, ma intimamente tormentato, come Pirandello può fare dei capolavori che rappresentano la condizione nevrotica di un individuo, che non è dissimile da quella del padre. Tutto questo fino alla Seconda guerra mondiale. Dal dopoguerra in avanti, la pittura rappresentativa perde ogni legittimità e il caso più emblematico di omicidio di un artista è quello toccato a Pietro Annigoni, il quale è stato cancellato scientificamente dalla Storia dell'arte nonostante avesse fatto, fino agli anni Cinquanta, alcune opere importanti. Il gruppo che fonda insieme a Gregorio Sciltian, a Carlo Guarienti, a Giovanni Acci, ai due Bueno, è l'ultimo che tenta di tenere in piedi un'immagine della realtà dentro la pittura. Ma si scontra e muore nel momento in cui prendono il campo le ricerche di Alberto Burri, di Lucio Fontana, le quali vanno benissimo, ma sono strade che la pittura sceglie, o l'arte sceglie, quando non ha più l'obbligo di rappresentare la realtà. Negli ultimi 20 anni del Novecento personaggi dell'avanguardia come Daniel Buren, come Kounellis, hanno a tal punto radicalizzato lo scontro con la cultura da lasciare tutto lo spazio possibile a chi volesse assumere la pittura esattamente come chi decide di andare a cavallo in un momento in cui i cavalli non sono più necessari per i trasporti pubblici.

SUGHI: Col tuo ragionamento si potrebbe arrivare a dire che, esaurita la necessità di rappresentare il mondo, tutta la pittura sia possibile, e anche il figurativo, in fondo, può condurre alla stessa esperienza a cui conduce l'astrattismo.

SGARBI: Ah, certamente.

SUGHI: Quando tu racconti questo percorso mi convinco sempre di più che le molte polemiche di oggi sull'arte contemporanea sono solo destabilizzanti: finiscono per togliere all'esperienza artistica della pittura la specificità che la caratterizza. Ma forse è venuto il momento di dire qualcosa che nasce dalla mia esperienza di lavoro. Quando un pittore decide che un quadro è terminato, decisione sempre difficile da prendere, formula un giudizio che attiene soprattutto alla struttura della composizione, all'energia del disegno, all'intensità del colore e così via. Stranamente, sfiora appena il discorso sui significati. La poetica attinge a una riflessione che si è formata nel tempo, che dà un particolare carattere alle sue opere e si manifesta soprattutto attraverso la struttura formale. A me interessa misurare la mia pittura con certi personaggi, atmosfere, ambienti. Io cerco di fare bene il mio lavoro di pittore. Quando dipingo non mando messaggi e non do giudizi. La pittura mostra, non argomenta. Roberto Longhi diceva che l'opera d'arte non dà spiegazioni, può solo esigere risposte parlate.

A quali polemiche ti riferivi? E tra chi? I pittori non sono silenziosi? Nel dibattito culturale non parlano soltanto i direttori delle mostre, gli organizzatori, gli storici dell'arte?

SGARBI: Appunto. L'arte è morta, quindi...

SUGHI: Forse più che di polemiche si dovrebbe parlare di incomprensioni e silenzi. Un giorno, accompagnando una sua allieva che preparava una tesi di laurea su di me, venne a trovarmi nello studio Simonetta Lux, titolare della cattedra di Storia dell'arte all'Università La Sapienza. Mentre sfogliava le pagine di una mia vecchia monografia indicò la riproduzione di un dipinto del 1958, mi pare fosse *Il sottopassaggio* o *I miti sul muro*, e mi chiese, inaspettatamente, chi fosse il critico che mi aveva suggerito, già allora, di usare le grandi scritte come parte integrante della struttura pittorica. Le doveva sembrava impossibile che un pittore, specialmente un figurativo, percorresse delle strade di sperimentazione formale che non fossero dettate dal pensiero del critico. È un ragionamento culturalmente altezzoso. Ma una volta i pittori parlavano ed erano fra i protagonisti del dibattito culturale. Oggi troppo spesso stanno zitti ad aspettare favori o ingiustizie.

SGARBI: Ho delle idee molto precise sul silenzio dei pittori. Ci sono stati fenomeni di minimalismo, uno dei quali è rappresentato da Carl Andre, che, dichiarandosi scultore, ha ridotto l'impatto della sua opera fino a farne delle piastrelle di pavimento realizzate in metallo. A una mostra di Panza di Biumo, vedi una stanza dove per terra ci sono riquadri di acciaio che sono come una pavimentazione, sulla quale cammini o le giri intorno, e questa scultura nasce da chi è convinto di essere uno scultore, ma ha ridotto tutto a un impatto che non disturbi lo spazio. Una dimensione immateriale di alcune sperimentazioni. In altre, concettuali, non conta ciò che è realizzato, ma ciò che è pensato; e parte con i *ready-made* di Marcel Duchamp. Gli artisti non vogliono disturbare; lo spazio che si sono scelti è più della filosofia che della realtà fisica; e questo è dimostrato dall'opera di un proto-verde ambientalista come Beuys. Vero è che dalla fine degli anni Settanta, cioè dalla morte di Picasso, non puoi fare a nessuno, neppure per la narrativa, la domanda: «Chi è il più grande artista del Novecento?». È stato, per 50 anni, Picasso. Da quel momento in avanti, puoi dire: Freud, David Hockney, Kounellis... Hai uno spettro di almeno 30 nomi, segmenti diversi, e ognuno pretende una totalità impossibile, perché l'espressione artistica, sia la pittura in senso stretto sia ogni espressione dell'arte figurativa o non figurativa, non ha più alcuna centralità. Essa è stata assunta dal cinema o dalla moda. Un tempo l'artista era Leonardo, era Raffaello; oggi l'artista italiano è Armani, è Valentino, è Versace. Il matrimonio fra produzione creativa e ascolto della massa è fatto dal cinema e dalla moda. La pittura ha una nicchia talmente ristretta, è questione talmente di pochi, che sembra diventata ininfluente. Perché non ci sia stato più qualcuno che abbia assunto un ruolo, artistico e politico, come quello di Picasso è una questione su cui interrogarci e che mi fa dire che siamo in un «dopo Storia» in cui la pittura, l'arte, è morta. Ma questo non impedisce a nessuno di ricominciare a disegnare e a dipingere: ci sono addirittura alcuni che hanno fatto ricerche sperimentali, come Gino Marotta, abbandonando completamente il disegno, e, 15 o 20 anni fa, hanno ripreso in mano la matita per rieducarla. Un altro caso è quello di un pittore che si chiama Salvo. Generalmente questi artisti escono da esperienze d'avanguardia che sembrano averli legittimati in una mafia dell'arte dove la non pittura era stata accettata come unica espressione possibile. Quando tornano alla pittura sembra quasi che non dipingano. È un meccanismo bizzarro: quelli che dipingono peggio vengono guardati con una qualche ammirazione, come se la pittura fosse una strada mistica...

SUGHI: Una redenzione.

SGARBI: Una redenzione.

SUGHI: Avendo la pittura ridotto al minimo la sua centralità, come hai detto giustamente, non sarà questa l'occasione per approfondire la ragione della sua essenza? Relegata in un luogo marginale, costringe l'artista a riflettere più profondamente.

Quando dipingo, non penso di creare un capolavoro: lavoro a un quadro che aggiusto e riprendo e modifico, seguendo un percorso che non ha alcun riferimento con una ragione pratica. È proprio la mancanza assoluta di una ragione pratica che mi fa realizzare un dipinto che può servire a far riflettere anche chi lo guarda. E sono convinto che il lavoro del pittore non finisce col suo quadro: finisce negli occhi di chi lo guarda. Se non ci fosse la possibilità di riinventarlo, di adoperare per noi stessi l'esperienza che il pittore fa sulla tela, allora sì, la pittura muore.

SGARBI: Non è rilevante... C'è stato un momento, forse col nuovo Millennio è superato, in cui tutte le forme della conoscenza si sono ridotte: la filosofia a pensiero debole; il romanzo a *nouveau roman* minimalista; la pittura a... Fra gli anni Sessanta e Ottanta abbiamo assistito a un processo di riduzione della possibilità comprensiva del mondo attraverso l'arte. Da un certo momento in avanti si è ricominciato, nel romanzo per esempio, a raccontare storie; Balthus ha dimostrato che si poteva continuare a dipingere, per cui si è dato fiato alla possibilità di espressioni totalizzanti. Allo stesso modo dobbiamo riconoscere che la scultura greca è finita. Ci sono dei greci che fanno gli scultori, ma... Così possiamo ammettere che l'opera lirica è finita. Abbiamo Menotti, oggi, che tenta di far sopravvivere quello che si è trasmutato nel jazz. La continuazione di Mahler o di Strauss non è Menotti. Quindi dobbiamo immaginare che alcune esperienze si consumano. La tragedia non c'è più: chi è che scrive una tragedia, oggi? Il teatro annaspa. Alcuni generi sembrano completamente scomparsi. Potremmo anche accettare, serenamente, che la pittura sia finita, se non ci fossero questi stronzi di pittori che continuano a dipingere. Mentre i drammaturghi, dopo Beckett, scrivono poco; i filosofi non fanno più grandi sistemi kantiani o hegeliani; i musicisti non compongono più l'opera lirica, non ci sono più sinfonie; i pittori continuano a dipingere. Vorrà dire che, di fronte alla dura prova della morte, sono riusciti a sopravvivere. Prendiamo atto che ci sono. E anche che, sia pure in spazi sempre più residui, esprimono delle visioni straordinarie. La fine del Novecento ha espresso alcuni artisti, lo abbiamo ricordato, e altri come Antonio López García, che è assolutamente straordinario: è quasi impotente tanto sente la difficoltà di adeguare al suo pensiero l'espressione materiale dell'esecuzione dell'opera. Gianfranco Ferroni, che è appena morto, ha ridotto sempre di più lo spazio... Quanto più l'impresa si è fatta difficile, tanto più questi duri hanno inteso continuare. Non possiamo con un atto notarile dichiarare morta la pittura, se in ogni parte continua ad affacciarsi. Se uno guarda l'opera di Norman Rockwell, di Tullio Pericoli, di Roberto Innocenti, che è uno straordinario illustratore, di Fernando Botero... Che qualcuno voglia negarli o dichiararli scomparsi con un atto di un tribunale del popolo è impossibile. Per cui, realisticamente, cercando di adattarsi ai tempi difficili, i pittori continuano a esistere. Proprio in questo momento, in cui tutte le forme di linguaggio hanno rappresentato la loro crisi, e anche le sperimentazioni sono diventate obsolete, ripetitive, a questo punto la pittura si riaffaccia, prende spazio ed è perfettamente legittima.

Il numero dei visitatori, nei musei soprattutto, cresce perché bisogna andare dove altri vanno?

SGARBI: Non si rassegnano neanche loro (ride).

SUGHI: È un fenomeno molto curioso. Si fa la fila davanti ai musei. Una mostra è visitata da 30 mila persone, un'altra da 100 mila, un'altra ancora da 200 mila. Funziona una specie di auditel. Ma nessuno si preoccupa di capire bene perché la gente accorra in così grande numero. È difficile immaginare, come ho già detto, che si possa andare a vedere una mostra e immediatamente dopo un'altra che propone un contenuto del tutto contrario. Il più delle volte poi non si riesce a vedere nulla perché ci sono di continuo persone che si mettono davanti ai quadri esposti: è come andare a sentire un concerto dove il chiasso non consente di ascoltare la musica. Nessuno se ne preoccupa: si preoccupano soltanto dei biglietti che sono stati venduti al botteghino. Su questa specie di auditel si accentra tutto l'interesse degli assessori, dei mercanti, dei politici. Una volta, quando si andava a vedere una mostra, si sostava come in raccoglimento davanti a un quadro, si pensava, si rifletteva. Mi ricordo di quando ero ragazzo, andavo a Urbino ad ammirare la *Flagellazione* di Piero Della Francesca e nel silenzio più assoluto cercavo di capire e di carpire il significato e il valore segreto di quel capolavoro.

SGARBI: Intanto esiste da una trentina d'anni il processo della cultura di massa. Ai tempi di Ranuccio Bianchi Bandinelli, di Benedetto Croce, di Roberto Longhi, la cultura era un fatto che riguardava comunque un'élite. Dalla fine degli anni Sessanta in avanti si è creato un fenomeno che è pieno di aspetti positivi e anche di conseguenze impreviste come una indifferenza sostanziale legata alla mitografia: una cosa è interessante perché hai sentito che deve esserlo, accade anche per i best seller. Se si volesse capire meglio la questione si potrebbe spostare il discorso al campo, molto più spinoso, della musica. La musica non è insegnata nelle scuole; i grandi musicisti sono finiti: non ci sono più Beethoven, Mozart, Strauss... Ci sono in compenso degli interpreti, i direttori d'orchestra, che assumono un ruolo, di divi o di star, in sostituzione dei compositori che sono scomparsi, per cui si dice: La *Nona* di Karajan, la *Nona* di Muti, il *Don Giovanni* di Solti...

SUGHI: Questo vale anche per le mostre: la mostra di Bonito Oliva, la mostra di Calvesi...

SGARBI: Volendo. Ma soprattutto si pone in evidenza che l'interprete, nel caso della musica, ha preso il posto dell'autore. Questo, stabilendo dei falsi miti, o dei miti alternativi, non esclude che per la musica esista un interesse come non c'era neanche ai tempi di Beethoven. Nel caso dei musei sono state individuate alcune star, come fossero attori cinematografici o grandi registi, in alcuni autori, da Leonardo a Raffaello a Michelangelo a Tiziano, che la gente sa che deve andare a vedere, quindi ci va, secondo un processo che è analogo a quello per cui si va ai grandi concerti. Ma tutto questo non cambia la sostanza del problema, perché riguarda la mercificazione dell'arte nella società dei consumi rispetto a quello che l'arte ha già prodotto. Noi stiamo parlando non del pubblico dell'arte, ma della produzione dell'arte. Il pubblico dell'arte consuma l'arte già prodotta; non consuma l'arte prodotta nei tempi recenti, se non attraverso dei miti, come Keith Haring o Anselm Kiefer, che vengono creati attraverso un processo che riguarda la comunicazione di massa. Quindi non è detto che l'autore di cui tutti parlano sia quello giusto: vuol dire che è riuscito, secondo il dettame di Andy Warhol, a porsi in un punto di congiunzione fra la produzione artistica e la comunicazione, perciò è diventato un fenomeno mediatico, come, altro esempio, David Hockney. Quelli che si sottraggono a questa condizione, che vivono in modo più riparato, diventano dei miti snob come Balthus, che poi alla fine è un mito di massa anche lui, dopo essere stato il più snob di tutti, oppure diventano dei personaggi straordinari che stanno in un segmento come López García, a cui ha accesso soltanto un gruppo di *happy fews* che hanno identificato in quel modo di esprimersi una qualità perduta, che naturalmente col tempo diventerà anch'essa di massa. Fra una ventina d'anni anche Lopéz García sarà un autore di massa. Quelli di massa degli ultimi tempi sono stati autori come Warhol che hanno usato in modo abilissimo la contaminazione dei linguaggi, sono riusciti a interferire sul cinema, sulla fotografia, e si sono piazzati in una condizione di visibilità che era favorita dal tipo stesso di espressione scelta. Oppure autori come Mario Merz, come Kounellis, che, con operazioni radicali che sono state assorbite in una ideologia ambientalista antiglobal, hanno rappresentato un'avanguardia politica più che pittorica... Il tema è molto complesso: in certi casi, espressioni artistiche sono diventate politica e hanno rappresentato le avanguardie del Novecento, Beuys in particolare; nel caso di Guttuso hanno rappresentato la retroguardia della politica e perso un appuntamento storico. Per questo dobbiamo occuparci soprattutto dei fenomeni extrapolitici, perché riguardano la pittura come ricerca individuale dell'artista per la necessità di esprimere un'essenza.

SUGHI: Io vorrei aggiungere che si possono avere delle idee politiche, e anche condividere delle ideologie. Tuttavia la pittura, come esercizio di conoscenza attraverso la forma, può portarti lontano dai progetti che la militanza politica voleva suggerirti. Sono sempre stato un uomo di sinistra, ma se guardo il lavoro che ho fatto in 50 anni non trovo quasi niente di quello che è stato il mio impegno politico; come se la pittura mi avesse costretto a guardare il mondo in modo più disarmato.

Chi continuerà a decidere dove va il mercato: l'America?

SGARBI: Non necessariamente.

Ed è possibile armonizzare cultura e mercato?

SGARBI: È inevitabile. È il problema del cinema, che oscilla nelle categorie astratte proto hegeliane di opera d'arte e prodotto.

SUGHI: Non devono venire meno le possibilità di un confronto forte. Non occorre imporre delle regole.

183

SGARBI: Gli americani hanno operato alcuni interventi formidabili di sintesi fra opera d'arte e prodotto. La produzione cinematografica in aree marginali, e fuori di ogni mercato, come l'Iran e l'Iraq, consente la nascita di opere la cui finalità non è di obbedire al mercato. Se il cinema obbedisce al mercato, rischia di riunciare alla sua capacità di interpretazione della realtà: entra nell'ideologia del capitalismo, della produzione; quindi ha la necessità di fare film che facciano cassetta. Nel caso della produzione artistica questo rischio non si corre, perché viene chiamata commerciale l'arte dei pittori figurativi, dei Sughi, i quali sembrano obbedire a ciò che compiace una piccola borghesia ancora adusa al quadro da cavalletto. E non viene chiamata commerciale, invece, l'arte d'avanguardia che occupa i musei: come se noi decidessimo che, siccome dobbiamo morire, tanto vale che andiamo ad abitare subito al cimitero. Gli artisti dell'avanguardia hanno costruito le loro opere, saltando il passaggio del mercato per arrivare immediatamente, attraverso una mafia stabilita, al museo, dove i vari Beuys, i Kounellis, i Merz, eccetera, predisponevano le loro installazioni che venivano pagate miliardi, ma non erano ritenute commerciali perché finivano in quel cimitero che è il museo che le disinfettava dalla commercialità. Allora: l'essere commerciale è una stigmate negativa. Abbiamo una tale perversione del sistema per cui ciò che è pagato miliardi viene chiamato arte povera perché è realizzato non per un mercato reale, ma per un mercato stabilito in laboratorio da una coalizione di artisti coi galleristi e i direttori di musei, i quali hanno occupato militarmente il loro spazio. Chi invece sta ancora sul mercato vero, ce n'è uno di Fabrizio Clerici, Leonardo Cremonini, Riccardo Tommasi Ferroni, Alberto Sughi, si trova a essere ritenuto commerciale perché i suoi quadri vengono acquistati. Questo era ritenuto un crimine. Siccome le regole sono così stravolte, è difficile prevedere chi le possa stabilire. Le stabilirà probabilmente, a un certo punto, una reazione di disgusto da parte del pubblico che capirà quanto sia stato preso in giro in questi anni. Anche se l'estasi che si prova davanti a certi prodotti che sono degli escrementi dell'arte è talmente diffusa che uno rimane esterrefatto all'idea che vengano accettati come se fossero un'opera d'arte assoluta.

Per riepilogare?

SUGHI: Secondo me la pittura non è morta. È difficile riconoscerla. Ma, nonostante tutto, la sua sopravvivenza non si è giocata negli ultimi 30 o 40 anni.

SGARBI: La pittura è morta da un pezzo. La sua fortuna è che ci sono dei pazzi i quali sono convinti che sia viva e fanno delle opere bellissime. Artisti fuori dal circuito: questo López García che ho ricordato sta facendo da 30 anni due sculture: le ha già fatte, le ha consegnate nel 1970 a una collezionista, poi le ha ritirate dicendo: «Devo metterle a posto», e le ha ancora nel suo studio. Sono come dei Bronzi di Riace fatti nella dimensione nevrotica di uno che, come Alessandro Manzoni con *I promessi sposi*, è l'autore di un'opera sola. Nei disadattati, nei disperati, nei solitari, nei pazzi c'è la speranza che rimanga accesa una produzione pittorica. Nel mondo ci sono 50 milioni di artisti: otto milioni in America, quattro in Italia, due in Inghilterra. Fra questi, ce ne saranno 3000 bravi: 1500 dipingono. Fra questi 1500 che dipingono, ce ne saranno 600 forti. Anche se la pittura è morta, 600 coglioni che dipingono esistono; e dipingono bene. Non riesci a ucciderli tutti; non ci riuscirebbe neanche Osama Bin Laden. Bisognerebbe andare a spegnerli uno per uno. Ma ne nascerebbero altri. I pittori nascono dalla volontà di resistere all'idiozia di quelli che, contro la pittura, hanno fatto delle scelte che sembrerebbero particolarmente intelligenti. È la reazione alla disperazione. La produzione della merda generalizzata dell'arte contemporanea induce a un sussulto di dignità la mano che tiene la matita, impedendole di essere inerte, per cui produce disegni vivi; e così vengono improvvisamente fuori Giacometti, Varlin... Più si produce arte escrementizia, più come residuo, da questa montagna di merda, escono dei disegni meravigliosi: come quelli di un giovane che si chiama Andrea Martinelli, bravissimo, che sta a Prato. Se vogliamo che la pittura sia morta, possiamo dire che di fatto è morta perché tanto nessuno se ne accorge, non comunica niente, è morta nell'impossibilità che ha di intervenire sul mondo. Se vogliamo che la pittura sia viva, indifferenti al fatto che essa possa comunicare col mondo, questa c'è perché sopravvive: esiste un meraviglioso disegnatore illustratore, ne ho accennato, Innocenti, che ha fatto un bellissimo Pinocchio, ed è un genio assoluto. È morto completamente il pubblico dell'arte. La pittura non è mai stata viva come in questi anni in cui è morta. Ed è morta rispetto alla sua funzione sociale, non alla sua consolazione individuale. Abbiamo cercato di ucciderla, non ci siamo riusciti. In compenso si sono uccisi i suoi spettatori. La situazione è drammatica. L'unico modo per far rinascere l'arte sarebbe chiudere i musei e proibirla: in maniera tale che sembrasse un'appetibilissima droga. Case chiuse. All'interno delle meravigliose troie che non puoi vedere. Invece te le buttano in faccia. Insomma: io devo cercare di fare la politica dell'apertura dei musei, essendo favorevole alla loro chiusura (ride).

aprile 2002

Franco Bernabè – Umberto Veronesi
Noi, drogati di cioccolato

Questo mese il tema del Faccia a faccia è particolarmente invitante e seducente: il cioccolato, celebrato, negli ultimi tempi, in affollate, festose kermesse. Protagonista nel cinema. Ricordato nella letteratura. Addirittura al centro dell'interesse dei ricercatori del reattore nucleare di Lucas Heights, a Sydney, intenzionati a decifrarne «la misteriosa struttura molecolare».

Particolarmente invitanti e seducenti sono anche i due personaggi che, nel primo pomeriggio di un martedì di marzo, si incontrano, a Milano, per parlarne: Umberto Veronesi, clinico di chiara fama, e Franco Bernabè, manager di successo. L'uno e l'altro golosi confessi. E senza pentimenti.

Veronesi, milanese, 76 anni, laureato in medicina alla Statale, è uno dei più autorevoli oncologi del mondo. Ha inventato la chirurgia conservativa per la cura dei tumori del seno, che si basa sulla tecnica della «quadrantectomia», e cioè la rimozione di un solo quadrante della mammella invece del seno intero. Ha dato un forte impulso agli studi sul melanoma, il cancro della pelle del quale fino a pochi anni fa si sapeva poco o niente. Ha fondato la Scuola europea di oncologia, che ha consentito all'Italia di tornare a essere un riferimento mondiale nel campo della diagnosi e della cura dei tumori. Per questi alti contributi scientifici e culturali ha ricevuto sette lauree Honoris Causa. È stato direttore scientifico dell'Istituto nazionale dei tumori di Milano e, alla scadenza del mandato, ha fondato l'Istituto europeo di oncologia. È stato ministro della Sanità nel governo di Giuliano Amato. È presidente del «Committee of Cancer Expert» della Comunità europea. È autore di circa 600 pubblicazioni scientifiche oltre che di 10 Trattati di oncologia.

Bernabè, alto-atesino di Vipiteno (in provincia di Bolzano), 53 anni, laureato in scienze politiche, è presidente della Biennale di Venezia e del Bernabè Group. È stato amministratore delegato dell'Eni e di Telecom Italia; membro del Consiglio di amministrazione della Fiat e di Tiscali; responsabile della task force per la ricostruzione nei Balcani. Ha fondato la società Andala, con Elserino Piol e Renato Soru, per partecipare alla gara per i telefonini Umts.

Dice VERONESI: Il cioccolato è un mio grande sostegno e una sorta di compagnia durante i viaggi notturni in automobile, perché quando sono al volante ho la tendenza ad addormentarmi. Alcune volte sono andato fuori strada (sorride). Guido io, sempre: non voglio autisti. Mi diverto. Ma ogni tanto mi viene sonno. Il cioccolato mi tiene sveglio. E allora mi riempio la macchina di una quantità gigantesca di questo cibo delizioso: col cioccolatino in bocca, viaggio bene.

Dice BERNABÈ: Anche a me vengono in mente i viaggi, perché normalmente, in tutti i luoghi del mondo in cui mi trovo, se c'è una pasticceria, vado a caccia dei cru di cioccolato.

VERONESI: Alla ricerca.

BERNABÈ: Alla ricerca.

VERONESI: Del meglio (sorride).

BERNABÈ: Del meglio.

Il cru è una scoperta recente. Fino a poco tempo fa la selezione era impossibile. Sbaglio?

BERNABÈ: È vero. I gusti si sono evoluti e il marketing è diventato più sofisticato. Gli adulti hanno incominciato a comperare cioccolato per altri adulti o per se stessi, liberandosi dei sensi di colpa. Hanno quindi incominciato a cercare la qualità. Il Paese che ha dato il via è stato come sempre la Francia che, in termini di marketing dei prodotti alimentari, è sempre stato all'avanguardia.

Bianco, al latte o fondente? Quale preferite?

BERNABÈ: Il cioccolato, per me, è quello fondente: anche perché è il solo che si riesce a gustare nelle sue diversità. Il cioccolato bianco è un'astrazione. E il cioccolato al latte è troppo tecnologico: è stato inventato dagli svizzeri quando sono riusciti a produrre la polvere di latte, fra la fine dell'Ottocento e l'inizio del

Novecento. Il cioccolato e il latte erano due materie prime che non si combinavano insieme. Soltanto l'invenzione del latte in polvere ha consentito di creare il cioccolato al latte. È un prodotto di fresca data; meno attraente del fondente, che è stato concepito dai francesi: anche se la sua ricerca ha richiesto una grande elaborazione tecnica e tecnologica.

VERONESI: Tu ne fai una questione filosofica. Io sono anomalo, perché, nonostante sia un grande appassionato, il cioccolato mi piace al latte: mi piace dolce; non mi piace amaro. Ma capisco le critiche dei miei amici puristi, le stesse che mi muovono per il caffè: loro lo prendono rigorosamente amaro, io ci metto un mucchio di zucchero. Il cioccolato dolce lo trovo più gradevole, e anche più digeribile perché più facile da assimilare. Probabilmente ho un bisogno maggiore di cibi zuccherini.

Ricordate un aneddoto, un episodio, una storia, che testimonia questa vostra debolezza?

BERNABÈ: Personali? Beh… Ho vissuto, alcune volte, situazioni di forte stress, che hanno avuto effetti fisiologici molto forti. E devo dire che l'assunzione di cioccolato, dolce, non amaro, mi ha dato non solo un maggior tono, ma anche un beneficio psicologico. In quelle condizioni di grande spossatezza e di grande tensione nervosa, senza un quadratino di cioccolato avrei avuto serie difficoltà a reggere.

Ma dolce, contraddicendo le sue convinzioni e i suoi gusti?

BERNABÈ: In quei casi, dolce.

Quindi al latte?

BERNABÈ: Lo zucchero mi serviva…

VERONESI: I glucidi aiutano a conservare l'equilibrio. Mangiamo pane e cioccolato, perché il cioccolato deve essere un po' mescolato con materie zuccherine. Di me posso dire che qualche volta ho avuto attacchi di voracità: una specie di bulimia per il cioccolato. Molti anni fa io e Gianni Bonadonna, un grande oncologo, dovevamo finire rapidamente un lavoro. Ci siamo trovati una sera e quel giorno avevo ricevuto in regalo una gigantesca, ma gigantesca, scatola di cioccolato. Ho detto: «Teniamocela qui. La mangiamo insieme pian piano». Abbiamo cominciato a lavorare: mentre scrivevamo siamo stati colti, anche lui è appassionato di cioccolato, da un raptus. In mezz'ora ne abbiamo fatto fuori una quantità enorme. Certamente era una condizione quasi di psicopatia (ride), che confesso.

BERNABÈ: Nel mio caso il cioccolato è associato a mio padre che, quando mi vedeva stressato per lo studio, prendeva il treno, andava in Svizzera, da Torino, per comprarmelo.

Torino non è la capitale italiana del cioccolato?

VERONESI: Eh, Torino è molto…

BERNABÈ: Esattamente. Ma andava in Svizzera perché, secondo lui, il cioccolato era migliore.

VERONESI: Ne eravamo tutti convinti. Abbiamo scoperto, con gli anni, che non è il migliore.

BERNABÈ: Perché la Svizzera lo ha industrializzato.

VERONESI: Eh, già. Invece si deve andare in Belgio, no?, per trovare il grande cioccolato artigianale.

BERNABÈ: No. Il Belgio è famoso per le praline.

VERONESI: Anche per quello artigianale.

BERNABÈ (con disagio): Quello artigianale è francese.

VERONESI: Francese, ma anche belga. Poco italiano.

BERNABÈ: I belgi hanno soprattutto le praline. Anche in Italia c'è una grande scuola di pralineria a Torino.

VERONESI: C'è anche Majani, a Bologna.

BERNABÈ: Il più antico documento ufficiale, in italiano, sul cioccolato, è una patente concessa a un negozio torinese, intorno alla metà del 1700, con la quale si concede a quell'esercente di vendere cioccolato nel suo locale.

Baci, cialde di cioccolato fondente, cioccolatini, gianduiotti, praline, rumini, scorza, tartufi, tobleroni… Quale tipo cattura di più il palato?

VERONESI: Io ho un richiamo abbastanza naturale, ma all'origine c'è sempre il desiderio di mescolarlo con dei glucidi. Il cioccolato che si accompagna per esempio con le fette di arancia candita mi attira molto: mi sazia, evidentemente, mi soddisfa di più. Lo stesso discorso vale per quello con le nocciole. Le nocciole si sposano bene col cioccolato: è un cibo straordinario.

Il famoso nocciolato Piemonte che fa impazzire, fra i tanti, Paolo Villaggio?

VERONESI: È uno dei più tradizionali e dei più indovinati. Credo che sia una delle grandissime scoperte del Novecento: molto più del Dna (sorride).

BERNABÈ: Io non amo il cioccolato lavorato. Amo il cioccolato in tavolette, puro, nelle sue varietà, che sono tantissime: come nel caffè. I cioccolati sono di tre grandi tipi: il criollo, il forastero, il trinitario. Il criollo, che preferisco, è il migliore e costituisce il 10 per cento della produzione mondiale. Il forastero credo che copra l'80 per cento. Il trinitario prende il resto. È più o meno come l'arabica e il robusta nel caffè: l'arabica è più dolce; il robusta è più acido, più pieno di caffeina, più tanninico. Così il criollo è molto più dolce e molto meno acido. Ecco: privilegio i cioccolati ai quali non è addizionata la vaniglia. Normalmente il cioccolato, per renderlo più dolce e più gustoso, più palatabile, viene unito con burro di cacao, vaniglia, zucchero, eccetera. Ma se uno prende le scelte pure ha dei gusti eccezionali. I vari cru, quelli venezuelani… Il Chuao, per esempio, è un cru venezuelano straordinario: ha un profumo di mandorle, di vaniglia naturale… Ci sono varietà di cioccolato che hanno dei sapori completamente differenti: tavolette all'apparenza uguali ad altre, con lo stesso contenuto di cacao, diciamo attorno al 70-80 per cento, hanno un gusto del tutto dissimile.

Sta parlando da purista assoluto.

BERNABÈ: Il massimo di cacao è il 100 per cento, ma è molto difficile da mandar giù. Con l'80 per cento uno può mangiarlo tranquillamente, avvertendo la diversità del sapore dei vari cacao.

Lo acquistate o aspettate che ve lo regalino?

VERONESI: Io sono condannato a esserne sommerso. Siccome qualcuno da qualche parte ha scritto che sono un appassionato, non arriva un solo paziente, in questo studio, senza la scatola di cioccolatini in mano. È diventato un rituale. Mi fa anche piacere. È una grande gioia (sorride). Ma mi toglie la soddisfazione di andarlo a cercare. E forse questo mi ha reso un pochino più grossolano nei gusti. Lui è un raffinato: è come un gourmet del cioccolato; io sono più primitivo, sono primordiale. Mi butto anche sui cibi… Anche per i vini sono la negazione della scelta ricercata: sono l'uomo delle caverne, da questo punto di vista. Il cioccolato che mi piace mi sta bene. E magari è una porcheria totale, manipolata in maniera…

Ignobile?

VERONESI: Ignobile (ride). Non vado tanto per il sottile. I pazienti mi privano del piacere di sceglierlo con più cura e di diventare più sofisticato. Ho degli amici che compiono dei viaggi apposta. Faccio parte della Confraternita del cioccolato, qui a Milano: lei (rivolto al cronista) dovrebbe sentirli, perché sono molto competenti. Mi hanno accettato perché sono medico e vogliono garantirsi la protezione della salute (sorride). Alcuni vanno...: «Sai? Devo andare in quel tal paesino della Francia o del Belgio o dell'Italia, dove c'è un artigiano che lo fa in una certa maniera». Che è anche un piacere.

BERNABÈ: Li vado anche a cercare, alcuni negozi, come ho accennato: soprattutto a Torino e in Francia; un po' meno in Belgio.

Quali marche prediligete?

BERNABÈ (perplesso): Ma...

VERONESI: Io non posso dirlo, perché gli altri mi menano (ride).

BERNABÈ: La cosa singolare è che alcune grandi marche hanno incominciato a produrre dei cru, ma sorprendentemente li vendono sui mercati francese e tedesco, non su quello italiano. In Italia, come in altri Paesi, l'attenzione è rivolta soprattutto all'artigiano, che tende a fare un cioccolato migliore del cioccolato industriale.

Conoscete dei maestri cioccolatieri?

VERONESI: Beh, sì, tanti. In Toscana, una regione che frequento molto, ce n'è uno a Lucca molto bravo, uno a Pistoia. Un paio a Napoli. Uno in Sicilia...

A Modica?

VERONESI: Mi pare. Molto bravo anche lui. E altri. In Svizzera non ho trovato artigiani, anche se Sprungli, a Zurigo, forse ha ancora una produzione limitata e quindi più curata.

BERNABÈ: Lindt... In Svizzera hanno inventato la concia: cioè il procedimento attraverso il quale il cioccolato viene trasformato da alimento difficile da mangiare in alimento morbido e gustoso.

VERONESI: Certo. Il cioccolato puro è anche friabile, si sbriciola, non è facilmente commestibile.

BERNABÈ: A Torino, e anche in alcuni paesi della cintura della città e del Piemonte, in Sicilia, ci sono dei maestri cioccolatai molto interessanti. Ma in Italia non è facilissimo trovare del cioccolato di grande qualità. Il consumo resta di massa. Anche se incomincia a svilupparsi un'attenzione diversa. Il nostro Paese può vantare un'invenzione: l'aggiunta della nocciola nell'impasto, le creme di cioccolato con le nocciole. Ma cioccolato di qualità è più facile trovarne in Francia, dove esiste una tradizione culturale forte: nel 1855 i francesi hanno fatto i disciplinari dei vini, che da noi sono molto più recenti. È un approccio al marketing molto sofisticato; in Italia lo è molto meno. Lo stesso, per esempio, avviene col caffè: soltanto in un negozio di Trento è possibile scovare i cru di caffè all'italiana. I grandi cru, dal Maragogipe, al Java, al Moka, sono sconosciuti. A Parigi e in America si trovano in molte caffetterie. L'origine e la natura dei vari tipi di miscela nel nostro Paese non vengono specificate. Ora si comincia a scrivere: «100 per cento arabica», quando una volta il caffè italiano era prevalentemente fatto con i caffè robusta.

Sacher, torte al gianduja, tartufate, strudel di pere e cioccolato... A quale lusinga siete incapaci di resistere?

VERONESI: Io, paradossalmente, non sono un grandissimo appassionato di dolci al cioccolato. E anche il gelato al cioccolato non mi attira moltissimo: non ho mai capito perché e me lo chiedo spesso. La Sacher mi piace, ma non sento il bisogno di andarla a comprare. Non so se accade anche a te.

BERNABÈ: Accade anche a me. Il dolce al cioccolato non mi piace. Il cioccolato è un'altra cosa.

VERONESI: È un'altra cosa. Non è che disdegni la torta al cioccolato. Ma tutti si sorprendono quando la mettono in tavola o me la regalano e io non mostro un grandissimo entusiasmo.

Cedete anche alla tentazione della cioccolata calda, prediletta, fra gli altri, da Guido Gozzano?

VERONESI: Io sì, l'adoro. In Italia non è coltivata questo tipo di bevanda. Buttano dentro la tazza...

BERNABÈ: Una bustina di sospetta natura.

VERONESI: Ma se uno va in Austria, in Svizzera...

BERNABÈ: E in Olanda...

VERONESI: Io non la perdo mai. È buonissima. Qualche volta la faccio anche a casa, magari sciogliendo nel latte il cioccolato frantumato: è squisito.

BERNABÈ: Sì, anch'io. Non arrivo fino al punto di berlo come si beveva una volta: cioè col peperoncino. Il cioccolato una volta era mescolato col peperoncino; originariamente era molto speziato.

Magari col caffè, il «bicerin», come piaceva a Cavour?

BERNABÈ: C'è un locale, a Torino, che lo fa ancora, il «bicerin».

E guarnito con la panna?

BERNABÈ: Una bomba: ipercalorica (ride) e ipereccitante. Questa è una domanda che rivolgo al professor Veronesi: l'associazione di caffè e cioccolata ha per me un effetto eccitante quasi insopportabile...

VERONESI: Sì? Strano, perché la caffeina e la teobromina, due alcaloidi, sono molto simili come composizione chimica. Caffè, tè e cioccolato sono tre droghe perché contengono degli alcaloidi che dànno un po' di condizionamento. La caffeina stimola anche il sistema gastro-enterico, dà peristalsi, aumenta il battito cardiaco. La teobromina è molto simile alla caffeina, ma meno forte: il suo effetto è più diluito nel tempo. La caffeina ha un effetto rapido nella prima mezz'ora, poi decade. I fissati, i nevrotici mi dicono: «Ho preso un caffè la mattina alle 11 e la notte non ho dormito». «Guarda, sarà stata una giornata storta», rispondo. Il sonno crea delle suggestioni maledette. La teobromina ha invece un effetto prolungato perché l'assorbimento è più lento, va nel sangue, non dà quella botta... Immagino che forse, mettendole insieme, hai la somma dei due effetti.

BERNABÈ: Mi si rizzano i capelli in testa, quando associo caffè e cioccolata.

Ma non ci rinuncia?

BERNABÈ: Mi piace.

VERONESI: Magari bevi il caffè, poi mangi il cioccolato, come capita a tutti.

BERNABÈ: Esatto. Bevo il caffè, mangio il cioccolato, e l'effetto è insopportabilmente eccitante.

VERONESI: La teobromina, un alcaloide ottimo, è usata come farmaco, perché, oltre a procurare un certo benessere psicologico in quanto rende più attiva la connessione fra le cellule nervose, è un dilatatore dei vasi cerebrali, quindi dà una certa irrorazione nel cervello. È anche un vaso dilatatore per i reni.

Vi sono altre varianti: amaretti al cacao, cioccolatini al limone, o ripieni di ciliegia, marzapane, menta, moka, mousse di castagne, noci, rhum, tiramisù; cioccolato bianco con polpa di fragole, lamponi, mirtilli; profumato al caramello, alla crema di pesca, al geranio, alle more, alla rosa, al tè, alla violetta; cioccolata alla cannella, al peperoncino, alla vaniglia; tavolette al ginepro, alla lavanda, al timo... Sapori così diversi sono un'istigazione al peccato di gola?

BERNABÈ: No.

VERONESI: Lui è un purista. Io sono più possibilista: quando vado in Svizzera, davanti a un'esposizione di tipi diversi di cioccolato, dove c'è una mescolanza con la frutta non resisto e ne mangio in quantità...

Industriale?

VERONESI: Sì, sì, industriale (sorride), perché è cioccolato industriale. Ed esco, certamente, dalla cultura del cioccolato: lì diventa proprio cibo grossolano.

La Confraternita milanese la osserverà con sufficienza...

VERONESI: Sono un po' anomalo. Un altro anomalo che mi consola un po' è Alberto Falk: anche a lui piace il cioccolato dolce. Siamo gli unici. Gli altri ci guardano un po' storto.

BERNABÈ: Sono sensibile alle scorze d'arancia e di limone ricoperte di cioccolato.

VERONESI: Anche tu? Allora faremo una serata (ride, divertito).

In famiglia come vi guardano?

BERNABÉ: Ho due figli, grandicelli, ma non sono molto appassionati. Per il momento, no (sorride). Spero che, maturando,... Mia moglie neanche è un'appassionata. È un peccato (sorride). La passione si è trasmessa da mio padre a me e si è fermata.

VERONESI: La nuova generazione ci osserva un po', non dico con disgusto, ma... I miei figli guardano con sorpresa il mio accanimento per il cioccolato. Anche loro ne mangiano, ma nessuno, finora, ha sviluppato questa passione.

Al cioccolato si attribuiscono qualità terapeutiche non trascurabili: curerebbe la depressione; migliorerebbe l'umore, fino a procurare una leggera euforia; allungherebbe la vita, sostiene un gruppo di ricercatori dell'Università di Boston, riducendo il rischio di malattie cardiovascolari. Quanto c'è di vero?

VERONESI: Allungare la vita è difficile (sorride): per fare delle statistiche in questo senso, tra chi mangia cioccolato e chi non ne mangia, occorrerebbe uno studio impensabile. Sulle altre cose la teobromina ha un effetto benefico, a mio parere: sul cervello perché è un vaso dilatatore, come ho detto, e certamente combatte la depressione come tutte le droghe di questa terra. Il cioccolato dà un senso di benessere cerebrale, magari transitorio. Anche le amfetamine si prendono perché procurano una sensazione gradevole: le prendevamo per studiare, una volta. Il fatto è che i ragazzi la mescolano con l'alcool, e fa malissimo; la mescolano con la cocaina, ed è micidiale.

BERNABÈ: A me tira su il morale.

Altre affermazioni sulle sue presunte virtù: aiuta la digestione e facilita il sonno. Possibile?

VERONESI: Facilita il buon sonno, sì. È bronco-dilatatore, quindi va bene per gli asmatici.

BERNABÈ: Ah, va bene per gli asmatici?

VERONESI: Certo: è un bronco-dilatatore, il cioccolato. Poi (rivolto al cronista) tenga presente che è il dolce più sano che esista, perché è tutto vegetale. Contiene il 30 per cento di glucidi; il 30 per cento di grassi che sono gli stessi dell'olio d'oliva: la oleopalmitina e l'oleostearina. Venendo da un seme, ha tutti gli elementi che dovrebbero costruire in futuro un albero, quindi immaginate quanti sali minerali ha. È un buonissimo alimento.

Il burro di cacao non è vegetale...

VERONESI: Bisogna distinguere tra il cioccolato puro e gli additivi. Certo, il cioccolato al latte può avere un po' di latte.

(A Veronesi): Contrasta anche l'insorgere di patologie gravi come il cancro?

VERONESI: Sarebbe troppo bello. Non mi risulta neppure per altre patologie.

Ci sono, inevitabili, le controindicazioni. Per esempio, fa ingrassare: l'apporto calorico di un etto di cioccolato fondente amaro o al latte equivarrebbe a quello di un piatto di spaghetti alla carbonara. Non solo. Franca Rame mi ha raccontato che una volta, dopo aver fatto una figuraccia, si è comprata un chilo secco di gianduiotti e li ha divorati in 20 minuti: «Poi ho dovuto prendere l'acqua calda, mi sono usciti i bitorzoli...». È anche per questi motivi che, nonostante negli ultimi anni si sia raddoppiato, il consumo medio pro capite, in Italia, non supera i tre chili l'anno?

VERONESI: Fa ingrassare come tanti alimenti: anche la pasta, anche il pane fanno ingrassare, se uno ne mangia in abbondanza. Non c'è alcuna dimostrazione che provochi i brufoli. È una coincidenza. Hanno fatto degli studi prendendo dei gruppi separati ai quali hanno dato del cioccolato: nessun bitorzolo, nessun disturbo collaterale. Io assolvo il cioccolato da conseguenze pericolose.

Avete mai ecceduto? Ne avete mai fatto una scorpacciata?

VERONESI: Soprattutto a Natale (ride). A Pasqua, con le uova.

BERNABÈ: No, di uova non tanto. Ma a Natale, sì.

Le conseguenze?

VERONESI: Se ci pensiamo bene, è difficile che uno confessi di aver avuto dei danni, dei malesseri da scorpacciata di cioccolato. Ha un sapore così forte che automaticamente ti impedisce di continuare a mangiarne: ti blocca. Io, che ne sono un grande mangiatore, a un certo punto mi fermo; quindi c'è una difesa fisiologica. Ha un sapore molto intenso. Non è la pasta, non è il pane. Di carne uno può mangiarne tanta, di pesce anche... Non mi ricordo di persone che m'abbiano detto: «Sono stato talmente male...». A te è capitato?

BERNABÈ: No, no. Sì, forse...

VERONESI: Ti senti un po' appesantito.

BERNABÈ: Ecco, esatto: ma non...

Bocca amara?

BERNABÈ: No, no.

VERONESI: Bocca amara, no. Ti si spacca lo stomaco se si esagera coi fritti.

(A Veronesi): Chi se ne deve tenere comunque e sempre alla larga? I diabetici?

VERONESI: I diabetici devono mangiare il cioccolato senza zucchero, è ovvio. Ma anche una piccola quantità di fondente. Non vedo alcun rischio, anzi: credo che sia un alimento buono per il pancreas, che ha bisogno di buone quantità di... Se lei ha il diabete, provi a mangiare il cioccolato e vedrà che si mette a posto (ride).

Se non costituisce una violazione della privacy, vi siete mai affidati a una raffinata confezione di cioccolateria, degna di un purista della golosità, per conquistare una donna?

VERONESI: Io mai (sorride).

BERNABÈ: No. L'unica donna che ho conquistato è stata mia moglie, infiniti anni fa. E non c'è stato bisogno del cioccolato.

VERONESI: Non l'ho mai immaginato come oggetto di seduzione.

BERNABÈ: Non l'ho mai associato a una possibile conquista.

VERONESI: Si associano i fiori, un libro di poesie.

Il cioccolato non può sostituire 12 rose rosse?

VERONESI: No. Il cioccolato è fuori. Penso che molti siano come noi: non credo che arrivino coi cioccolatini.

BERNABÈ: Una cosa che m'ha colpito è questa: sono stato alla manifestazione di Perugia «Eurochocolat»...

A marzo è stata fatta a Roma, dal Pincio a Trinità de' Monti...

BERNABÈ: A marzo è stata fatta a Roma. Ma lo sai che Perugia era inaccessibile? Non riesci a salire, a Perugia, quando c'è «Eurochocolat»: quando c'è «Eurochocolat», Perugia è invasa da centinaia di migliaia di persone. Sono costretti ad andare in treno, per arrivare nel centro storico. A Roma, credo che abbiano partecipato 200-300 mila persone.

VERONESI: Ma no? Non è possibile...

BERNABÈ: Guarda, dove c'è questo happening, abbastanza commerciale, perché è difficile trovare prodotti sofisticatissimi, e promozionale, la gente arriva in massa.

VERONESI: Ti credo. Io penso che abbia un effetto un po' liberatorio, dopo tanti decenni di demonizzazione. Il cioccolato è stato demonizzato: non dico dalla nostra generazione. Ma sentivo i miei nonni, i miei genitori: «Ah, il cioccolato: guai, guai. Fa malissimo. È pericolosissimo». Perché? Perché era un cibo molto caro: arrivava con i clipper, adesso ci sono gli aerei, da tutta la fascia equatoriale, dove cresce l'albero del cacao.

BERNABÈ: A temperatura tropicale.

VERONESI: Sì, sì. E costava molto. Lo bevevano, nelle Corti, i re, i dignitari, gli arcivescovi. Allora, come per tutte le cose a cui non puoi accedere, devi trovare una giustificazione, in questo caso salutistica. Ai bambini si diceva: «Ti fa male. Mi raccomando». Adesso invece, improvvisamente, si è, da pochi anni, liberato il cacao.

BERNABÈ: L'impatto del cioccolato, in termini di popolarità, non ha rivali.

VERONESI: Infatti. Non vedo… Sì: fanno la festa degli gnocchi, della porchetta, ma sono feste circoscritte a un àmbito paesano.

BERNABÈ: A Roma, ripeto, sono arrivate centinaia di migliaia di persone.

A Piazza di Spagna hanno deviato il traffico.

BERNABÈ: Hanno chiuso il Centro storico.

VERONESI: La gente andava e cosa faceva? C'erano assaggi?

BERNABÈ: C'era qualche assaggio, ma non tale da giustificare una mobilitazione di massa.

VERONESI: È uno spettacolo anche folcloristico.

BERNABÈ: La gente va per vedere il cioccolato, per comprarlo, e viene via con buste piene.

Lei da Perugia non è tornato con il cioccolato?

BERNABÈ: Sì, sì, sì, perché ne ho trovato uno che mi piace molto in confezione da due chili. E quindi (ride) sono rientrato a Roma con questa enorme steccona di cioccolato, che normalmente fanno in tavolette da 100 grammi o 200.

VERONESI: Io attribuisco questa esplosione a tanti anni di repressione. Uno dice: «Ma allora si può mangiare? Non è vero che fa male, anzi: magari fa addirittura bene».

Può anche consolare un dolore, una perdita, una sconfitta?

BERNABÈ: Ma sì. La vita è complessa e difficile. La gente cerca, in qualche modo, di trovare il lato dolce.

VERONESI: Una categoria di persone trova la consolazione nel fumo. Chi smette di fumare, e quindi non ha più la sigaretta, spesso si rifugia nel cioccolato.

Una volta trovava conforto nella caramella.

VERONESI: Sì. Adesso nel cioccolato: un sostituto abbastanza valido e abbastanza efficace.

Volete aggiungere qualcosa, prima di chiudere?

BERNABÈ: Può scrivere un'Enciclopedia.

VERONESI: Ce n'ha, comunque, per scrivere un libro.

maggio 2002

Francesco Alberoni – Cesare Romiti
Vizi e virtù del grande capo

Lo spunto del Faccia a faccia è offerto questa volta da un saggio pubblicato dalla Rizzoli: L'arte del comando. *L'autore è Francesco Alberoni che per «Capital» discute con Cesare Romiti delle qualità e delle virtù che fanno un capo, delle debolezze e dei vizi che non gli sono consentiti, di che cosa debba esigere dai collaboratori, dei compromessi a cui non può sottrarsi, dell'importanza degli esempi e dei maestri, del significato della parola carisma, di che cosa possa indebolirlo, degli aspetti sgradevoli del comando.*

Romiti è nato a Roma, compie 79 anni questo mese, si è laureato in scienze economiche e commerciali, è presidente della Rcs (Rizzoli Corriere della Sera). È stato direttore generale della Bombrini, Parodi, Delfino; amministratore delegato e direttore generale dell'Alitalia e della finanziaria Italstat del Gruppo Iri. Nel 1974 è entrato nel Gruppo Fiat, nel 1976 è diventato amministratore delegato e nel 1996 presidente.

Francesco Alberoni è nato a Piacenza e ha 72 anni. Si è laureato in medicina, è stato libero docente in psicologia e in sociologia, è professore ordinario di sociologia all'Università di Milano. È stato rettore dell'Università di Trento, poi dell'Università IULM di Milano. È conosciuto in tutto il mondo per gli studi sui movimenti collettivi e sui sentimenti come l'innamoramento, l'amicizia, l'erotismo. I suoi libri sono tradotti in oltre 20 lingue. Ricordo, fra gli altri, Innamoramento e amore, *famosissimo, e l'opera teorica* Genesi. *È presidente della Fondazione Scuola Nazionale di Cinema. Ed editorialista del «Corriere della Sera», per il quale tutti i lunedì scrive in prima pagina la rubrica «Pubblico & privato».*

L'incontro ha luogo a Milano, in via Rizzoli, nella sala delle riunioni del presidente della Rcs. I registratori cominciano a girare.

Quali qualità essenziali deve avere chi aspira al comando? E quali virtù?

ROMITI: Facciamo cominciare il professore.

ALBERONI: Io non credo che ci sia una regola unica, facile, per tutte le attività e per tutti. Dipende dai momenti. Winston Churchill quando era, di fatto, il comandante in capo dell'esercito inglese, durante la Seconda guerra mondiale, doveva avere qualità diverse da quando, in pace, faceva il cancelliere dello scacchiere.

ROMITI: E non le aveva dimostrate.

ALBERONI: Anzi: era un pasticcione.

ROMITI: Le sue qualità le ha dimostrate con la guerra.

ALBERONI: Si è rivelato un capo straordinario, dotato di una energia immensa, con un intuito politico e strategico non comune.

ROMITI: Concordo.

ALBERONI: Come cancelliere era criticato dai tecnici e impopolare. Ma nel momento delle decisioni supreme, come quella di entrare in guerra, quando si doveva decidere se abbandonare o continuare la politica di pacificazione di Chamberlain, ha capito che questa finiva per rafforzare Hitler e ha scelto la difficile strada della lotta a oltranza. Si è concentrato sul problema, ha messo da parte i capricci, le polemiche, si è identificato col suo popolo. Partendo dal suo esempio, possiamo dire che è riuscito anche perché ha creduto fino in fondo al suo compito e gli si è dedicato completamente. Uno può essere brillante, può saper giocare, scherzare, ma non diventa per questo un grande capo. Lo diventa solo quando si dedica totalmente al suo compito. Non so cosa ne pensi tu.

ROMITI: Sono d'accordo con te, perché non c'è una qualità particolare tale per cui uno è un grande capo. Il professor Alberoni ha fatto l'esempio di Churchill, una figura che certamente rimarrà nella Storia. Io parlerei di figure italiane più semplici. Enrico Cuccia, il presidente di Mediobanca, era tutto meno che, apparentemente, un capo: ascoltava più che parlare lui stesso, fuggiva tutti, era silenzioso; eppure esercitava un grandissimo potere, che affascinava la gente, e sapeva decidere. Io credo che una delle affermazioni del professor Alberoni sia molto esatta: e cioè che quando si fa una cosa, se non ci si crede, anzi, se non se ne è entusiasti, si può essere bravi quanto è possibile immaginare, ma non si riesce a fare il capo. Bisogna credere nelle cose che si fanno, avere volontà, e anche coraggio.

I vizi che non sono consentiti?

ALBERONI: Vorrei aggiungere questo: il vero capo riesce se si getta dentro il problema, se si identifica con esso, perdonatemi la sottolineatura, in modo serio. Cosa vuol dire in modo serio? Credendoci veramente. C'è invece della gente che svolge un'attività, per esempio di professore universitario oppure di presidente di una banca oppure di manager, ma non la considera un fine: la considera un mezzo per arrivare da qualche altra parte, uno strumento per raggiungere un altro scopo. Come professore vuol diventare rettore, come presidente della banca vuol diventare ministro, come manager vuol diventare scrittore. Quindi, in sostanza, tutte le azioni che compie non sono finalizzate a uno scopo. Senza accorgersene egli finirà per distrarsi, per perdere di vista occasioni importanti e, nel momento del massimo sforzo, quando incontra terribili difficoltà, può domandarsi: «Ma ne vale la pena?». Insomma chi non si è identificato con il fine, anche se non se ne avvede, finirà per fare tutta una serie di mosse che non servono all'impresa. Lui potrà sostenere che sono rivolte solo all'interesse dell'impresa, ma chi lo osserva spassionatamente capisce che non è vero, che la sua mente è impegnata altrove. Vedrà che si occupa poco del personale, che non segue nei dettagli i problemi, che perde occasioni preziose mentre instaura rapporti particolari con le persone che possono aiutarlo nella sua carriera futura. Io credo che questo tipo di capo sia un cattivo capo. Ma voglio sentire l'opinione del presidente.

ROMITI: È giusto. Concordo.

ALBERONI: Quando Silvio Berlusconi era presidente di Mediaset faceva il presidente di Mediaset (sorride).

ROMITI: Ed era bravo.

ALBERONI: Non voleva entrare in politica.

Gli interessi non possono coincidere, senza che uno danneggi l'altro?

ROMITI: No. No.

ALBERONI: Ho l'impressione, poi sentiamo la spiegazione del presidente Romiti, che quando era presidente di Mediaset Berlusconi svolgesse il suo ruolo fino in fondo. Quando ha deciso di scendere in politica, s'è messo a fare politica con la stessa determinazione. E, sebbene non avesse alcuna pratica, è riuscito bene. Cuccia faceva Cuccia, non voleva diventare il ministro dell'Economia. Può anche darsi che uno sia chiamato, per caso, a un certo punto della vita, a un altro compito. Allora deve cambiare, dedicarsi alla sua nuova missione.

Romiti: Io concordo: concordo in pieno. Posso anche giudicare dalla mia esperienza, per quello che può valere giudicare se stessi. Ricordo un momento tragico della mia vita, i periodi che vanno dal 1978 al 1980. Torino, la Fiat, le Brigate Rosse, l'assassinio di Aldo Moro, le uccisioni dei nostri collaboratori, del capo della programmazione dell'auto, del vicedirettore del quotidiano «La Stampa» Andrea Casalegno, i ferimenti di tantissima gente, le occupazioni dell'azienda, gli scioperi dei dipendenti, il durissimo scontro sindacale. Stavo lì, credevo in quello che facevo ed ero convinto che bisognasse farlo. Non pensavo minimamente che potessi o no spuntarla, che il successo o l'insuccesso mi avrebbero portato dei benefici o dei danni. L'ultima nottata di trattative coi sindacati, a Roma, tragica, al Ministero del lavoro, mi trovai da solo di fronte a Luciano Lama, Pierre Carniti e Giorgio Benvenuto, i quali, poco dopo la mezzanotte, era presente anche il ministro, mi dissero che la vertenza poteva considerarsi conclusa, la Fiat aveva vinto: riconoscevano, dopo la marcia dei 40 mila, la sconfitta. La mattina sarebbero andati a Torino, alle otto, per comunicarlo alle assemblee di fabbrica. Lama aggiunse: «Metta giù lei l'accordo». Fui preso da un senso quasi di paura. «Come metto giù l'accordo? Mettiamolo giù insieme.» «No, no. Tanto oramai è finita così...» Ci salutammo. Arrivai a Torino verso le quattro del mattino, di notte, nel buio. Dalle sette, per tutta la giornata, fui subissato di telefonate di congratulazioni delle persone più impensate, e ogni telefonata che ricevevo mi meravigliavo, mi chiedevo: «Ma perché?». Qual era la ragione? Quello era diventato un momento importante per la vita dell'azienda, e anche per me. Ma la cosa migliore fu che mi meravigliai. Non accade facilmente. Né io sono un santo.

E non aspira alla santità...

Romiti: No. Ma presi coscienza che una battaglia che tutti consideravano perduta per la Fiat, perché sembrava non ci fosse niente da fare, era invece andata a buon fine; e riuscire è stato un fatto eccezionale: anche perché avevamo contro i brigatisti, i sindacati, le maestranze, l'opinione pubblica. Non mi è accaduto spesso, anche perché il fatto era effettivamente eccezionale. Anzi confermo quello che diceva il professor Alberoni: bisogna operare come se la cosa che stiamo facendo sia l'unica da fare, la più importante, bisogna crederci e allora probabilmente il successo arride. Detto questo, riportiamoci ai giorni nostri. Non so se tu sei d'accordo: quando ci si guarda in giro e si osservano le persone che nei vari campi esercitano attività di comando, quello che stiamo dicendo si vede, purtroppo, abbastanza raramente.

ALBERONI: Ho l'impressione che sia sempre stato abbastanza raro.

ROMITI: Ieri lo era di meno. Oggi è tutto molto strumentale.

ALBERONI: Aggiungerei una cosa. Abbiamo parlato del capo, dell'arte del comando. Ma quanto abbiamo detto vale anche nel campo dell'arte e della scienza. Se fai una ricerca perché vuoi essere acclamato in un congresso, diventare presidente dell'Associazione degli scienziati, non combini niente. Lo stesso se scrivi un libro per piacere al pubblico o ai critici oppure per ottenere un premio. L'artista deve fare quella cosa perché gli interessa farla e basta, e nel momento in cui la fa non deve avere in mente il giudizio dei critici, del pubblico, di nessuno: deve interessargli soltanto la cosa che ha in mente lui. E solo quando si comporta in questo modo, quando in fondo ignora il successo, è il momento in cui lo ottiene. Naturalmente il successo dipende da tante circostanze, ma una è anche la perfezione dell'opera e questa la raggiungi se pensi solo alla perfezione, a null'altro… Voglio ricordare un caso personale. Io scrivevo i libri col linguaggio del sociologo, ed ero noto nel mio ambiente, non nel mondo intero. A un certo punto ho deciso di scrivere sul tema dell'innamoramento. I miei colleghi ridevano: «Alberoni si occupa di romanzi rosa, cose da donne». Per me, invece, era un argomento importantissimo. Sul piano teorico: era la chiave di una teoria generale dei movimenti. Allora, ignorando tutte le critiche, tutte le derisioni, mi sono isolato, non ho più partecipato ai congressi, ho lavorato anni al mio tema. E quando ho pubblicato il libro non mi importava nulla di quante copie avrebbe venduto. Volevo solo che fosse perfetto. Per caso *Innamoramento e amore* è uscito nel momento giusto e ha avuto un immediato successo mondiale. Ma so che il merito è stato anche del fatto che mi sono dedicato fino in fondo a esso, ignorando i pareri degli altri. Se avessi seguito i consigli di Tizio, Caio e Sempronio, non sarebbe mai nato. Ed è strano: lo stesso mi è accaduto quando ho deciso di rinnovare, inventare l'Università IULM, ignorando le critiche, dedicandomi completamente a essa. C'è un momento in cui sei in contatto con una realtà complessa, e sei guidato, se sei concentrato, verso una misteriosa comprensione degli accadimenti. Sei paurosamente solo e contemporaneamente in contatto con tutto. Non so come raccontarlo (sorride). Prova a dirlo tu che hai vissuto l'esperienza del comando.

ROMITI: È proprio così. L'arte del comando si condensa nel momento in cui devi prendere una decisione... Chi è un pessimo capo? Un pessimo capo è chi non ascolta nessuno di quelli che gli stanno intorno. Oppure ascolta e cerca di mediare tra le opinioni di cinque, sette, 10 persone. Il capo deve fare una cosa tutta diversa: deve certamente ascoltare le persone che gli sono intorno, poi deve farsi lui un'opinione e decidere anche in difformità dalle cinque, sette, 10 persone che ha ascoltato, spiegando perché ha preso quella decisione: in modo che possano essere partecipi nella sua realizzazione, viverla e non considerarla da estranei. Il momento in cui la decisione viene presa, perché si deve dire bianco o nero, rosso o verde, è il momento della solitudine del capo. E chi non ne capisce la grandezza, e anche la difficoltà, chi ne ha paura, non è un capo. Sono doti istintive, le dà il Padre Eterno. Non c'è niente da fare. In certe occasioni uno le esercita, in altre meno o le esercita male, ma sono doti che si manifestano perché le hai, e hai coraggio. È necessaria la premessa, lo abbiamo detto all'inizio: credere in ciò che si fa, crederci fermamente; e non pensare che ti porterà dei vantaggi, ma il risultato. E risultati, almeno nel caso mio, me ne ha dati tanti: uno per tutti l'episodio di Torino.

L'arte del comando non si può anche impararla sul campo, esercitando il potere?

ROMITI: Non esiste una scuola che te la possa insegnare. Ma non c'è dubbio che l'esempio sia importante. Io non ho mai curato i miei due figli, quando erano ragazzini. Anzi, vedendolo a posteriori, in anni passati, mi rammaricavo, perché avere due figli, saperli capire, è anche un godimento, un modo di vivere. Non li ho mai curati. Sono cresciuti due ragazzi perbene, bravi professionalmente. Avevo sempre pensato che molto merito andasse a mia moglie perché gli era stata più vicina. Quando uno ha raggiunto 18 anni, in occasione di un mio compleanno, mi hanno regalato un quadretto, che ho ancora nella mia stanza, con questa frase in francese: «L'esempio è la più alta forma di autorità». Assolvendomi per non aver fatto il padre e dicendomi una cosa nella quale io credevo, e credo. L'esempio insegna. Ma credo poco che si possa insegnare l'arte del comando.

Lei ha accennato a un panorama non troppo esaltante. Nel mondo economico, finanziario, politico, universitario a chi riconoscete le qualità e le virtù di leader carismatico?

ROMITI: Non farei nomi di personaggi attuali. Se li fai in positivo, quelli che hai dimenticato, che non ti sono venuti in mente, si dispiacerebbero. No. No. Faccio una considerazione di carattere generale: data l'età, e la mia vita trascorsa, posso ripetere che ieri c'era più gente che credeva nelle cose in cui era inserita e impegnata di quanta non ce ne sia oggi. Oggi le persone che in campo economico vengono magari indicate come ottimi manager, ottimi responsabili, e passano tranquillamente da un'attività all'altra, da una parte all'altra, mi lasciano molto perplesso. Sanno fare tutto e qualunque altra cosa. Non ci credo.

ALBERONI: Ne direi due, di quand'ero giovane. Una era il rettore dell'Università di Pavia: Plinio Fraccaro, un trentino testardo e generoso che mi aveva preso in confidenza.

ROMITI: A benvolere.

ALBERONI: Gli piacevo. Mi diceva: «Andiamo, vieni». E lì mi raccontava i suoi programmi, quello che stava facendo e voleva fare. Ce l'aveva con Lombardi: «Quel cretino di Lombardi». Era un anticlericale. Ma si prodigava con assoluta onestà.

ROMITI: Lombardi il sacerdote?

ALBERONI: Il sacerdote? No, no: doveva essere il fratello.

ROMITI: Il fratello è stato presidente di Confindustria.

ALBERONI: Non ricordo. Non ci facevo neanche caso, perché non mi importava niente. Mi ricordo solo questo cognome: Lombardi. Fraccaro si è prodigato per costruire l'Università e parlava sempre dell'Università. I grandi costruttori ti parlano delle cose che stanno costruendo. Possono anche, a un certo punto, deviare, come lui faceva con Lombardi (ride), ma mi portava a vedere un'ala dell'edificio appena costruito, un nuovo laboratorio, i gabinetti: «Vedi, qui era tutto uno schifo. Adesso faccio fare 30 gabinetti, tutti in fila». La seconda persona è stato Padre Agostino Gemelli, di cui sono stato assistente, a Milano. Fraccaro era anticlericale, Gemelli un sacerdote: eppure erano simili. Anche Padre Gemelli ti parlava di programmi, di ricerche. Non l'ho mai sentito fare pettegolezzi, né l'ho visto impegnato in manovrine: magari le doveva fare, perché doveva lottare contro chissà quali inganni e quali trabocchetti, e chissà come l'han fatto impazzire i cretini, gli idioti. Ma a me voleva insegnare l'amore per la scienza, il coraggio di rischiare, voleva trasmettermi un certo spirito. Quando mi sono trovato in posizioni di grande responsabilità e dovevo prendere delle decisioni mi sono chiesto: «Cosa farebbe Padre Gemelli?». E ho scelto sempre la strada del coraggio.

Il comando ha aspetti sgradevoli?

ROMITI: Sgradevoli? Beh, sì, perché le decisioni non sono sempre piacevoli. Ripetevo ai miei, alla Fiat: «Tutti sono capaci di dire a un collaboratore che è stato bravo, a dargli un premio, un aumento di stipendio, a farlo avanzare nella carriera». Il difficile è quando devi dire: «Hai sbagliato. E hai sbagliato per questo motivo». Non puoi dirgli: «Hai sbagliato», punto e basta. Gli devi dire anche le ragioni per cui ha fatto una cosa che non doveva essere fatta. Questo, evidentemente, non è un aspetto piacevole. Ma guai a un capo che dice sempre di sì: «Quanto sei bravo, quanto sei bello, hai gli occhi azzurri e i capelli biondi». Bisogna saper dire anche, purtroppo, le cose spiacevoli.

Non «guai» anche al collaboratore che dice sempre di sì?

ROMITI: Le rispondo anzitutto con episodi di vita vissuta. Ne ho viste tante di persone che ho dovuto assumere. Arrivavano i curricula, poi le ascoltavo. Può sembrare un atto di presunzione, ma ricordo che in tutta la mia vita l'impressione che mi destavano nei primi due, tre, quattro minuti di conversazione era quella giusta. Dopo si analizzava, si controllava: quello che mi aveva immediatamente colpito corrispondeva alla realtà. Quando un collaboratore mi diceva: «Dottor Romiti, lei di me si può fidare. Sono una persona fedele», io rispondevo: «Se voglio veramente un essere vivente fedele vicino a me, prendo un cane. Il cane non mi creerà mai problemi. Ma la fedeltà non mi interessa. In un collaboratore mi interessa la lealtà». La lealtà di chi ti guarda negli occhi, non per capire quello che tu hai in mente e anticipartelo ma per dirti come la pensa, anche in difformità con quello che tu dici, e spiegarti perché non è d'accordo. Poi, certo, la decisione spetta a me e prenderò quella che riterrò opportuna. «Ma tu mi devi esprimere quello che del tuo cervello, della tua intelligenza, mi puoi dare. Se non fai questo, e mi sei fedele, a me non servi.»

Si trovano persone leali?

Romiti: Sì. Io ne ho trovate tante.

Alberoni: La mia esperienza è diversa da quella del presidente Romiti, perché è stata più una leadership di autorevolezza che una posizione di potere formale. Anche inventando, costruendo l'Università IULM ho sempre usato il mio prestigio, il mio credito, la mia capacità di trascinare. Devo anche chiarire che ho considerato il mio compito più quello di inventare, di costruire il nuovo che di governare. E in Università non puoi scegliere, i professori sono a vita, devi trascinare chi c'è, se ci riesci. Quando ho esaurito un compito in genere lo lascio, anche perché me ne chiedono un altro.

Romiti: E poi perché t'annoi.

Alberoni: No. Perché cambia la natura del compito.

(A Romiti): A lei è accaduto di annoiarsi?

Romiti: Sì.

Alberoni: A me no, ho smesso solo quando ho avuto l'impressione che il mio compito creativo fosse finito o diventato impossibile. Faccio un esempio, riferito all'Università IULM. Quando vi sono andato era confinata in 1500 metri quadrati e in affitto. L'ho lasciata a 80 mila metri quadrati in proprietà, con un patrimonio che può immaginare, vista la crescita di valore dei terreni. A un certo punto mi sono reso conto che proprio la sua crescita esponenziale faceva arrivare altra gente con altri obiettivi: finanzieri con interessi immobiliari, eccetera. A me interessava edificare una istituzione culturale. Io non sono un finanziere né voglio esserlo. Questo esempio mostra qual è per me l'aspetto sgradevole del comando. L'aspetto sgradevole si manifesta quando, attorno a me, in qualche modo, mutano i fini delle persone. Mi piace lavorare, e l'ho sempre fatto molto bene, quando, avendo un'idea, un progetto, mobilito il consenso, creo un ideale, un entusiasmo. Quando invece ci sono tanti giocatori, ciascuno dei quali ha il suo interesse, perché uno vuole una cosa, uno ne vuole un'altra, uno vuol fare la carriera politica, uno vuol fare la sua speculazione personale, per me diventa molto sgradevole, perché devo combattere su un terreno che non è il mio. Ti trovi in mezzo agli imbrogli, ai trucchi. Quasi tutte le cose che non funzionano, in Italia, sono il prodotto di personaggi che fanno i propri interessi, che non si occupano dei fini dell'istituzione, lottano tra di loro, si ostacolano e, così facendo, possono creare un disastro. Il manager di un'industria privata può perlomeno licenziare, fare una drastica pulizia. In Università non puoi licenziare nessuno. Devi usare il convincimento, il prestigio. Usarlo finché puoi perché ciascuno deve usare tutto il potere che ha.

Ci può essere comando senza potere?

ROMITI: No (deciso).

ALBERONI: Non è possibile (risoluto).

ROMITI: No. No no. Uno manca ai propri doveri se avendo il potere non lo esercita. Se ho il potere devo esercitarlo per raggiungere i fini che mi sono prefisso.

ALBERONI: Uno deve esercitare il potere che ha. Guai se non lo fa. Ma ci sono dei casi in cui il tuo potere è fasullo, perché di fatto è in mano a cricche, a gruppi: tu sei soltanto la testa di turco e devi renderti conto che fai la figura del pagliaccio. O hai il potere reale e ti sbarazzi dei collaboratori, della gente che ti ostacola. Oppure ti tiri da parte e lasci a qualcun altro.

Per raggiungere un obiettivo, sino a che punto è lecito il compromesso con se stessi e con gli altri?

ROMITI: Beh, qui entriamo in un discorso molto complesso: dal fine che giustifica i mezzi, e non è quello che penso, al fatto che certe volte per raggiungere certi fini occorre anche comportarsi in maniera diversa. Io ho sempre pensato, sono stato anche fortunato, lo devo ammettere, che l'eccesso di cinismo non paga. Dire: «Devo ottenere questo risultato nell'interesse dell'azienda, dell'organizzazione per cui sto lavorando», quindi non preoccuparsi delle persone che ti stanno intorno, cambiare parere su di loro, indipendentemente dalle capacità e dai comportamenti, in funzione di quello che devi raggiungere, non ti paga. L'eccesso di cinismo non solo non paga te nella tua coscienza, che può essere più o meno sensibile ma è quella con cui alla fine devi fare i conti, non ti paga neppure per i risultati che vuoi raggiungere. Il potere è un'arte difficile, guai a non esercitarlo; ma è anche una cosa complessa: hai a che fare con altri esseri umani, devi tenerne conto e, nei limiti del possibile, giustificarli. Anche se devi liberarti di quelle persone, guai a non capire le loro ragioni. Ti puoi trovare di fronte il disonesto, parlo anche di disonesti mentali, e non hai problemi a prendere una decisione anche drastica. Ma devi capire perché ha commesso quell'errore. Certo che devi intervenire. Certo che devi eliminare quel collaboratore. Ma guai a considerare tutti soltanto come delle pedine. L'uomo è un essere molto complicato. Tra lui e Dio c'è una continua sequenza. Non che rassomigli a Dio, ma è una sua rappresentazione sulla terra.

ALBERONI: Bisogna conoscere molto bene gli esseri umani. Bisogna fare molta...

ROMITI: Attenzione.

ALBERONI: Attenzione. Qualunque comando esige una grande conoscenza degli altri.

Che cosa è necessario trasmettere per comandare col consenso, con la fiducia, con la simpatia?

ALBERONI: Posso parlare della mia esperienza e di quello che ho visto in altri casi. I sociologi hanno un'espressione: il capo carismatico, che significa autorevolezza, è entusiasmo, è energia, è sicurezza.

ROMITI: È l'essere giusto.

ALBERONI: Sono d'accordo: devi trasmettere giustizia.

Il carisma è essere giusto?

ROMITI: Fa parte certamente del carisma.

ALBERONI: Sì, sono d'accordo: pienamente.

ROMITI: Essere giusto anche nelle decisioni difficili, sgradevoli.

È sempre possibile?

ROMITI: Beh, no, non è sempre possibile: siamo esseri umani e quindi le decisioni che prendiamo possono essere sbagliate. Ma devi avere la convinzione che quello che decidi è una cosa giusta: che riguardi una persona o un fatto. Devi esserne convinto tu.

ALBERONI: Anzitutto bisogna essere in buona fede. E pieni di buona volontà. Soprattutto con i giovani: i giovani capiscono se tu menti o non menti, se sei sincero o non sei sincero, se ci credi o non ci credi. Puoi sbagliare. Ma se loro sanno che tu lo hai fatto in buona fede, con uno scopo nobile, allora...

ROMITI: Ti vengono dietro.

ALBERONI: Ti vengono dietro. Devi avere il coraggio di dire: «Ho sbagliato tutto. Ricominciamo da capo». Questo è accettato con estrema facilità.

ROMITI: È veramente molto importante. Non avere mai paura di dire: «Ho commesso un errore. Ho sbagliato». Aprirsi. Anche con i collaboratori.

È accaduto?

ROMITI: Sì.

E si è aperto?

ROMITI: Sì.

Non è debolezza?

ROMITI: No. La debolezza è perseverare nell'errore. Quella è la più grande debolezza.

ALBERONI: Dài molto di più l'idea della debolezza se tutti ti guardano con un senso di pena perché stai sbagliando, sei lì tremante, non hai coraggio e guardi le facce di chi ti circonda per capire che cosa devi fare. Ma quando tu dici: «Qui abbiamo sbagliato», e fai l'analisi dello sbaglio, e ammetti: «Per primo ho sbagliato io. Adesso troviamo un rimedio. Cosa ne dite?», la gente si sente anzi rafforzata. Non è una ritirata che fa perdere la guerra (sorride).

ROMITI: Non diminuisce il carisma. Anzi.

ALBERONI: Anzi. Anzi.

Cos'è che lo diminuisce?

ROMITI: La bugia. L'intrigo.

ALBERONI: La vigliaccheria.

ROMITI: La vigliaccheria. Una serie di cose.

ALBERONI: La vigliaccheria. Quando sentono che sei un vile, che lo hai fatto per paura, che hai fatto l'imbroglietto. Il carisma è il contrario della paura. Ci sono capi che governano col complotto, con la corruzione, con la minaccia, con la prepotenza, col ricatto, col terrore... Comprando i consensi, i voti. Sono dei pessimi capi e alla lunga mandano in malora qualunque cosa toccano. Nel tempo breve potranno ottenere dei successi personali, ma per l'azienda sono la morte. Tanti governano così. Il carisma viceversa è fondato sulle virtù opposte. Quando può funzionare, tutto diventa facile (sorride).

ROMITI: Io qualche volta mi sono sentito molto a disagio. Se ho una cosa in testa, un'opinione, la dico; ed è giusto che la dica ai miei collaboratori, che la portano all'esterno. In certi casi la prudenza vuole che magari si aspetti un momento, non si parli subito e si stia in silenzio. Stare zitto mi ha sempre provocato un senso di colpa. Non dico che non sono mai stato in silenzio. Qualche volta bisogna pur farlo: non dire cose inesatte, ma stare zitti. Nella mia vita, sì, ho avuto molte soddisfazioni, ma anche molti problemi: molti, e sono sempre nati dal fatto che dicevo quello che avevo in mente. Mi hanno anche rimproverato di essere brutale. Il silenzio, quando l'ho scelto, mi ha provocato un tormento, fintanto che non mi esprimevo come volevo.

Ma non ha mai detto il contrario di quello che pensava?

ROMITI: No, mai. Mai (perentorio).

ALBERONI: È il suo stile di comando e di vita. Io conosco il presidente Romiti e l'ho visto, tanto in azienda che fuori azienda, come la persona più schietta, pur oppresso da un sacco di problemi. Fra il 1978 e il 1985 ai seminari di Ambrosetti, a Villa d'Este di Cernobbio, era veramente il leader dell'assemblea: parlava con una schiettezza che ti sbalordiva (sorride). Esistono anche modalità di maggior prudenza: Cuccia chiaramente era diverso. Romiti si esprimeva con chiarezza e con forza, davanti a tutti, costi quel che costi. E in questo modo ha svolto una grande funzione di guida, di formazione dell'opinione pubblica in Italia. Il suo coraggio, la sua schiettezza gli sono costati, ma hanno apportato benefici a tutti. Ci sono invece personaggi che non voglio nominare che sono famosi, ma non hanno mai combinato nulla perché con il loro cinismo hanno corrotto le cose che toccavano. Sono famosi, ma restano delle nullità e passeranno alla storia delle nullità. Non so se tu sei d'accordo.

ROMITI: Sì, sono d'accordo.

Perché si ritiene che un idealista, un sognatore, non possa essere un grande capo?

ROMITI: Perché un capo che deve realizzare dei progetti deve essere anche un uomo pratico. Un sognatore invece pensa spesso a cose ipotetiche irraggiungibili. Il capo è un pragmatico: deve realizzare i piani che ha in testa e raggiungere degli obiettivi. Due attività mentali diverse.

ALBERONI: La parola sognatore ha due significati. Alessandro Magno era un sognatore perché, a 20 anni, parte per conquistare l'Asia. Deve essere apparso un matto ai suoi contemporanei. Ma, accanto a questo grande sogno, possedeva una qualità organizzativa spaventosa: la stessa che ha consentito a Cesare di costruire sul Reno un ponte fisso in 10 in giorni, terrorizzando i germani. Io credo che sia importante sognare e far sognare gli altri, ma poi occorre saper realizzare, organizzare, dirigere, correggere, stimolare, controllare.

Chi ha la tendenza a pensare, fare, controllare tutto, senza ascoltare nessuno, non può provocare il fallimento del progetto?

ALBERONI: Controllare tutto non vuol dire decidere tutto e seguire, minuziosamente, tutte le operazioni. Ma se un progetto, per esempio edilizio, ti sta particolarmente a cuore perché lo consideri strategico, allora devi seguirlo in modo che gli altri facciano ciò che tu vuoi. Ma c'è un momento in cui tu devi far sì che le altre persone siano quasi una tua emanazione. A volte basta uno sguardo e l'altro ha già capito. Controllare non significa star lì come il ragioniere che guarda i conti, ma cogliere immediatamente ciò che devia, che non funziona, e intervenire.

Vi sono figure a cui vi siete riferiti, nella vostra esperienza?

ROMITI: Sì. Nascono nella scuola, si trasferiscono nella vita. Ho avuto quattro o cinque persone che hanno rappresentato dei punti di riferimento nel modo di essere.

Quali insegnamenti sono stati preziosi?

ROMITI: Non era un insegnamento preciso: era un modo di credere in certe cose, di esercitare la propria attività, di vivere la vita nella sua totalità. Noi abbiamo parlato oggi di arte del comando, di capi, della necessità di credere in ciò che si fa. È altrettanto importante incontrare persone che ti facciano capire che la vita, sì, certo, è fatta di tante cose pratiche, ma poi, viva Iddio, bisogna pure ricordarsi che esistono forme di arte, di bellezza da cui

213

non ci si può estraniare: bisogna trovare il tempo di andarle a vedere, ammirare, studiare...

L'ha trovato, questo tempo?

ROMITI: Certo. Recentemente, sotto Natale, una mia amica mi ha detto che c'era una cosa incredibile in una chiesa di Roma che si chiama Santa Cecilia. Io sono romano di nascita, debbo onestamente confessare che non c'ero mai andato, sta in Trastevere. In questa chiesa c'è una statua, piccola: raffigura una giovane patrizia romana uccisa, Santa Cecilia, e la scultura è di Stefano Maderno. È la sua opera più bella: è collocata in una nicchia sotto l'altare maggiore col volto che guarda all'interno e non era stato mai visto. La statua è stata tirata fuori per essere ripulita, per la prima volta, ed è una delle cose più belle che ho ammirato nella mia vita. Ho portato molti amici. Quanto vale, rispetto alle battaglie che ho fatto nel 1980? Vale di più questa opera del Maderno? Valgono di più le mie battaglie? Non c'è un più o un meno. Sono espressioni artistiche e guai a non conoscerle. Questi momenti me li concedo. Leggo anche abbastanza: molta saggistica, molti libri d'arte.

ALBERONI: Io so agire, so decidere, ma ho anche bisogno di ritirarmi in me stesso, di pensare, di scrivere. Resto uno studioso, un teorico, prestato all'azione: soltanto prestato. Ho nel profondo un momento artistico, quasi mistico. Se non mi ritiro, non sono più capace di pensare, di decidere, non ho più energia, mi perdo, svanisco. Se lo faccio invece acquisto una grande chiarezza, mi muovo con sicurezza, so intuire le mosse della concorrenza, capire i miei collaboratori. Io credo che Cesare scrivesse un po' anche per questo: per pensare, per concentrarsi, per andare avanti. Non solo per propaganda.

ROMITI: Come fanno i moderni.

ALBERONI: Sì, come fanno molti moderni che scrivono per elogiarsi o per difendersi, non per capire, non per pensare. I grandi capi, o anche persone di una certa qualità, hanno un mondo interno che magari gli altri non vedono neppure. Anche Alessandro Magno aveva una intensa vita spirituale, religiosa, fantasiosa, mistica. Uno spirito...

ROMITI: Molto ricco.

Ha scritto Walter Lippman, oltre mezzo secolo fa, sul «New York Herald Tribune»: «La prova fondamentale del valore di un leader è che

si lasci dietro, in altri uomini, la convinzione e la volontà di prose-
guire la sua opera». Può essere anche la conclusione di questo in-
contro?

ROMITI: Io suggerirei un piccolo cambiamento. Non «di proseguire la sua opera», che potrebbe essere un atto di presunzione. Ma di credere nelle cose che si fanno e di proseguire quella opera.

ALBERONI: Questo è il massimo dell'ambizione. Non sempre si riesce. È più facile costruire un'impresa che formare la mente degli esseri umani. Quanti grandi maestri han lasciato degli allievi mediocri? Talvolta viceversa una maestro mediocre ha avuto, come Salieri, un allievo di genio come Mozart.

Non sono anche i capi che, in qualche caso, si circondano di me-
diocri?

ROMITI: Quelli non sono capi. Le persone che si circondano di mediocri unicamente per far risaltare la propria capacità non rientrano nella categoria delle persone di cui abbiamo parlato questa mattina.

ALBERONI: Può accadere che un capo arrivi in un posto e si trovi un'armata brancaleone.

ROMITI: La cambia.

ALBERONI: Nel sistema pubblico è più difficile cambiare. Ho visto dei buoni ministri che si son trovati delle macchine organizzative talmente scassate che facevano fatica a lavorare. Comunque, sono d'accordo, un capo che non sa scegliersi i collaboratori non è un capo.

Non lo è neppure chi si circonda di servi sciocchi?

ROMITI: Quello è l'opposto.

ALBERONI: È un signorotto, è una specie di don Rodrigo.

ROMITI: Fa parte di un'altra categoria umana.

giugno 2002

Indice

Finito di stampare nel mese di luglio 2002 presso
il Nuovo Istituto Italiano d'Arti Grafiche - Bergamo
Printed in Italy

ANNOTAZIONI

ANNOTAZIONI

ANNOTAZIONI

ISBN 88-17-12954-2